Niejedno jej imię

Monique Kristine

Niejedno jej imię

Londyn–Piaseczno 2021

ISBN 978-1-80068-272-6

Druk:

Polska: Sowa Sp. z o.o., ul. Raszyńska 13, 05-500 Piaseczno
Wielka Brytania: Tottenham, London N17 9QU

Dla Taty

Bas dudnił jej w uszach, dźwięk trąbki wdzierał się do głowy, skutecznie blokując napływ upiornych wspomnień. Muzyka pomagała jej pozbyć się nieproszonych myśli. Pomimo upływu ośmiu lat, nadal pamiętała każdy gwałt, każde wykorzystanie przez ojczyma. Budziła się w nocy, bo czuła jego smak. Choć od lat mieszkała sama, w każdym pokoju zamontowała zamek od wewnątrz. Na terapii grupowej usłyszała od jednej z uczestniczek, że w chwilach, gdy wspomnienia natrętnie wracają, pomaga jej muzyka. Postanowiła skorzystać z tej rady. Włączyła muzykę. Głośno. Jak najgłośniej, aby zagłuszyć myśli i skupić się na czymś innym. I choć tamta dziewczyna polecała proste, łatwe do zapamiętania piosenki, Magda wybrała ciężki *house*. Miała wrażenie, że tylko w ten sposób może pozbyć się natrętnych wspomnień.

Jej nogi często pokryte były siniakami. Gdy wspomnienie złego, brudnego dotyku uparcie powracało, szczypała się po udach. Stworzyła sobie własny system ostrzegania. Gdy wyczuwała nadciągającą falę wspomnień, zakładała słuchawki, szczypała się mocno i szukała zajęcia – tak jak teraz. Choć była dopiero czwarta rano, Magda wiedziała, że już nie zaśnie tej nocy. Otworzyła balkon na oścież. Zimowe powietrze szybko ją orzeźwiło. Poczuła się wolna. Wyjęła z szafki mąkę, cukier waniliowy, proszek do pieczenia, jajka i prawie trzy kilogramy jabłek. Szybko zagniotła kruche ciasto i włożyła do zamrażalnika. Obrała jabłka, pokroiła na małe talarki, włożyła do garnka i zalała odrobiną wody. Łyżeczka cukru waniliowego i cynamonu nadała im magiczny zapach. Magdę zawsze fascynowało, jak niepozorne przyprawy mogą tworzyć tak idealny aromat. Jeszcze tylko kilka kropel soku z cytryny dla podkręcenia smaku, odrobina żelatyny... Powoli nadchodził spokój i choć jeszcze był daleko, odczuwała już jego działanie. Mogła wolniej, spokojniej oddychać i nie oglądała się ze strachem za siebie. Choć mieszkała sama i nikt nie wiedział, że przeniosła się do stolicy, nadal walczyła ze strachem, że ojczym znów stanie w jej drzwiach. Zapach szarlotki leniwie, jak na poranek przystało, rozchodził się po domu. Uśmiechnęła się do siebie. Sama, bez niczyjej pomocy, bez leków pokonała atak strachu. Wyszła na balkon, rozejrzała się po okolicy. Warszawa wstała! Głęboko odetchnęła porannym powietrzem. Śnieg prószył, nadając miastu bajkowy klimat.

– To będzie dobry tydzień – powiedziała do siebie.

Tydzień rozpoczął się spokojnym, leniwym poniedziałkiem, jak to się zdarza w czasie ferii zimowych. Miasto opustoszało, samochodów było zdecydowanie mniej. Zniknęły korki, a trasę, którą zwykle pokonywało się w godzinę, można było przejechać w czasie krótszym niż czekanie na obiad w jednej z popularniejszych warszawskich restauracji. Poniedziałkowy poranek przywitał mieszkańców śniegiem. Powietrze wirowało od spadających płatków.

W Warszawie znajduje się wiele kultowych miejsc, które pomimo upływu lat, zmian trendów, mód i smaków nadal pieczołowicie trzymają się historii. Takim miejscem niewątpliwie jest pączkarnia na Górczewskiej, karmiąca swoich klientów jedynymi i niepowtarzalnymi pączkami. Zajadał się nimi sam Piłsudski. Chcąc poznać smak Warszawy, należy koniecznie odwiedzić to miejsce. Trzeba spróbować też bułek z pieczarkami na Starówce i zjeść obiad w pobliskim barze mlecznym „Rusałka". Ważny jest smak, ale też i zapach. Niepowtarzalnie pachnie Hala Mirowska, a dokładnie miejsce tuż przed halą, gdzie kwiaciarze od dekad sprzedają kwiaty. W dodatku o każdej porze roku pachnie inaczej. Latem zapach jest najbardziej intensywny – mnóstwo róż, frezji i piwonie. Jesienią pojawiają się chryzantemy nieodłącznie kojarzone ze Świętem Zmarłych. Zimą królują gwiazdy betlejemskie oraz pachnące choinki. Feeria kolorów i zapachów wybucha wraz z pierwszymi tulipanami zwiastującymi wiosnę. Magda uwielbiała przystawać tu w drodze do pracy i napawać się pięknem tego miejsca. Chwilę cieszyła zmysły barwnymi bukietami i ruszała w kierunku budynku urzędu miasta.

Tuż obok Hali Mirowskiej, w szklanej miejskiej puszczy stał budynek będący zaprzeczeniem rozwijającego się miasta. Spomiędzy wieżowców wyłaniał się gmach, który pamiętał jeszcze czasy lodów bambino. Na jego parterze mieścił się jeden z ostatnich barów mlecznych, z którego o każdej porze dnia rozchodziły się swojskie zapachy. To tu w czasach sushi, kebabów i fosforyzujących drinków można było dostać flaki warszawskie, najprawdziwszego tatara czy też jęzory w sosie chrzanowym. Latem do picia zamiast barwionych gazowanych napojów serwowano kompot truskawkowy, a zimą jabłkowy. Dochodziły stąd pokrzykiwania kucharek: „Kopytka i sadzone raz!". Oaza dawnej epoki, która zachowała swój unikalny klimat i smak. W tym samym budynku na drugim piętrze funkcjonował jeden z wydziałów urzędu miasta zajmujący się projektami, których żaden zespół podjąć się nie chciał. Tworzyli go ludzie, którzy dzięki swojej pasji potrafili sprostać niejednemu wyzwaniu. Panowały tu w miarę przyjazne stosunki, niekiedy jedynie przerywane drobnymi niesnaskami.

Wśród wielu pokoi mieścił się ten jeden, taki, do którego chętnie się zaglądało, aby złapać dobrą energię albo uraczyć się wypiekiem domowej roboty. W pokoju tym pracowały cztery kobiety. Różniły się wszystkim: wyglądem, wiekiem, stanem cywilnym, marzeniami i oczekiwaniami. Pomimo tego stworzyły team, który nie miał sobie równych. W pracy się uzupełniały, a w życiu prywatnym przyjaźniły. Najdłużej w zespole pracowała Krystyna, kobieta zawsze zachowawcza, twardo stąpająca po ziemi. Nie pozwalała sobie na chwile słabości, szczelnie zamknięta w świecie pozorów – tego, co wypada, a co nie. W pracy pełen profesjonalizm, każda kropka zawsze tam, gdzie być powinna. Delikatny, wystudiowany uśmiech, idealny strój zawsze dostosowany do sytuacji, pory dnia i aury. Prywatnie żona Krzysztofa i mama czternastoletnich bliźniaków: Patrycji i Patryka.

Drugą osobą w pokoju nr 5 była Magda. Choć wydaje się to wręcz niemożliwe, Magda była jeszcze bardziej zamknięta w sobie niż Krystyna. Nigdy nie opowiadała o sobie, nie dzieliła się wspomnieniami, niczego nie wyjaśniała. Wszystko, co wiedziały o niej koleżanki, wychodziło na wierzch powoli, z biegiem czasu. Pochodziła z małego miasteczka pod Poznaniem. Przez jakiś czas pracowała w Poznaniu, ale po dwóch latach przeniosła się do Warszawy. I tyle. Dopiero po jakimś czasie dowiedziały się, że jej mama od kilku lat nie żyje, a ojciec zmarł, gdy Magda była jeszcze mała.

Trzecią z dziewczyn była Gosia, która nie znosiła, gdy ktoś zwracał się do niej „Małgorzata". Gosia od kilku lat była mężatką, z mężem marzyli o dziecku. Niestety nikt nie potrafił wyjaśnić, dlaczego ich wysiłki nie przynosiły skutków. Byli już po dwóch próbach *in vitro*, ale pomimo wszelkich starań w okolicach piątego–siódmego tygodnia ciąży dochodziło do poronienia. Gosia bardzo przeżywała kolejne próby i często wypłakiwała się dziewczynom podczas ich spotkań po pracy.

Ostatnią członkinią teamu była Alicja, najbardziej kolorowy ptak z całej załogi. Najczęściej ubrana w barwną, zwiewną sukienkę, zawsze uśmiechnięta, tryskająca urokiem, a gdy było trzeba, to i sarkazmem. Nie była z nikim związana, uwielbiała korzystać z życia singielki. Zaklinała się, że nigdy się nie zakocha, zawsze będzie sama i nikt nie przejmie nad nią kontroli.

Tego dnia pierwsza w pracy była Krystyna, jak zawsze perfekcyjnie umalowana. Krótkie, czarne, wystylizowane elegancko włosy zdobiły jej głowę, a sukienka w jasnej tonacji szarości sprawiała wrażenie służbowego mundurka. Gdy tylko weszła do pokoju, otworzyła wszystkie okna. Cieszyło ją to, że w czasach, gdy wszyscy tkwią na *open space* w klimatyzowanych pomieszczeniach, one mają swój pokój i mogą rano otworzyć okno, aby cieszyć się porannym powietrzem.

Woda na kawę nie zdążyła się jeszcze zagotować, gdy do pokoju wkroczyła Magda.

– Cześć, Krysia. Jak zawsze pierwsza na posterunku. Przyniosłam dla nas pyszną szarlotkę, upiekłam dziś rano.

– Hej, znów nie spałaś? – spytała Krystyna, która wiedziała, że Magda ma problemy ze snem, ale nie znała ich przyczyny.

– Tak, ale wykorzystałam to na upieczenie szarlotki, a podejrzewam, że z lodami waniliowymi będzie idealnym dodatkiem do dzisiejszej kawy. – Mówiąc to, pokazała pudełko lodów i wyłożone na tacce ciasto, pokrojone w równiutkie romby.

– Czyli zaczynamy od małego opierdzielania zamiast zamknąć kolejny etap projektu – zauważyła z przekąsem Krystyna.

– Można to tak ująć.

Obie zaczęły się śmiać. Po chwili drzwi się otworzyły i do pokoju weszła Gosia. Była to niska, szczupła kobieta, tak krucha, że miało się ochotę podejść i ją przytulić. Sprawiała wrażenie delikatnej istoty, która potrzebuje czyjegoś mocnego wsparcia.

– Wiedziałam, że jesteś już w pracy; na całym korytarzu pachnie twoją szarlotką. Widziałam też kierownika. Nie omieszkał wspomnieć, że odwiedzi nas tuż po naradzie i że mamy zostawić mu kawałek ciasta. A gdzie Alicja?

– Jak to gdzie? Śpi...

Wszystkie wybuchnęły śmiechem. Było już w zwyczaju, że Alicja co najmniej raz w tygodniu spóźniała się do pracy – bo budzik nie zadzwonił, bo nie było prądu, bo tramwaj nie odjechał. Oczywiście każdy zdawał sobie sprawę, że to tylko wymówki, ale w tym chyba jedynym miejscu na ziemi takie tłumaczenia były traktowane z przymrużeniem oka. Dopóki wykonywała swoje obowiązki perfekcyjnie, nikt się nie czepiał tych kilku spóźnień w miesiącu.

– Znając życie, Alicja zadzwoni za kilka minut, poprosi, aby wpisać ją na listę i oznajmi, że już jedzie z sokami dla nas. Swoją drogą, ci SOK-iści muszą być naprawdę megaprzystojni, skoro Alka tyle razy w miesiącu ryzykuje spóźnienie, aby uraczyć nas litrami świeżutkiego soku. Ale szczerze mówiąc, przyzwyczaiłam się do tych przerw witaminowych.

Ledwie Magda skończyła mówić, gdy zadzwonił telefon na biurku Krystyny. Uśmiechnięte twarze dziewczyn zwróciły się w jej kierunku.

– Cholera, Alka, gdzie jesteś? Dyrektor cię szuka po całym wydziale, już wie, że znów się spóźniłaś. Nie jest tym zachwycony. Zagęszczaj ruchy i szybko dawaj do nas.

Krystyna potrafiła być bardzo przekonująca, a Alicja nie mogła przecież widzieć, jak Magda z Gosią pokładają się ze śmiechu na swoich biurkach. Szybko też się rozłączyła.

– Myślisz, że uwierzyła? – zapytała Magda.

– Jestem pewna, że tak. Wariatka nawet nie wie, że wpisałam ją na listę obecności już z samego rana. Było przecież do przewidzenia, że jak zawsze zaśpi. Będzie miała nauczkę na kilka dni – stwierdziła ze śmiechem Krystyna. – Jak wam minął weekend?

– U mnie spokojnie, w sobotę wybrałam się na wernisaż znajomej, miałam iść potem na kolację z nią i jej znajomymi, ale pojawił się jakiś amant, który uważał, że żadna nie może mu się oprzeć i koniecznie po kolacji mam iść z nim do jego domu – zaczęła opowiadać Magda, ale Gosia szybko jej przerwała.

– Jak wyglądał? Przystojny?

– Strasznie rozlany. Niby przystojny, ale od razu było widać, że ma problem nie tylko z alkoholem, ale i innymi używkami. Do tego chyba nie za bardzo lubił się myć, bo miał przetłuszczone włosy. A ilość perfum, jakiej użył, pozwala się domyślać, że nie tylko włosy miał brudne.

– Fuuu! Nie znoszę facetów, którzy nie uznają takiej czynności jak mycie! – przerwała z niecierpliwością Gosia. Było widać, że nie może się doczekać, kiedy podzieli się z dziewczynami swoją wiadomością. – A my po raz trzeci spróbujemy *in vitro*. W następny czwartek nie ma mnie w pracy, bo muszę być w klinice. Doczekać się nie mogę. Czuję, że tym razem będzie inaczej, że nam się uda.

– Trzymam za was kciuki. Masz rację, trzeba być dobrej myśli – pospiesznie zapewniła Krystyna.

– Naprawdę uważasz, że mogę mieć dziecko? Że pomimo tego wszystkiego zajdę w ciążę i urodzę dziecko? – zapytała Gosia. W jej spojrzeniu był ból, jakiego Krystyna nigdy wcześniej nie widziała. Sama urodziła bliźniaki i nie miała problemów z zajściem w ciążę – po prostu chciała mieć dzieci, więc odstawiła tabletki antykoncepcyjne i po kilku udanych wieczorach z mężem na teście wyszły dwie kreski. Nie wiedziała, jaki ból musi znosić Gosia – nie tylko wykonując kolejne serie badań, ale przede wszystkim doświadczając poronień. Przez chwilę patrzyła Gosi w oczy, zastanawiając się, co odpowiedzieć, ale doszła do wniosku, że może powiedzieć jej wszystko, byle nie to, co lekarze powtarzają jej od lat. „Wszystko jest w głowie Gosi, za bardzo się blokuje i przez to są kłopoty" – myślała.

– Gosiu, są tysiące potwierdzonych przypadków, gdy pomimo diagnoz najlepszych specjalistów kobiety zachodziły w ciąże i rodziły zdrowe, piękne dzieciaczki. Ale czy jesteś pewna, że to dobry pomysł? Chodzi mi tylko o twoje dobro. Może powinniście odpuścić na jakiś czas i skupić się na czymś innym?

– Wiem o tym. Piotr też tak mówi i nasz lekarz to potwierdza. Wiem, że macie rację, ale to jest silniejsze ode mnie. Nie potrafię się przestawić na niemyślenie o dziecku. Szlag mnie trafia, jak widzę kobiety chodzące w ciąży. Wkurwia mnie, jak widzę tatusiów w Auchan kupujących pieluchy dla niemowląt. Unikam znajomych, którzy mają małe dzieci, a już nie daj Boże takie malutkie, pachnące berbecie. Wiem, że to jest złe, ale nie potrafię sobie poradzić z tą zazdrością. Co te kobiety mają w sobie takiego, że mogą mieć dziecko albo dzieci, a ja nie mogę dotrwać nawet do dziesiątego tygodnia? Bo albo ciąża pozamaciczna, albo nieudana próba zapłodnienia, albo poronienie. Serio, mam dość! Nie wyobrażam sobie, jak mogłabym pracować z wami, jakby któraś z was była w ciąży. – Rozejrzała się z obawą po pokoju, w którym pracowały w czwórkę.

– Oj, ja już zakończyłam na moich bliźniakach i więcej nie chcę mieć. Zresztą na to trzeba mieć czas, a my z Krzysztofem nie mamy czasu na nic. Magda, a ty? – spytała Krystyna. Doskonale znała jej stanowisko. Choć Magda nigdy nie mówiła głośno o swoich problemach i nie opowiadała o doświadczeniach, Krystyna przeczuwała, że w jej życiu były traumatyczne chwile, a ona sama nie jest po prostu gotowa na opowiadanie o nich.

Magda uśmiechnęła się z grymasem.

– Sorry, ale z tego, co mnie uczyli w szkole, do tego potrzebny jest osobnik płci męskiej. A ja takiego nie widziałam przy sobie od kilku lat. I nie zamierzam nic zmieniać. Pozostanę starą panną z kotem, siedzącą na bujanym fotelu z robótką w ręku i plotkującą o wszystkich i o wszystkim. Tak że na mnie nie licz. No, chyba że Alicja…

We trzy zaczęły się śmiać na samą myśl o tym, by Alicja porzuciła życie singielki i zajęła się domem, praniem i sprzątaniem z dzieckiem na ręku.

– Sama widzisz, Gosiu, tu jesteś bezpieczna. *À propos*, gdzie Alka?

Dziewczyny jeszcze o czymś rozmawiały, ale Magda ich już nie słuchała. Poczuła jakiś dziwny chłód, który przeniknął jej ciało. Choć było jej ciepło, nie mogła pozbyć się wrażenia, że coś złego czai się za rogiem. Zerknęła na Krystynę, która jako najstarsza z nich zawsze działała na nią uspokajająco. Może dlatego, że zawsze była taka opanowana, nie wybuchała jak Alicja, nie złorzeczyła na innych i umiała znaleźć rozwiązanie każdego problemu. Nie była to duża różnica wieku, ale wystarczająca, aby we trzy uznały, że to właśnie Krystyna jest dla nich największym wsparciem.

– Spotykamy na sobotni sabat? Ja tylko przy soku, ale z wami to i przy soku mogę siedzieć – zaproponowała Magda. Sabatem nazywały wspólne comiesięczne soboty. Najczęściej umawiały się u Alicji, do której każda z nich miała łatwy dojazd.

– Oczywiście, że tak. Z przyjemnością odpocznę w sobotę z wami. Bliźniaki wchodzą w wiek dojrzewania, Krzysztof najczęściej jest w delegacji, więc z największą przyjemnością oddeleguję na niego uprawnienia do zajmowania się nastolatkami w fazie wzrostu i buntu.

– Aż tak źle? – dopytywała Magda.

– W sumie nie jest tak źle, ale czasem naprawdę mam dość, gdy kolejny raz z rzędu słyszę awanturę o niebieskie słuchawki czy wypity jogurt z lodówki. Dobrze mu zrobi, jak posiedzi z nimi całą sobotę. W południe jestem umówiona z tatą, zjemy razem obiad gdzieś na mieście, a potem przyjadę do was.

– Mamy jakieś plany? Czy po prostu jazz, wino i my?

– Jazz, sok i my – dopowiedziała Gosia.

Drzwi otworzyły się i do pokoju wbiegła Alicja.

– Gdzie dyrektor, mam do niego teraz iść?

Było widać, że jest przestraszona, ale nawet w takich chwilach wyglądała uroczo i bardzo kobieco.

– No, iść do niego? Tylko weźcie ode mnie te szejki. Ponoć to hit zimy. – Rozstawiła na biurkach plastikowe półlitrowe kubki z pokrywkami. – Do tego proszę, słomki, i życzę smacznego, kochane. A ja biegnę do dyra na dywanik.

Już miała wybiec z pokoju, gdy pierwsza śmiechem wybuchnęła Gosia, a potem kolejno Magda i Krystyna.

– Ej, wkręciłyście mnie, tak? Małpy jesteście i już nigdy, ale to nigdy nie dostaniecie ode mnie szejków. Przecież ja myślałam, że ducha wyzionę, biegnąc tu do was.

– Będziesz miała nauczkę, żeby się nie spóźniać tyle razy w miesiącu – zauważyła Krystyna. – Ale muszę przyznać, że dobrze się z wami pracuje, Magda piecze obłędne ciasta, Alka przynosi przepyszne szejki, nic, tylko przychodzić do biura.

– Żeby tylko jeszcze nie było dyrektora, kierownika i księgowości – dodała z przekąsem Alicja. – Gdyby nie to, byłoby wręcz idealnie. Ale *à propos* księgowości – zrobiła znaczącą minę, aby nadać bardziej dramatyczny wydźwięk temu, co chciała powiedzieć. – Wpadł mi do głowy pomysł z tym felernym kwestionariuszem. A właściwie nie mnie, tylko takiemu jednemu Jackowi.

– Jakiemu znowu Jackowi? – zapytała Magda, siorbiąc szejka. Uwielbiała obserwować Alę, która była jej zupełnym przeciwieństwem. Alicja miała w sobie radość, witalność, była zawsze uśmiechnięta. Jej burza blond loków zdawała się skakać wokół niej za każdym razem, gdy Alicja w zmysłowy sposób przechadzała się po korytarzach biurowca. W sumie chyba nie było faceta, który nie obejrzałby się za nią. Wysoka, smukła, najczęściej ubrana w sukienkę, wyglądała jak kwintesencja kobiecości. Nic więc dziwnego, że bardzo często umawiała się na randki. Natomiast żadna znajomość nie przetrwała na tyle długo, by Alicja była w stanie wejść w bardziej zaangażowaną fazę związku. Twierdziła, że żaden, absolutnie żaden nie powalił jej na kolana, nie odczuwała na tyle długo motyli w brzuchu albo wręcz amanci okazywali się tylko przystojnymi, dobrze zbudowanymi facetami, którzy nie są w stanie dać jej nic poda wyglądem. I tak mijały miesiące i lata. Alicja zgromadziła imponującą listę znajomych, z której dość często korzystała. Na przykład gdy coś zepsuło się w domu, wystarczył telefon do znajomego, który miał firmę remontowo-budowlaną – już jeden z jego pracowników jechał do Ali. Tak samo było, gdy szukała kierowcy, księgowego, policjanta (mały mandacik za zbyt szybką jazdę). Nic dziwnego, że znalazła też speca od formularzy w Excelu.

– Jacek to brat Krzyśka. Uprzedzając twoje kolejne pytanie, Krzysiek to sąsiad z naprzeciwka, taksówkarz, który zawsze was rozwozi do domów po spotkaniach u mnie. A wracając do głównego tematu: otóż Jacek powiedział, aby prześledzić jeszcze raz każdą rubryczkę z podliczeniem. Bo wychodzi na to, że gdzieś ktoś musiał wpisać wynik ręcznie zamiast pozwolić, aby formularz wyliczył go sam. Musimy udowodnić tym babom, że to my mamy rację, a nie one. – Zadziornie spojrzała na dziewczyny obecne w pokoju. – Mamy ponad tysiąc rekordów do sprawdzenia. Jak się dzielimy? Bierzemy po dwieście pięćdziesiąt każda? Ja wezmę pierwsze, Krystyna do pięćsetnego, Gosia do siedemset pięćdziesiątego, a ty, Magda, do tysięcznego?

– Czyli kolumna G i L w każdym rekordzie, tak?

– Tak, Gosieńko. Jak nie znajdziemy same, to mam zgrać formularz i Jacek sam przejrzy jeszcze raz.

– Już sobie wyobrażam miny bab z księgowości, jak im wskażemy ich błąd w systemie – rozmarzyła się Magda.

– Nie marzymy, tylko działamy! Wiemy, gdzie się zaczepić.

Po kilku godzinach przeglądania arkuszy pierwsza odezwała się Alicja.

– Nie wiem jak wy, ale mam już dość tych wszystkich cyferek, tabelek i rekordów. Zgłodniałam i marzy mi się normalny obiad.

– Dobry pomysł – potwierdziła Magda. – Też bym coś skonsumowała. Co dziś jemy? Chińczyk, kebab, sushi?

– A może krokiety i do tego barszcz czerwony? Taki barowy smak mi się zamarzył – zaproponowała Alicja.

– Schodzimy wszystkie czy jedna idzie na dół po prowiant? Pyszny pomysł, już dawno nie jadłam takiego obiadku – włączyła się Gosia.

– Lepiej, żeby poszła jedna z nas – dorzuciła Krystyna. – Nie było jeszcze kierownika po zebraniu, więc w każdej chwili może wpaść do nas z nowinkami.

– Ja mogę podejść. I tak muszę skoczyć do bankomatu po gotówkę – odezwała się Magda. – Zresztą z przyjemnością wyjdę na chwilę. Ciekawe, dlaczego kierownika jeszcze nie ma. Czyżby zebranie jeszcze trwało?

– Jeśli tak, to to wróży tylko jedno – kolejny projekt, czyli jeszcze więcej roboty, którą tak bardzo kochamy.

– Alka, nie strasz nas, okej?

Krystyna spojrzała na drzwi, bo tuż za nimi rozległy się kroki. Po chwili drzwi się otworzyły i dziarskim krokiem wszedł kierownik. Był to mężczyzna około pięćdziesięcioletni. Szpakowate włosy podkreślały jego wiek. Był wysoki i szczupły. Bardzo szerokie kości policzkowe robiły nieco groteskowe wrażenie. Ale wystarczyło, że kierownik się odezwał, a jego głos sprawiał, że miało się ochotę go słuchać i nieciekawe pierwsze wrażenie ustępowało miejsca miłemu zaskoczeniu. Choć potrafił też czasem użyć mocy swojego głosu. Szybko też dorobił się przezwiska, między sobą wszyscy nazywali go HenRYK. Bo jak Henryk ryknie, to wszystkich postawi na baczność i nawet ksero zaczyna działać.

– Dzień dobry, dziewczyny. Nie myślcie, że o was zapomniałem, ale zebranie się przedłużyło. I na pewno zdajecie sobie sprawę, co to oznacza. Niedługo wchodzi nowy projekt, w związku z czym będziemy mieć więcej pracy. Za dwa tygodnie odbędzie się zebranie z nowym partnerem. Do tego czasu musimy zorganizować i podzielić zakres obowiązków. Przede wszystkim potrzebujemy jednej odpowiedzialnej osoby do kontaktu. Dyrektor ma pomysł, jak to będzie wyglądało, ale ponieważ wyjechał już na urlop, musimy po prostu poczekać na zebranie. Kilka słów o projekcie: mamy stworzyć bazę internetową dla wszystkich gmin w dwóch województwach, które będę połączone ze sobą cyfrowo.

– Brzmi prosto... chyba. Czym my mamy się zająć? – zapytała Magda.

– Magda, ciebie proszę, byś wzięła na siebie kontakt i przepływ informacji, bo to bardzo ważne, a ponieważ się nie spóźniasz – wyszczerzył zęby do Alicji – to będziesz najodpowiedniejszą osobą. Krystyna będzie odpowiedzialna za tworzenie umów w zgodzie z prawem, a Alicja i Gosia jako wsparcie. Okej?

– Pasuje, nasz ulubiony kierowniku – Ala uśmiechnęła się czule.

– Ha, ha, ha, proszę cię, nie dam się nabrać na ten twój uroczy uśmieszek. Jeszcze jedno spóźnienie i poskarżę na ciebie dyrektorowi.

– Nawet jeśli dam ci kawałek najlepszego ciasta, jakie ostatnio jadłeś? Soczysty, pachnący cynamonem jabłecznik, który rozpływa się w ustach i drażni zmysły... – Ala zalotnie uśmiechnęła się do kierownika, wręczając mu talerzyk z ciastem. Odchodząc, mocniej niż zwykle zakręciła biodrami. Stał i wpatrywał się to w poruszający się zachęcająco tyłek Alicji, to w ciasto i dopiero po chwili odzyskał głos.

– Alicja, Alicja... Jesteś absolutnie niemożliwa. Dzięki za ciasto. Jak coś, jestem u siebie.

Jeszcze raz spojrzał na nią przeciągle i wyszedł z pokoju. Po chwili śmiechem wybuchnęła Gosia, a potem reszta dziewczyn.

– Zakręciłaś biedaka na następne kilka godzin. Bidulek będzie miał mokre sny. To co bierzemy do jedzenia? Bo nam przerwał. Ja to chyba mam ochotę na leniwe dzisiaj.

– Mam pomysł, zróbmy sobie taki polski stół, jak ostatnio zrobiłyśmy z sushi. Weźmiemy cztery porcje różnych potraw i się podzielimy.

– Świetnie. To co bierzemy oprócz krokietów i leniwych? Schabowy, mizeria, ziemniaki i... – dopytywała Magda, która zaoferowała, że pójdzie do baru mlecznego.

– Idźmy na całość – do tego ryba, surówka z kapusty kiszonej i ziemniaki z koperkiem. Może być? – Krystyna spojrzała na resztę dziewczyn.

– Mistrzostwo świata. Obiad mistrzów. Lecę na dół. Będę za kilka minut. Naszykujcie talerze i sztućce. – I już Magdy nie było.

Po kilku minutach ciszy Alicja nagle krzyknęła, strasząc dziewczyny:

– Jeeest! On jest genialny!

– Nie strasz! Co znalazłaś i kto jest genialny? – spytała Gosia.

– Znalazłam błąd. Jak jest formuła, to za każdym razem, gdy zmieniasz komórkę, wyświetla się szereg cyfr, nawiasów i innych krzaczków, a tu w wersie G247 wyświetla się tylko kwota. Czyli ktoś ręcznie usunął i wprowadził kwotę – dokładnie taką, jaka jest różnica w końcowym bilansie.

– Masz rację! No to wychodzi na to, że w tym tygodniu to my wyjdziemy zwycięsko z biura. Do piątku nic nikomu nie mówimy. W piątek o trzynastej trzydzieści wrzucimy poprawiony formularz z adnotacją, że jak ktoś nie potrafi korzystać z formularzy, to my go nauczymy, ale ręcznie niech nie wprowadza zmian, bo znajdziemy każdy taki manewr i wskażemy błąd – zaproponowała Krystyna z tajemniczym uśmieszkiem.

– Czemu o trzynastej trzydzieści?

– Bo w piątki księgowość zawsze kończy o czternastej. Jak wrzucimy o trzynastej trzydzieści, to nie zdążą nic nowego wymyślić.

– Wredne i pomysłowe. Podoba mi się. Krystyna, zaimponowałaś mi tym planem. Takie trochę nie w twoim stylu, ale cwane!

– Jeśli chodzi o księgowość, to nie mam już skrupułów. Są wredne. Zamiast przyjść i powiedzieć, że coś jest nie tak, że źle coś wychodzi, to od razu pobiegły na skargę do dyrektora. Okej, skoro kolejny raz nie potrafią przyjść i pogadać, to załatwimy je ich własną bronią. Wyślemy formularz na główny serwer z odpowiednią adnotacją do wszystkich. O trzynastej trzydzieści.

– Boskie w swojej prostocie – zauważyła Gosia. – Gdzie ta Magda? Konam z głodu.

Po chwili otworzyły się drzwi i weszła Magda, niosąc reklamówkę wypchaną styropianowymi pojemnikami pełnymi ciepłego jedzenia.

– Ej, miałyście wszystko naszykować! Ja biegam po żarełko, a wy nie możecie nawet przygotować stolika? To nie fair...

– Alicja znalazła błąd w arkuszu i trochę nam zajęło obmyślanie planu – zakomunikowała Gosia.

– Dobra, to zwracam honor. Jak tak, to ja naszykuję wszystko.

– Spokojnie, już działamy razem.

Po kilku minutach siedziały przy stoliku o tej porze obiadowym, planując piątkową zemstę na księgowych oraz ucztę na sobotni wieczór.

Krystyna wyszła z przychodni. Doskwierał jej głód. W przychodni robiła badania, które zalecił jej lekarz. Co roku wykonywała serie ukłuć i prześwietleń, żartobliwie nazywając to „przeglądem". Uważała bowiem, że urodziny to najlepszy moment, aby zrobić sobie prezent i sprawdzić, czy wszystko jest na odpowiednim poziomie. Lutowa pogoda nie zachęcała do spacerów. Wiał silny wiatr. Lekko padający śnieg zamienił się w wirujący obłok, który odnajdywał drogę do każdego niezakrytego zakamarka ciała. Skuliła się w sobie, postawiła wyżej kołnierz i raźnym krokiem szła przed siebie. Wiedziała, że za kilka chwil poczuje znany zapach. Pączkarnia czy też pracownia cukiernicza „U Zagoździńskich" to kultowe miejsce na mapie Warszawy. Odkąd pamiętała, to miejsce było jej znane. Jej tata przychodził tu na pączki ze swoimi rodzicami, potem przyprowadzał swoją córkę, a teraz Krystyna przychodziła tu ze swoimi dziećmi. Historii takich w Warszawie są tysiące. Każdy, kto trafił tu pierwszy raz, przychodził z polecenia i już na zawsze pozostawał fanem pączków z ulicy Górczewskiej.

Krystyna doszła do skrzyżowania. Po lewej stronie w oddali stał stary budynek pamiętający jeszcze czasy powstania warszawskiego. W murze można było jeszcze znaleźć ślady po kulach. Pamiątka strasznej warszawskiej historii. W powietrzu wyczuwalna była woń smażonych pączków. Ten aromat też wpisał się już w paletę zapachów miasta. Krzesło stojące obok drzwi wejściowych było dla stałych bywalców jasnym sygnałem, że pączki są w sprzedaży. Krystyna śmiało weszła do środka, kupiła dwa razy po dwanaście pączków, dwa zjadła na miejscu i tak zaopatrzona ruszyła do biura.

– Dzień dobry, drogie panie, mam coś dla was – powiedziała Krystyna, wchodząc do pokoju.

– Niech zgadnę, pączki od Zagoździńskich? Nic tak nie pachnie jak one – stwierdziła Alicja, podnosząc się, aby wstawić wodę na kawę. – Przyznaj się, ile zjadłaś na miejscu? Ja zawsze biorę dwa, bo jeden to za mało. I choć wiem, że to pierdyliard kalorii, to i tak nie mogę się pohamować – Alicja śmiała się, wsypując kawę do kubków. Gosia podeszła do stolika i zaczęła rozkładać pączki.

– Jedna paczka dla nas, drugą zabieram do domu. Księgowość coś przeczuwa? Jak sądzicie? – dopytywała Krystyna, małymi łykami pijąc gorącą kawę.

– Nie sądzę. Dziś rano wyglądały na bardzo z siebie zadowolone. Natknęłam się na nie przy podpisywaniu listy. Jedna mruknęła coś w stylu: „O, już piątek, a błąd nadal nie znaleziony" – opowiadała Magda. – Ale nic nie dałam po sobie poznać. Niech tak sobie myślą. Mamy już gotową notatkę na serwer?

– Dawajcie kartkę i długopis, po takiej ilości cukru mam wenę, aby przygotować ładną laurkę dla wrednych bab. – Alicja była w bojowym nastroju. Gosia podała jej, o co prosiła.

– Napiszmy coś w stylu: „Jak nie umiesz korzystać z formularza, to tego nie rób albo przyjdź na przeszkolenie do nas. Już my cię nauczymy" – szybko podłapała Magda.

– No co ty, za słabe, nie zrozumieją ironii. Polećmy sarkazmem: „Pracując w księgowości, powinno się umieć posługiwać arkuszami kalkulacyjnymi. W XXI wieku to taki standard, jak kiedyś liczydło. Jeśli w waszym pokoju nadal panuje średniowiecze, zapraszamy na korepetycje. Z chęcią wprowadzimy was w arkana nowoczesnej technologii i już żaden rekord nie będzie skrywał przed wami tajemnic".

– Alicja, to ma być notatka służbowa, a nie wywołanie trzeciej wojny światowej – ze śmiechem zauważyła Krystyna.

– Z wami w ogóle nie ma zabawy – z udawanym fochem powiedziała Alicja. – Byłoby przynajmniej wesoło, coś by się działo.

Gdy nadeszła długo wyczekiwana godzina, Krystyna umieściła najnowszą wersję pliku na serwerze – wraz z adnotacją służbową. Na tyle miłą, aby nie wywołać w urzędzie kolejnego trzęsienia ziemi, a zarazem wyraźnie informującą, że błąd wynikał z działań księgowości. Notatkę sporządziła Krystyna, na którą cukier nie miał aż tak dużego wpływu.

Alicja stała na balkonie, wypatrując swoich przyjaciółek. Na dzisiejszy wieczór zaplanowały spotkanie z winem, jazzem i plotkami. Dawniej zabierały na takie spotkania swoich partnerów, ale nie był to najlepszy pomysł, bo cały wieczór dominowały wtedy rozgrywki angielskiej ligi. Uznały więc, że sprawdzony scenariusz to one cztery, wino, jazz i spokój od wszelkich rozgrywek, projektów i problemów. Już po chwili zauważyła podjeżdżającą pod blok taksówkę, z której wysiadły dziewczyny. Jak zawsze przy takich spotkaniach, zamówiły szybko jedzenie, rozsiadły się na sofie i fotelach Alicji, po czym zaczęły plotkować. Gdy już dostało się wszystkim i na chwilę zapadła cisza, odezwała się Alicja.

– Musimy koniecznie wypić toast! – Poderwała się i poszła do kuchni. Po chwili przyniosła butelkę schłodzonego szampana i cztery wysokie, smukłe kieliszki.

– Fiu, fiu, toż to prawdziwy Möet. Co to za okazja? A może po prostu chcesz, żebyśmy miały jutro kaca giganta? – zapytała Gosia, sącząc w międzyczasie sok żurawinowy.

– Nie, kochaniutka, chcę tylko, abyśmy były szczęśliwe, zamknęły wszystkie niepotrzebne drzwi i otworzyły się na nowe doznania.

– Coś w formie obietnicy, jaką składa się sobie na koniec roku? – zagadnęła Magda, podchodząc do komody, na której stały świeczki. Zapaliła je i spojrzała na pokój spod przymrużonych powiek. – Teraz jest okej – stwierdziła i podeszła do narożnika zajmującego połowę pokoju. – Chyba specjalnie kupiłaś tak olbrzymią sofę, żebyśmy się na niej wszystkie zmieściły.

Krystyna zaczęła się śmiać.

– W życiu! Kupiła taką, aby móc się bzykać w dowolnej konfiguracji! Alka zrobi wszystko, aby to jej było dobrze. – To mówiąc, odwróciła się do Ali i pokazała jej język.

– Wredoty jesteście wszystkie, więc pierwszy toast jest mój.

– Czy to oznacza, że każda z nas wypowie marzenie i ono się spełni? – Magda filuternie spojrzała na przyjaciółki i z udawaną poważną miną zakomunikowała: – To w takim razie ja chcę jeść ciastka przez okrągły miesiąc, a nie tylko pierwszego dnia okresu, i nie przytyć ani grama.

– To ja poproszę raz w miesiącu wyprzedaż na Moliera – podchwyciła Gosia.

– Ha, ha, ha, to ja w takim razie chcę, aby od teraz mężczyźni sprzątali po sobie wszystkie skarpetki leżące na podłodze i wrzucali je do kosza na brudy – dorzuciła Krystyna, śmiejąc się w głos.

Alicja omiotła spojrzeniem wszystkie obecne, oparła rękę na biodrze i zwróciła się do nich tonem nieznoszącym sprzeciwu.

– O ile wierzę, że wymyślą słodki krem, od którego się nie tyje, i w to, że sklep na Moliera będzie urządzał wyprzedaże najnowszych kolekcji Gucciego z dziewięćdziesięcioprocentowym rabatem, tak nigdy nie uwierzę, że faceci przestaną znaczyć teren. Miałyście swoje szanse i sobie robicie podśmiechujki, to ja zaczynam na serio. – Uniosła kieliszek i patrzyła na nie, ale zdawała się nie widzieć. – Chcę, aby pozostało tak, jak jest. Nie jestem gotowa jeszcze na te wszystkie deklaracje, stałe związki ani na to wszystko, co się z tym łączy. Nie potrafię sobie nawet tego wyobrazić. Ma zostać wszystko po staremu. Niech się dzieje! – Wypiła zawartość kieliszka.

Krystyna uniosła się ze swojego miejsca z kieliszkiem w ręku.

– Chcę, żeby było tak, jak kiedyś. Żeby powróciło to, co było, a gdzieś mi się po drodze zagubiło. Niech się dzieje! – Również wypiła do dna.

Magda pytająco spojrzała na Gosię, a ta kiwnięciem głowy dała jej znać, że teraz jej kolej.

– Ja wypiję za to, aby w moim życiu nastał spokój, by przeszłość nie wracała do mnie, aby wspomnienia zgasły i dały szansę nowym, dobrym myślom. – Widząc szczere zainteresowanie dziewczyn, wyciągnęła rękę, by zasygnalizować, że to nie jest dobry czas na pytania. – Obiecuję, że wam powiem, ale nie jestem jeszcze na to gotowa. Niech się stanie! – Wypiła swój toast i spojrzała na Gosię.

– To teraz ja. – Dostrzegły łzy lecące po jej policzkach. – Chcę, aby spełniło się moje jedyne i największe marzenie. Chcę móc przytulić swoje dziecko. Chcę czuć jego zapach, chcę mieć nieprzespane noce, poranione brodawki i rozstępy na brzuchu. Chcę doświadczyć tego wszystkiego, czego doświadcza każda matka, a mnie nie jest to dane – dodała prawie szeptem. – Niech się dzieje! Nie, nie przytulajcie mnie teraz. Bo rozpadnę się na kawałki – zaprotestowała cicho, ale zdecydowanie, gdy zauważyła, że chcą ją pocieszyć. Uszanowały to i dały jej czas, aby wszystkie łzy, które tego dnia chciały znaleźć ujście, spokojnie płynęły. Po chwili otarła oczy, rozmazując tusz do rzęs na pół policzka.

– Teraz to już przegięłaś, wyglądasz jak Etiopczyk wychodzący z lasu deszczowego po wygranej walce – stwierdziła Alicja, zerkając na Krystynę.

– Etiopczyk z lasu deszczowego? Ty w ogóle, Alka, wiesz, gdzie leży Etiopia? – spytała Magda, a Krystyna przytaknęła z aprobatą.

– Wy mi tu nie podważajcie moich porównań i terminologii.

– Wyjść z podziwu nie mogę, skąd ty bierzesz te swoje porównania. – Magda, śmiejąc się, podeszła do Gosi. Podała jej lusterko i chusteczkę. – Wytrzyj swój zwycięski makijaż, Etiopko.

– O kurwa! Rzeczywiście wyglądam, jakbym nie wiem jaką walkę stoczyła. To miał być wodoodporny tusz. Co ten czubek mi kupił? – Gosia wzięła torebkę do ręki, szukając sprawcy całego zamieszania. Już po chwili wyjęła piękne różowe opakowanie mascary.

Widząc to, Magda parsknęła śmiechem.

– Przecież to jest wodny tusz do rzęs. Taki sam kupiłam córce Krystyny, żeby młoda się szkoliła. Ale co jak co, na pewno jest bezpieczny dla oczu.

– Przede wszystkim powinnyśmy sobie zażyczyć, aby faceci nauczyli się czytać listy zakupów, które im dajemy – stwierdziła Krystyna, popijając szampana.

– Prędzej uwierzę, że moja ciotka Geńka pogodzi się z moim staropanieństwem, niż w to, że faceci zaczną robić dokładnie to, o co ich prosimy – zauważyła cierpko Alicja, zatapiając się w swoich myślach.

Staropanieństwo. To wyświechtane słowo wyprowadziło ją z równowagi. Nie znosiła go. Miało fatalny wydźwięk. Kojarzyło jej się ze starą, zdziwaczałą babą, która chodzi w spłowiałych sukienkach i mówi na głos do siebie albo do kotów. Zawsze nazywała siebie singielką i brzmiało to dla niej przyjemnie, wręcz światowo. A to określenie, notorycznie używane przez jej rodzinę, nagle stworzyło w jej głowie obraz starej, samotnej kobiety, który ją przeraził. Czy naprawdę chce być zawsze sama? Spojrzała na resztę dziewczyn. Gosia pochłonięta była rozmową z Magdą i nie zauważyła jej pytającego wzroku. Krysia stała tyłem do wszystkich i przebierała w bogatej płytotece Alicji. Było więcej niż pewne, że za chwilę włączy Armstronga. Gdy rozległy się pierwsze nuty *What a Wonderful World*, Ala uśmiechnęła się pod nosem. Wspaniały świat. Czy na pewno taki wspaniały, jak sobie zażyczyły? Czy wzniesiony toast to na pewno to, czego chce, a nie kolejna walka z wiatrakami? Aby za wszelką cenę udowodnić wszystkim, że może być samotna i szczęśliwa? „Do tego jeszcze upiłam się w ponurym nastroju" – pomyślała. Spojrzała na zegar wiszący na ścianie, który odmierzał każdą mijającą sekundę jej życia.

Poranek przywitał Gosię śnieżycą. Musiało sypać od kilku godzin, bo całe miasto spowite było białą pierzyną śnieżnego puchu. Drzewa nim otulone dodawały scenerii bajkowego klimatu. Gosia stała przy oknie, czekając, aż Piotr wyjdzie z łazienki. Była gotowa. A przynajmniej takie sprawiała wrażenie.

– Gosiaczku, gotowa jesteś? – zapytał Piotr, przyglądając jej się z ukosa.

– Taaaa... – powiedziała przeciągle, ale po chwili już bardziej ożywionym głosem dodała: – Tak, jestem gotowa. Zróbmy to. Czemu tak dopytujesz?

– Wyglądałaś na zamyśloną, wydawało mi się, że gdzieś odpłynęłaś.

– Tak rzeczywiście było. Gdy patrzyłam przez okno, przypomniało mi się, jak byłam mała i wyobrażałam sobie, że jestem jak Królowa Lodu. I jest prawie jak w bajce... – zawiesiła głos, wpatrując się w białe drzewa.

– Czemu prawie? – spytał Piotr, podchodząc bliżej.

– Myślisz, że którakolwiek dziewczynka marzy o tym, że będzie miała księcia z bajki, ale żeby zajść w ciążę, będzie musiała przechodzić kolejną próbę *in vitro*?

– Kochanie, jeśli uważasz, że nie jesteś na to gotowa, to powiedz mi o tym. Odwołamy wszystko. Potrzebujesz czasu? Chcesz zmienić termin?

– Nie! Po prostu nie zawsze wszystko jest jak w bajce czy jak sobie wymarzymy. To przez te leki i hormony jestem taka sentymentalna. Jestem gotowa, możemy wychodzić. – Zapięła płaszcz i wyczekująco spojrzała na Piotra. Patrzył na nią przez chwilę, ale za moment dziarskim krokiem minął ją i otworzył drzwi.

– Zróbmy to! A potem pojedziemy na pyszny lunch, spacer, zakupy, co tylko zechcesz! Chyba że będziesz wolała poleżeć w domu, to też nie ma problemu. Poleżymy razem, zamówimy obiad, obejrzymy film. Okej?

– Zobaczymy, jak się będę czuła – zadecydowała i oboje, nie czekając na windę, zeszli po schodach do samochodu.

Jazda przez miasto w godzinach porannych była męczącym doświadczeniem. Zwłaszcza w dniu, w którym nasypało kilkanaście centymetrów śniegu, a połowa mieszkańców nagle próbuje dostać się na drugi koniec Warszawy. Jadąc do kliniki, nie rozmawiali się ze sobą. Wszystko zostało już omówione na tyle sposobów, że nie pozostało im nic innego, jak dojechać na miejsce, wejść do gabinetu, poddać się zabiegowi i czekać na wynik badania za trzy tygodnie. Znali kolejność działań, doskonale wiedzieli, co mają robić i jak postępować. A jednak zawsze w dniu, w którym następowało zapłodnienie, stawali się milczący. Każde z nich było w swoim świecie i pieczołowicie broniło dostępu do swoich myśli. Tak też było tego dnia. Podjechali pod klinikę, zaparkowali samochód, Piotr opłacił parkometr i ramię w ramię weszli do środka. Czekał tam już na nich ich lekarz.

Po upływie godziny siedzieli w samochodzie i zastanawiali się, co robić dalej. Oboje wzięli tego dnia wolne w pracy, mieli przed sobą kilka godzin luzu i właściwie żadnego pomysłu, jak ten dzień wykorzystać. Według zapewnień lekarza zabieg przebiegł wręcz książkowo. Po zapłodnieniu Gosia przez pół godziny odpoczywała na leżance, a obok niej siedział Piotr. Trzymali się za ręce, ale milczeli. Zdawali sobie sprawę, jak to może wyglądać. Przechodzili przez ten cały proces już trzeci raz i wiedzieli, że to, co na początku może wprawiać w euforię, czasem po kilku tygodniach zamienia się w straszny ból po stracie kolejnej ciąży. Po kilkudziesięciu minutach pożegnali się z lekarzem i poszli do samochodu.

Ciszę w samochodzie przerwał Piotr:

– Jest tak pięknie. Skoro już mamy wagary, to może pojedziemy do Łazienek? Pochodzimy po parku, nakarmimy orzechami wiewiórki, a jak zgłodniejemy, pójdziemy gdzieś na obiad. Mówiłaś, że jest bajkowo dzisiaj. A jak bajka, to pałac i moja księżniczka – uśmiechnął się czule do Gosi.

– Wiesz co? Zaskoczyłeś mnie, ale to świetny pomysł. Chyba najgorsze, co możemy zrobić, to pojechać do domu i milczeć, zastanawiając się, co z tego wyniknie. Jedźmy do Łazienek. Spacer dobrze nam zrobi.

Po kilku minutach jazdy przez miasto Piotr zaparkował samochód przy wejściu do parku. Podeszli jeszcze do pobliskiego kiosku, chcąc zaopatrzyć się w orzechy dla wiewiórek. Choć było południe, park pełen był spacerowiczów, którzy z takim samym zamiarem przyszli do tej enklawy spokoju i ciszy, oazy bieli i czystości w środku zatłoczonego miasta. Spacerując po parku, kupili gorącą czekoladę i z parującymi kubkami spacerowali po alejkach, co kilka minut podrzucając wiewiórkom orzechy.

– Nie wiem jak ty, ale zgłodniałam. Już zapomniałam, jak męczące jest chodzenie po tych zaspach – powiedziała Gosia.

– Na co masz ochotę? Jaka kuchnia?

– Polska kuchnia. Mam ochotę na tradycyjną polską kuchnię. Możemy sobie pozwolić na obiad w Belvedere?

– Myślę, że nasz budżet to jeszcze udźwignie, ale do końca roku jemy chleb i pijemy wodę. Ha, ha, ha, spokojnie, to było w planach. Słyszałem, że mają tu pysznego tatara i jesiotra. Mam zamiar spróbować.

– A ja zobaczę, co jest w karcie.

Gdy weszli do restauracji, kelner pojawił się jak na zawołanie. Zaprowadził ich do stolika i zostawił menu, proponując do picia wino. Oboje wzięli wodę i zagłębili się w karty. Pierwsza odezwała się Gosia:

– Jestem tak głodna, że mogłabym zjeść wszystko, ale na początek skuszę się na pierogi z kaczką i śliwkami. Brzmi znakomicie. Oby było szybko. A ty co bierzesz, tatara?

– Zdecydowanie tatara, a potem gicz jagnięcą z białą fasolą, pomidorami, wanilią i sosem.

– Jestem jeszcze bardziej głodna. W takim razie ja do pierogów z kaczki biorę jeszcze polędwicę z jesiotra z brukselką, boczkiem, maślanymi ziemniakami i sosem bretońskim. A na deser piernik z wiśniami, gorzką czekoladą i migdałami. – Widząc roześmianą minę Piotra, dodała: – No co? Sam powiedziałeś, że jestem księżniczką. Ty weź sernik z białą czekoladą, mandarynkami i pistacjami. Zobaczymy, który jest lepszy.

Gdy po godzinie wyszli z restauracji, Gosia była w fantastycznym humorze.

– Już dawno tak dobrze nie jadłam – powiedziała. – Mistrzostwo świata. Potrafią naprawdę ugościć i zaserwować prawdziwy kunszt kulinarny. Ja im daje dziesięć w mojej sześciostopniowej skali.

– Aż dziesięć? – zapytał Piotr ze śmiechem.

– Nooo, aż tak mi smakowało. Co tydzień możesz mnie tu zabierać na obiad.

– Jak tylko sobie życzy wasza wysokość. – Ukłonił się przed Gosią i zaoferował ramię w drodze do samochodu.

– I teraz mówisz z sensem, panie. Tak ma być codziennie.

Popołudnie i wieczór upłynęły im w miłej atmosferze. Znali procedury, wiedzieli, że przez najbliższe kilka tygodni nici z seksu, więc zasnęli przytuleni.

Rano było jeszcze więcej śniegu, a i mróz postanowił pokazać, do kogo należy ostatnie słowo w tym kończącym się zimowym sezonie. Gdy jechali do pracy, Piotr zapytał Gosię:

– Jak się czujesz? Po wczorajszym wolnym jakoś tak nie za bardzo chce mi się iść do pracy dzisiaj, zwłaszcza że tylko na jeden dzień. Mogłem wziąć dwa dni wolnego. Zresztą nawet szef mi to proponował. Może byśmy zadzwonili do firm i coś wymyślili?

– Bardzo odpowiedzialne jak na przyszłych rodziców – zachichotała Gosia, wyciągając telefon. Po chwili w słuchawce odezwała się Krystyna.

– Hej, Krysiu, czy ja jestem wam dzisiaj jakoś specjalnie niezbędna? Pytam szczerze, bo raz, że chcemy zrobić sobie wagary, dwa, nie chce nam się iść do pracy na jeden dzień...

– Nie jesteś niezbędna, wpiszę ci urlop na liście obecności, a potem podrzucisz podanie do sekretariatu. Nie ma stresu. Wszystko okej?

– Tak, wszystko w porządku. Po prostu czasem nie chce nam się być dorosłymi.

– Bawcie się dobrze, pozdrów Piotra ode mnie.

Gosia przekazała Krystynie pozdrowienia od Piotra i zakończyła rozmowę.

– Teraz twoja kolej.

Piotr wybrał numer i też po kilku zdaniach sprawa była załatwiona.

– To co robimy w taki piękny piątek? Dokąd jedziemy?

– Skoro mamy trzy dni wolnego, to może gdzieś dalej? Na co ma ochotę wasza wysokość? – zapytał Piotr.

– Na rybę, a skoro mamy dużo czasu, to chcę zjeść tę rybę nad morzem.

– Przeginasz z tą bajką, wiesz? Ja tylko zapytałem, a ty od razu pół Polski każesz mi przejechać – zauważył Piotr i skręcił na Wisłostradę. – Jak sobie życzy wasza wysokość.

– Sam to wymyśliłeś, to teraz masz, co chciałeś. Ja już się przyzwyczaiłam do swojej roli. A po drodze zatrzymaj się na stacji, na hot doga. Nie ma wyjazdu nad morze bez zjedzenia na stacji gorącego hot doga.

– Cholera, mogłem wczoraj powiedzieć do ciebie „Kopciuszku", taniej by wyszło.

– Świnia jesteś, ha, ha, ha!

Kilka godzin później w wybornych humorach dotarli do Sopotu i zakwaterowali się w Grand Hotelu.

Po zameldowaniu wybrali się na zakupy, bo przyjechali nad morze zupełnie nieprzygotowani. Zaopatrzyli się w dwie pary dżinsów, bluzy i kilku sztuk bielizny i poszli na świeżą rybę do restauracji. Niestety pogoda nie zachęcała do spacerów brzegiem morza, więc wieczór spędzili w łóżku, oglądając TV i jedząc ciasto, które kupili w pobliskiej cukierni.

– Chyba wezmę prysznic, tutejsze powietrze mnie wykończyło, bo jestem śpiący – powiedział Piotr, wstając z łóżka. – Chcesz wejść do łazienki?

– Zapraszasz mnie? – zapytała z figlarnym uśmiechem Gosia.

– Przecież nie możemy się kochać...

– A kto mówi o kochaniu? Pytam tylko, czy mam do ciebie przyjść.

– Po co pytasz, skoro znasz odpowiedź? – powiedział Piotr i cmoknął ją w czoło. Wszedł do łazienki, po chwili Gosia usłyszała szum prysznica. Rozebrała się do naga, założyła hotelowy szlafrok i weszła do łazienki tak pełnej pary, że z trudem rozróżniała kształty. Zsunęła szlafrok i dołączyła do Piotra. Uśmiechnął się, widząc ją zupełnie nagą, i podał jej rękę, ciągnąc ku sobie pod strumień ciepłej wody.

– Nie możemy przecież... – powiedział, gdy dłonie Gosi pieściły jego penisa.

– Chciałam ci tylko przypomnieć, że w buzi zabiegu nie miałam. A tam też jest ciepło i wilgotno, tak jak lubisz. – Otarła się nagim biustem o jego klatkę piersiową. Drażniły go twarde piersi i sterczące brodawki. Schodząc do klęku, otarła się nimi o jego brzuch i penisa, by po chwili, już klęcząc, wziąć jego męskość do ust, wykonując posuwiste ruchy ręką. Piotr jęknął głośno. Położył dłonie na jej głowie, nadając tempo pieszczocie. Spojrzała na jego twarz. Nawet w tej mgle widziała i czuła, że koniec jest bliski. Orgazm Piotra nadszedł szybko. Potrzebował chwili, by ochłonąć, dopiero potem podał Gosi rękę, aby mogła wstać. Wytarła usta wierzchem dłoni.

– Od teraz mów mi „bogini". – Założyła hotelowy szlafrok i wyszła.

Gdy niecałe dwa tygodnie później test ciążowy, okazał się pozytywny, postanowili mniej euforycznie podejść do początku ciąży. Doskonale znali schemat i wiedzieli, że teraz czekają ich tygodnie niepokoju. Wszystko może się zdarzyć. O ciąży poinformowali tylko rodziców i przyjaciółki Gosi. Uważali, że na radość i celebrowanie ciąży jeszcze muszą poczekać.

Krystyna jechała tramwajem do pracy. Po raz kolejny pokłóciła się z Krzysztofem. Chciała się do niego rano przytulić. Po prostu. Brakowało jej bliskości, czułości, nie mówiąc o prawdziwych zbliżeniach. Po raz kolejny została odtrącona i zwyzywana. Czuła niemoc. Chciała się dowiedzieć, czemu Krzysztof tak postępuje. Czemu ją odpycha, nic jej nie mówiąc. Unikał rozmowy, unikał jej samej. Zadzwonił telefon. Gosia potrzebowała wolnego dnia. Krystyna była jej wdzięczna, że choć na chwilę może skupić myśli na czymś innym niż jej małżeństwo. W biurze była pierwsza. Włączyła wodę na kawę. Zanim woda się zagotowała, weszła Alicja.

– Hej, co słychać? Wstawiłaś więcej wody? Jestem nieprzytomna. Przez pół nocy pisałam z takim kolesiem. Kiedyś się spotkaliśmy kilka razy, ale on musiał wyjechać z Warszawy na kontrakt, a znajomości na odległość to jakaś parodia.

Alicja mówiła, Krystyna udawała zainteresowaną, ale myślami nadal była daleko, przy swoich problemach.

– I tak minęło prawie pół roku, aż tu nagle pisze do mnie, że przyjechał już na stałe do Warszawy i chciałby się spotkać. Zobaczymy, co z tego wyjdzie. – Alicja uśmiechnęła się do siebie. – Ale ja chyba cię nudzę? Coś się stało? – Przyjrzała się uważniej Krystynie.

– Poranna sprzeczka z mężem. Drobiazg. Wytrąciło mnie to z równowagi, ale wracam do pionu. – Chcąc zmienić temat, Krystyna szybko dodała: – Gosia wzięła dziś wolne. Doszli do wniosku, że muszą się odstresować i pojechali na weekend do Sopotu.

– Okej. Nie będę drążyć tematu. Wracając do Gosi, też bym tak chciała. Poleżeć sobie w hotelu i nic nie robić przez kilka dni. Muszę o tym pomyśleć. Gdzie Magda? To ja jestem, a jej jeszcze nie ma?

Alicja nie musiała długo czekać, Magda po chwili stanęła w drzwiach.

– Boże, co za wypadek był w Alejach Jerozolimskich! Tramwaje się wykoleiły, zablokowały całe rondo. Już myślałam, że się spóźnię, ale nasz dyrektor akurat przejeżdżał samochodem i mnie zabrał.

– O, kochana, to ty masz ładne znajomości! – Alicja zaczęła żartować z Magdą, ale przede wszystkim chciała poprawić humor Krystynie. – Po pracy też razem jeździcie?

– Walnięta jesteś, wiesz? – zauważyła Magda ze śmiechem. – Gdzie Gosia?

– Pojechała sobie do Sopotu. Bez nas, nic nam nie mówiąc.

– Ale z niej świnia – Magda mrugnęła do Alicji. – Musimy jej jakąś fotę wysłać, żeby była zazdrosna, że jej tu nie ma.

– To wtedy ona nam wyśle fotę z Sopotu i to my będziemy jeszcze bardziej zazdrosne, że nas tam nie ma. Ten kij ma nierówne końce.

– Fakt... To co, do pracy? – powiedziała Magda, upijając łyk kawy.

– Trzeba... – przytaknęła Krystyna i zanurzyła się w odmętach umów.

Piątek minął im spokojnie i Krystyna wyszła z pracy w zdecydowanie lepszym nastroju. Zadzwoniła do swojego taty i postanowili pojechać razem na całodniową wycieczkę do Kazimierza. Krzysztof jak zawsze miał inne, służbowe plany i nie mógł ich przełożyć. Z jednej strony martwiło ją ich oddalenie, a z drugiej zaczynała się do niego przyzwyczajać.

W sobotę od samego rana Alicja szykowała się na wieczorną randkę. W ruch poszły wszystkie maseczki i scruby do ciała i twarzy, jakie tylko miała. Nawet włosy zostały poddane specjalnej pielęgnacji. Wysprzątała dom, zapaliła zestaw ulubionych świeczek, rozpyliła dyfuzor. Jej mieszkanie miało stanowić jedność z nią samą. O umówionej godzinie wsiadła w taksówkę i pojechała do jednej z lepszych restauracji w mieście na kolację z dawno niewidzianym znajomym. W lokalu jak zawsze było dużo ludzi. Rozpoznała kilka twarzy znanych z pierwszych stron gazet. Dostali stolik stojący trochę na uboczu, ale dzięki temu dający poczucie intymności. Kelner nalał im wina i zostawił z kartami, aby mogli spokojnie dokonać wyboru. Alicja przypatrywała się Kamilowi. Był dobrze zbudowany, wręcz atletycznie. Ciemne włosy związał w kucyk, perfekcyjnie wygolona broda podkreślała jego nieskazitelny wygląd.

– Na co masz ochotę? – zapytał Kamil, przypatrując się Alicji badawczo.

– Słyszałam, że mają tu idealne wręcz steki. Wezmę średnio wysmażony stek, sałatę i warzywa sezonowe. A ty?

– Też wezmę stek, słabo wysmażony, z sosem holenderskim i szparagami. – Kamil zawołał kelnera, złożył zamówienie i zwrócił się do Alicji: – A teraz opowiadaj. Co się u ciebie wydarzyło przez te ostatnie miesiące? Nadal jesteś taką niezależną, tajemniczą Alicją jak kiedyś? – Spojrzał na nią z nieskrywanym zaciekawieniem. Uśmiechnęła się zalotnie i powiedziała:

– Skoro jestem Alicją, to muszę się tak zachowywać. A tak poważnie – nic się nie zmieniło. Nadal jestem sama z wyboru i nie planuję zmian. Tak jak jest, jest dobrze. Być może nie spotkałam nikogo, kto by mnie zachwycił na tyle, bym mogła dla niego zrezygnować z singielskiego życia.

– Nie takiej odpowiedzi się spodziewałem. Myślałem, że skoro jesteśmy razem na kolacji, to jest coś więcej – odparł spokojnie, choć w jego głosie Alicja usłyszała rozczarowanie.

– Mhmmm, przecież ustaliliśmy, że spotkamy się na kolacji jako dobrzy znajomi, bez deklaracji. Znasz mnie i wiesz, że nie można na mnie nic wymóc – powiedziała, ale zaakcentowała ostatnią część zdania. Poczuła się rozczarowana postawą Kamila.

– Piękna Alicjo, nie unoś się, proszę. Tak tylko zapytałem, bardzo mi się podobasz i nie chcę, żebyś znowu mi wywinęła numer jak ostatnio.

– Co masz na myśli, mówiąc „wywinęła numer"? – Odłożyła sztućce. Straciła ochotę na jedzenie i coraz bardziej mijała jej chęć na towarzystwo Kamila.

– Mieliśmy razem wyjechać, a ty mnie zostawiłaś tuż przed! – Jego głos stał się szorstki, mężczyzna patrzył na nią gniewnym wzrokiem. Alicja, chcąc się uspokoić, rozejrzała się po sali. W oddali rozpoznała kolegę z innego wydziału, z którym często współpracowała. Uśmiechnęła się do niego. Nie uszło to uwadze Kamila.

– Jemy razem kolację, rozmawiamy o naszej wspólnej przyszłości, a ty bezwstydnie flirtujesz z innymi? – mówił, coraz bardziej podnosząc głos.

– Rozmawiamy o naszej wspólnej przyszłości? Co ty bredzisz, człowieku? Jaka wspólna przyszłość? Od zawsze ci powtarzałam, że nie jestem zainteresowana żadnym stałym związkiem. A po dzisiejszym spotkaniu wiem to na pewno. – Rozejrzała się gwałtownie po sali. Gdy tylko zauważyła kelnera, szybko go przywołała. Podszedł żwawym krokiem i zwrócił się do Alicji:

– Coś podać jeszcze?

– Poproszę rachunek za moje danie. Czy jest możliwość zapakowania jedzenia na wynos?

– Oczywiście. Już przynoszę pani rachunek i zapakowane jedzenie. Coś jeszcze? – powiedział kelner i chciał już zabrać jej talerz, gdy Kamil ostro zareagował:

– Alicjo, nie rób scen! I natychmiast skończ swoje jedzenie, za które ja zapłacę! – Jego agresywny ton było już słychać na całej sali.

– Czy mogę poczekać na zapleczu na taksówkę? Nie czuję się bezpieczna przy tym neandertalczyku z Wąchocka.

Wstała od stołu. Kamil też wstał, ale w tym samym momencie pojawiło się dwóch ochroniarzy i eskortowali Alicję na zaplecze. Kątem oka dojrzała, że Kamila pilnuje dwóch kelnerów.

Na zapleczu zapłaciła za swoją kolację, zabrała zapakowany stek i, odprowadzona przez ochroniarza, wsiadła do taksówki. Dopiero w domu odkryła, że dostała nową porcję mięsa i warzyw oraz kawałek ciasta z liścikiem od szefa kuchni. Przechodząc przez pokój, spojrzała na leżący na stoliku telefon. Zauważyła migającą kopertę i kilka powiadomień. Wzięła telefon do ręki i jednym ruchem usunęła powiadomienia od Kamila. Zablokowała jego numer. Lekko się zawahała, ale po chwili zadzwoniła do Magdy.

– Hej, kochana. Co robisz? – zapytała.

– Nic ciekawego. Oglądam jakiś głupi teleturniej. A ty nie na randce?

– Uciekłam z niej eskortowana przez ochronę. Dużo by opowiadać. Nie masz ochoty spędzić ze mną sobotniego wieczoru z pudełkiem lodów i butelką wina? Nie czuję się pewnie po mojej ucieczce i nie chciałabym spędzać teraz czasu sama. Mogłabyś do mnie przyjechać?

– Oj, widzę, że czeka nas wieczór pełen opowieści. Jasne, zapakuję drugą butelkę wina i zaraz będę.

– Przepraszam, a czy możesz zostać ze mną do jutra?

– No jasne, nie zostawię cię samej. Dopakuję piżamę, dokupię wina i jadę do ciebie. Nie otwieraj nikomu. Jak będę miała zadzwonić domofonem, to wcześniej zadzwonię z dołu na telefon.

Po niespełna czterdziestu minutach Magda zadzwoniła do Alicji, że już jest na dole i za chwilę będzie dzwonić domofonem. Od wejścia Magdę zaskoczyło zdenerwowanie Alicji. Otworzyły wino i pudełko lodów, usadowiły się na kanapie i Alicja zaczęła opowiadać. Magda umiała słuchać. Czekała cierpliwie, aż przyjaciółka skończy opowieść, dopiero wtedy zaczęła zadawać pytania.

– Ten Kamil to zawsze był taki zaborczy?

– Nie, był stanowczy, ale nigdy nie zaborczy. Albo też ja tego nie dostrzegałam – zamyśliła się na chwilę Alicja. – Może miał zadatki na choleryka, ale nie do tego stopnia.

– Strach pomyśleć, co mogłoby być dalej. Usunęłaś jego numer z telefonu?

– Usunęłam, zablokowałam, a jak wchodziłam na osiedle, to poprosiłam ochronę, żeby nikomu nie mówili, gdzie mieszkam. Całe szczęście, że nigdy u mnie nie był. Kiedyś tylko mu powiedziałam, na którym osiedlu. Tu jest ponad sześćdziesiąt bloków, może szukać, ile tylko chce. Ochrona na pewno nikomu nie powie, w którym mieszkam. Zresztą nie sądzę, aby to pamiętał.

– Straszny fiutek z niego. Nie wyobrażam sobie żyć z takim ogranicznikiem jak on. Zresztą ja sobie z nikim nie wyobrażam życia. – Spojrzała na

Alicję. Zawsze ją podziwiała za odwagę, za radość życia, za wszystko to, czego ona w sobie nigdy nie miała. A dziś miała możliwość poznać inną twarz koleżanki.

– Coś w tym stylu powiedziałam mu na odchodne.

– Już sobie wyobrażam, jedno z twoich słynnych porównań? – dopytywała Magda.

– Powiedziałam, że jest neandertalczykiem z Wąchocka.

– Ha, ha, ha, neandertalczyk? Okej, ale, kuźwa, skąd ty wzięłaś Wąchock? – Magda była wyraźnie rozbawiona. – Jak nie Etiopka z deszczowego lasu, to neandertalczyk z Wąchocka!

– Moja fantazja nie przejmuje się tak absurdalną rzeczą jak granice geograficzne. – Alicja nieco się rozluźniła.

– To na pewno, żadnych ograniczeń.

Obie zaczęły się śmiać. Dopiero po kilku minutach Alicja położyła dłoń na ręce Magdy i powiedziała:

– Dziękuję, że przyjechałaś, że mnie wysłuchałaś. Jesteś kochana. I jak chcesz, możesz wybrać dowolny film, który obejrzymy razem.

– Okej, ale koniecznie musi być to film, na którym będzie można nasycić oko.

– To mamy mały wybór, bo chyba w żadnym filmie nie widać całego faceta. Tylko ich klatę i ewentualnie tyłek. A pornoski to chyba lepiej, jak będziemy oglądały osobno – zauważyła wesoło Alicja.

– Zdecydowanie masz rację. Swoją drogą ktoś, kto wymyślił takie prawo, że ma nie być widać męskich pitolków, sam musiał mieć mikroskopijnej wielkości fiuta.

– Masz rację. Jak pokazują kobietę w filmie, to no problem, pokazują ją całą i to jest okej. Ale już jak w filmie jest scena z rozebranym facetem, to wtedy ujęcie do podbrzusza, nie daj Boże pokazać owłosienie poniżej pępka albo sam tyłek. Ja to bym chciała na przykład zobaczyć, jak wygląda taki Wesley Snipes z przodu, a nie tylko z tyłu. Choć tyłek ma naprawdę ekstra – rozmarzyła się Magda.

– Gdzie ty widziałaś tyłek Wesleya Snipesa? – dopytywała Alicja. – Ja też chcę zobaczyć! Zatrzymamy sobie na odpowiednim kadrze i będziemy podziwiać. A nuż coś mu się tam pomajta?

– Zawsze możemy obejrzeć odpowiednie sceny w zwolnionym tempie. Ten film to *Pociąg z forsą*. Grają tam też Jennifer Lopez i Woody Harrelson.

– Ona jest taka śliczna. Jeszcze by się przydał jeden film, coś mi chodzi po głowie... I tam naprawdę widać dużo, bo przez chwilę w basenie widać penisa Bruce'a Willisa. Albo jego sobowtóra, ale widać – zapewniła gorąco Alicja.

– Nie widziałam tego filmu, jaki ma tytuł?

– *Barwy nocy*. Stary film. Moim zdaniem klasyk lat dziewięćdziesiątych.

– No to mamy już dwa. Ja wstaję po lody, a ty po wino.

– Wiesz co, mam pomysł – powiedziała Alicja i zatrzymała Magdę. – Chodź, założymy piżamy. Będzie nam wygodniej, usadowimy się na naszych miejscówkach, okryjemy kocami. Będzie takie mini piżama party.

– Mini piżama party z poszukiwaniem pitolków w tle?

– Nie pobzykamy dzisiaj, to chociaż popatrzymy – powiedziała, śmiejąc się, Alicja.

– A tak wracając jeszcze do akcji z Kamilem... – Magda usadowiła się już w swoim fotelu ubrana w piżamę. Otuliła się kocem i czekała na Alicję, która dopiero zaczynała sobie szykować miejsce, co oczywiście musiała skomentować w swoim stylu:

– Moszczę się z tym winem i lodami jak kura na grzędzie po porannym kukuryku z kogutem. Co z Kamilem?

– Zachowałaś się bosko. Intrygująco, tajemniczo, lekko okrutnie, ale z megaklasą.

– Wiem! Zrobimy sobie bluzy z napisem BOGINI! – wykrzyknęła Alicja, zrywając się na równe nogi. – Genialny pomysł, Magda!

– Przecież to nie ja na niego wpadłam i szczerze mówiąc, jak zawsze nie nadążam za twoimi pomysłami. – Magda z zaciekawieniem przyglądała się Alicji, która w swojej kusej piżamce przechadzała się po pokoju. Spodenki ledwie zakrywały jędrny pośladek, zachęcająco bujający się w rytm jej kroków.

– No przecież to ty powiedziałaś, że zachowałam się bosko, że było to intrygujące i tajemnicze. Krystyna jest bardzo gustowna, ty masz idealne rysy twarzy, a Gosia... Mhmmm, jest inspirująca. – Alicja patrzyła na Magdę, aż ta załapie, o co jej chodzi.

– Obawiam się, że nadal nie wiem, o czym mówisz. – Magda przyglądała się Alicji, a ta Magdzie. W końcu obie zaczęły się śmiać.

– Jeszcze raz. Skup się! Boska, okrutna, genialna, inspirująca, nieobliczalna, intrygująca. Kto jest taki? – Alicja świdrowała Magdę spojrzeniem.

– Ty? Sorry, nadal nic nie rozumiem.

– Pierwsze litery tych słów, tworzą jeden wyraz. – Widząc, że Magda nadal nie wie, o czym mowa, Alicja powiedziała z naciskiem: – BO-GI-NI. Przecież my nie czujemy potrzeby bycia królowymi ani księżniczkami. My jesteśmy boginiami. Zrobię dla nas bluzy z takim napisem.

– I kubki też? – Magda uwielbiała czaderskie kubki, które Alicja sama projektowała i w pobliskim studio zlecała wykonanie.

– Kubki też zrobię, dla każdej z was. I dla siebie też oczywiście. Ale przede wszystkim skupię się na bluzach. Chyba w następnym miesiącu mamy pracującą sobotę, to wtedy będziemy mogły założyć do pracy mniej oficjalne ciuchy, więc wystąpimy w bluzach z napisem BOGINI.

– Pomysł zajebisty, ale w dalszym ciągu nie mam pojęcia, w jaki sposób na niego wpadłaś. Jesteś jedna na milion.

– Madzia, tak samo jak ty. A teraz siadajmy na naszym Olimpie i spoglądajmy na boski tyłek Snipesa.

Kilka tygodni później dziewczyny ubrane w takie właśnie bluzy przekroczyły próg biura. Bluzy były w różnych kolorach, pasujących do ich karnacji i urody. Alicja zaszalała z projektem. Napis BOGINI umieściła w pionie, a przy każdej z liter dopisała odpowiednią cechę. Dla każdej z dziewczyn przyniosła też nowe kubki z napisami według własnej inwencji twórczej.

Krystyna leniwie przewróciła się na drugi bok, nie zwracając uwagi na budzik. Zawsze nastawiała go na kilkanaście minut wcześniej niż powinna wstać. Lubiła sobie w spokoju poleżeć zamiast zrywać się w ostatniej chwili. Spojrzała na śpiącego Krzysztofa. Leżał na plecach, zwrócony twarzą w jej kierunku. Delikatnie się do niego przytuliła, pragnąc odrobiny czułości i bliskości. Już nie pamiętała, kiedy byli naprawdę blisko siebie, nie mówiąc już o seksie. Ostatni szybki numerek miał miejsce pięć miesięcy temu i nie był to najbardziej udany stosunek na świecie. Nie pamiętała już, kiedy ostatni raz miała orgazm. Zdawała sobie sprawę, że nie powinno to tak wyglądać, ale brakowało jej odwagi, aby zapytać Krzysztofa o przyczyny. To była sprawa, która wisiała między nimi, ale żadne nie poruszało tego tematu. Z obawy, z troski? Nie potrafiła tego określić. Położyła głowę na jego ramieniu i zaczęła powoli drapać go po klatce piersiowej.

– Wstawaj, śpiochu, już szósta. Ej, śpioszku! – Jej palce masowały go delikatnie, tańczyły na piersi, kulistymi ruchami schodząc coraz niżej. – Może wykorzystamy chwilę spokoju, póki dzieci śpią?

Krzysztof otworzył oczy, spojrzał chłodno na żonę, odtrącił jej rękę i wstał pośpiesznie z łóżka.

– Muszę być dziś wcześniej w pracy, nie mam czasu na takie pierdoły. Swoją drogą, mogłabyś w końcu spoważnieć. Niby taka pani urzędniczka, a zachowujesz się jak zwykła ladacznica. Nie lubię tego!

– Że co? To ty od kilku miesięcy unikasz bliskości ze mną. To chyba normalne, że dwoje zdrowych ludzi uprawia seks, nie sądzisz?

Zranił ją. Sama przed sobą nie chciała przyznać, jak bardzo.

– Możesz mi powiedzieć, czemu od kilku miesięcy nasza sypialnia jest tylko miejscem do spania? Kiedyś było zupełnie inaczej. Co się dzieje? Czemu nie chcesz o tym rozmawiać?

– Po prostu nie chcę się z tobą kochać. To wszystko. Znudziło mi się. I nie rozumiem, czemu nie potrafisz tego zaakceptować. – Patrzył na nią arogancko, sprawdzając, czy słowa, które wypowiedział, sprawiły Krystynie taki ból, jakiego oczekiwał.

– Znudziło ci się? – Niby znała znaczenie tego zwrotu, ale to do niej nie docierało. Pytała szeptem, nie chciała, aby ból usłyszał w jej głosie.

– Tak! – krzyknął. – A teraz się pospiesz. Wstań, ogarnij się i naszykuj mi śniadanie i lunch do pracy. Jadę dziś w delegację i wrócę dopiero w poniedziałek, prosto do pracy. Muszę mieć co jeść dzisiaj.

– Chyba żartujesz? Odkąd jeździsz w delegacje na całe weekendy? Nigdy tak nie było! Masz kogoś? Pieprzysz jakąś sekretarkę w firmie? – Krystyna traciła panowanie nad sobą.

– Czy ty potrafisz myśleć o czymś innym niż pierdolenie?! Zachowujesz się jak dziwka! – wysyczał i wyszedł z pokoju.

Została sama, siedząc na łóżku. Nie poznawała go. To nie był mężczyzna, którego kiedyś poznała i pokochała. Ostatnio każda ich rozmowa kończyła się awanturą, w której za wszelką cenę chciał ją obrazić i sprawić, by poczuła się jak śmieć.

Podeszła do komody i wyjęła czystą bieliznę. Złapała pierwsze lepsze koronkowe majtki, ale po chwili zamieniła je na stare bawełniane, które trzymała tylko na te dni, w których miesiączka była bardzo męcząca, bo były idealne do dużych podpasek. Do kompletu wybrała bawełniany, cielisty stanik i zwykłą granatową sukienkę, która wisiała w szafie już od kilku lat. Myjąc zęby, spojrzała w lustro, jakby dla potwierdzenia, że ta kobieta, którą jest teraz, jest prawdziwa. Może spodziewała się, że zobaczy kogoś innego? A zobaczyła kobietę zgaszoną, która najlepsze momenty życia ma już za sobą, a teraz został dla niej już tylko koc w salonie i żadnych rozrywek. Z trudem wyszła z łazienki, już ubrana. W kuchni czekały już bliźnięta i jak zwykle kłóciły się o miejsce przy stole. O dziwo, tym razem Krzysztof zareagował na ich fanaberie. Poranek upłynął im już w spokoju.

– Mamo, co robimy w weekend? – zapytała Patrycja. – Pojedziemy gdzieś?

– Nie, tata wyjeżdża w delegację i wraca dopiero w poniedziałek po pracy. Będziemy sami. W sobotę pójdziemy do dziadka i zabierzemy go na spacer. Może pójdziemy gdzieś na lody albo zapiekanki.

– Super druper – powiedział Patryk.

– Nie mów tak głupio – zirytowała się Pati.

Bliźniaki Krystyny różniły się między sobą wszystkim, zwłaszcza wyglądem, bo jako bliźniaki dwujajowe stanowiły książkowy przykład tego, jak duże mogą być różnice. Patryk był czarnowłosym chłopcem, dobrze zbudowanym jak na czternastolatka. Najchętniej czas spędzał na podwórku z kolegami albo na wszelkiego rodzaju kółkach sportowych. To była jego pasja, a Krystyna i Krzysztof wpierali go w tym. Sport oprócz sprawności hartował też charakter, a to było pożądane. Woleli zresztą, aby czas wolny spędzał na powietrzu, choćby grając z kolegami w piłkę, niżby miał siedzieć całe dnie przed komputerem, grając wirtualnie. Uczył się chętnie, nauka nie sprawiała mu żadnego problemu. Podejrzewali, że gdyby Patryk więcej czasu poświęcał na naukę, dostawałby więcej piątek i szóstek. Natomiast ich syn twierdził, że spędza w szkole wystarczająco dużo czasu, aby nie poświęcać go jeszcze w domu na czytanie niepotrzebnych rzeczy. Jemu w zupełności wystarczała na świadectwie średnia 4,5 – aby był czerwony pasek, mama i tata byli zadowoleni i nie ograniczali go w żaden sposób, jeśli chodzi o sport.

Patrycja lubiła się uczyć, uczęszczała na większość kółek tematycznych, jakie były dostępne w ich szkole. Chętnie brała udział we wszelkiego rodzaju konkursach i olimpiadach, które zresztą wygrywała z powodzeniem. Była niską, szczuplutką, popielatą blondyneczką. Jej ulubioną formą spędzania czasu były dyskusje, szczególnie z dziadkiem, który uwielbiał swoją małą mądralińską, jak ją nazywał. Bliźniaki kłóciły się o wszystko, można było odnieść wrażenie, że to ich dodatkowe hobby. Po chwili jednak zamykali się w jednym pokoju, aby zajmować się wspólnymi sekretami.

– Będę mówił, jak będę chciał, bo jestem starszy od ciebie – zauważył Patryk.

– O całe trzy minuty, ośle!

– Moglibyście się uspokoić, nie mam ochoty wysłuchiwać waszych kłótni od samego rana! – Krystyna po porannej sprzeczce z Krzysztofem nie miała ochoty na słuchanie czczej gadaniny nastolatków.

– Jak możesz tak mówić do dzieci? Nie masz ochoty słuchać swoich dzieci? Co z ciebie za matka? Ciekawe, na co masz ochotę? Ale to już wyjaśniliśmy z samego rana, prawda? Może czas zająć się czymś innym?! – Krzysztof patrzył na Krystynę spod oka, jego spojrzenie było zimne, wręcz agresywne. Dzieci zamilkły zaskoczone, nie wiedząc, o co chodzi. Krystyna próbowała zapanować nad sobą, nie chciała przy nich wybuchnąć. Wstała od stołu, aby posprzątać po śniadaniu, powkładała naczynia do zmywarki, a bliźniaki pochowały jedzenie do lodówki. Tylko Krzysztof siedział, przypatrując się całej sytuacji z aroganckim uśmieszkiem na twarzy, którego Krystyna nie chciała nawet analizować.

– Skoro tata jedzie w delegację, to jak będziemy jechać do szkoły? Weźmiemy taxi? – zapytał Patryk.

– Nie ma potrzeby, synku, z przyjemnością was odwiozę do szkoły, a mamę do pracy – powiedział z uśmiechem Krzysztof, jakby nic się nie wydarzyło.

– Super druper – ucieszył się syn.

– Osioł – dopowiedziała Pati.

– Tylko spokój nas uratuje. Bierzcie plecaki. Kochanie, jesteś gotowa?

Ostatnia rzecz, o jakiej teraz marzyła Krystyna, to jazda przez pół miasta w samochodzie z Krzysztofem. Była zaskoczona jego skrajnymi humorami. „Najwyżej wysiądę z samochodu, zanim zabiję tego eunucha" – pomyślała.

Z ironicznym uśmiechem spojrzała na Krzyśka i powiedziała: – Tylko wezmę torebunię i wskakujemy do samochodu.

Podczas drogi do szkoły nie obyło się bez słownych przepychanek bliźniaków.

– Mamo! On siedzi na mojej połowie i chucha na mnie!

– Nie chucham na ciebie! Ta część powietrza jest moja! – Patryk zamaszystym ruchem pokazał siostrze, gdzie jest jego część powietrza.

– Nie przybliżaj się do mnie. Mamo, on wchodzi na moją część siedzenia, żeby oglądać tę cycatą blondynę, która teraz przechodzi chodnikiem!

– Nieprawda! Jestem jeszcze za młody na interesowanie się kobietami. Patrzyłem tylko na samochód, to był ford mustang!!! – szybko odpowiedział Patryk.

– Przestańcie się sprzeczać, bo tego słuchać się nie da. Ja jadę w delegację, więc zostajecie z mamą. Jak będziecie wysiadać, to dam wam kasę na kebaby, kupicie sobie w drodze do domu. A mama nie będzie musiała stać od razu po pracy w kuchni, aby wam ugotować obiad. Ale reszta drogi musi upłynąć w spokoju. – Krzysztof spojrzał w tylne lusterko, aby zobaczyć, czy bliźniaki posłuchały. Każde z nich siedziało już na swojej części z nosem przyklejonym do okna. Pod szkołą grzecznie się pożegnały i czekały z ręką wyciągniętą w kierunku ojca. Wyjął po banknocie i dał dzieciom.

– Tylko ma być spokój w domu przez weekend, rozumiemy się?

– Tak, tato – bliźniaki odpowiedziały jednocześnie i pomachały rodzicom na do widzenia.

Drogę do pracy Krystyny pokonali w idealnej ciszy. Żadne z nich się nie odzywało. W jej głowie kłębiły się tysiące pytań, na które chciała poznać odpowiedź, ale o nic nie pytała. Na ten dzień dość miała upokorzeń i cieszyła się z chwili wytchnienia. Pod biurem Krzysztof zatrzymał się w miejscu, w którym nie wolno parkować, a to oznaczało brak jakichkolwiek wyjaśnień z jego strony. Rzucił tylko oschłym tonem:

– Wysiadaj szybko, wiesz, że nie mogę tu stać. Miłego weekendu i do zobaczenia w poniedziałek wieczorem.

– Cześć! – odpowiedziała ironicznie i wysiadła z samochodu.

Krzysztof odjechał z piskiem opon. Krystyna postała jeszcze chwilę pod biurem i dopiero po kilku minutach weszła do budynku. Cieszyła się na spotkanie z dziewczynami. Wiedziała, że pomimo nawału pracy czekającej ją tego dnia spędzi ten czas w miłym towarzystwie.

W pokoju od rana było wesoło. Alicja o dziwo przyszła o czasie, a Magda z Gosią przekomarzały się z nią, żartując, że skoro niedawno skończyła 35 lat, to jej czas się skończył i nie ma już siły na całonocne imprezy.

– Macie jutro czas? Pomyślałam, że mogłybyśmy się spotkać na jakimś winku u mnie. Wiem, że już piątek, ale pomyślałam, że miło by było pogadać sobie spokojnie.

– Nie macie żadnych planów z Krzyśkiem, on wie o tym? – spytała Gosia.

– Okazało się, że musi pilnie wyjechać w delegację, wraca dopiero w poniedziałek wieczorem. Jutro rano zabiorę tatę na spacer i na obiad, potem zostawię bliźniaki u niego na noc. Od dawna mi marudzi, że dzieci są z nim za mało, więc będę miała wolny wieczór. I jak? Piszecie się na to?

– Ja zawsze, nie mam żadnych obowiązków i z przyjemnością posiedzę sobie z tobą, nawet jak te małpy nie będą mogły – powiedziała Magda.

– Ja tam też mogę spokojnie się spotkać z wami, wszak jako brzydka stara panna nie mam nic lepszego do roboty – uznała Alicja.

– Wariatka! Ja też chętnie się spotkam. Jutro jest jakiś mecz czy coś w tym stylu i Piotr chce wyskoczyć z chłopakami do baru. I nawet pomyślałam, żeby wam zaproponować wspólny wieczór, tylko ja na soku. Jestem na tak – powiedziała z uśmiechem Gosia.

– No to mamy plan. Chińszczyzna i wino? Nie będę gotować, po prostu zamówimy sobie coś, jak przyjedziecie do mnie.

Reszta dnia upłynęła im na spokojnej pracy. Jak to bywa w dużych urzędach, piątek służył do plotek i odliczania ostatnich godzin do wyjścia z biura. Kawa i lunch wyznaczały rytm dnia. Wcale im to nie przeszkadzało, projekt oddały w terminie, mogły leniuchować. Znalazły czas na wymyślenie menu na sobotni wieczór i zamówienie go na odpowiednią godzinę. Krystyna opuszczała biuro w znacznie lepszym humorze.

Sobotni poranek przywitał Krystynę pięknym słońcem. Po przemyśleniu wszystkich „za" i „przeciw" odczuwała coś na kształt ulgi z powodu nieobecności Krzysztofa przez weekend. Ostatnio coraz rzadziej spędzali czas razem. Najczęściej miał coś do załatwienia i w sobotę musiał jechać do biura. Niedziele Krystyna często spędzała u swojego ojca. Jeszcze kilka lat temu jeździli do niego razem z mężem na obiad. Tata Krystyny rzadko przyjeżdżał do nich. Nigdy nie było otwartej wojny między nim a Krzysztofem, ale też w ostatnich latach chłód obecny w ich relacji był bardziej wyczuwalny. Jeszcze w święta Bożego Narodzenia miała nadzieję, że coś zmieni się w jej relacji z mężem. Całe święta spędzili razem w górach. W domku obok mieszkały Alicja i Magda. To był naprawdę udany wyjazd. Przynajmniej tak jej się wydawało do momentu powrotu do domu. W drodze powrotnej posprzeczała się z Krzysztofem i z samochodu wysiedli z naburmuszonymi minami. Jej tata to zauważył i zapytał, co takiego powiedział jej mąż. Usłyszawszy to pytanie, Krzysztof zareagował bardzo gwałtownie, krzyknął do teścia, że to jest ich sprawa, co do siebie mówią, i nie ma prawa się wtrącać. Od tego czasu Krzysztof ani razu nie widział się z ojcem Krystyny, a i teść nie nalegał na obecność zięcia. Relacja mężczyzn, już i tak trudna, wkroczyła na etap nie do pogodzenia.

Krystyna zadzwoniła do ojca i umówiła się z nim na Starówce, w ich ulubionej lodziarni. Bliźniaki bardzo lubiły te wspólne chwile z dziadkiem, a już wiadomość, że spędzą z nim cały weekend, przyjęły z entuzjazmem godnym wnuczków.

Ojciec Krystyny od razu wyczuł, że jest coś nie tak.

– Co jest, córcia? Znów jesteście pokłóceni?

– Skąd wiesz, tatuś? – zapytała posępnie.

– Bo widzę, bo znam cię od urodzenia, bo żyję trochę na tym świecie i wiem, jak reagują kobiety. Twój smutek widać w oczach. Wolałbym widzieć w nich uśmiech i radość, a nie rozczarowanie.

– Nie mamy najlepszego czasu. Właściwie od grudnia nam się nie układa. Mieszkamy razem, wychowujemy dzieci, jak on jest w domu, to jemy razem śniadania. I to by było na tyle. – Samą Krystynę zaskoczyło, jak krótka jest ta lista. W sumie nie planowała mówić tacie wszystkiego, ale tak wyszło.

– Rozmawialiście tak szczerze od świąt? Powiedział ci? – Pytanie ojca zastanowiło Krystynę. Brzmiało, jakby chciał jej coś zdradzić.

– O czym miał mi powiedzieć? Może to ty chcesz mi coś powiedzieć?

– Nie, tak tylko pytam – odpowiedział szybko. Zbyt szybko. I zmienił temat, jak tylko podeszły dzieci. – Idziemy na obiad do Bazyliszka, na kaczkę?

Jak można było się spodziewać, bliźniaki z radością podbiegły do dziadka, złapały go za ręce tak jak robiły, gdy były małe, i poszli razem w kierunku restauracji, a Krystyna za nimi.

Obiad jak zawsze był przepyszny, kaczka świeża, skórka chrupiąca i dobrze doprawiona, buraczki podawane na ciepło miały idealny buraczany smak z lekką nutą kwaskowości. Nawet zapiekane ziemniaki były idealnie dopieczone. Gdy przyszło do zapłaty rachunku, dostali najlepszą nalewkę wiśniową. To był zwyczaj tej restauracji, że dorośli do rachunku dostawali kieliszeczek wiśnióweczki, a dzieci lizaki.

– Mam wrażenie, że w tym miejscu czas się zatrzymał, tu zawsze wszystko smakuje wybornie, nalewka tak samo smakuje latem i zimą. Pamiętam, jak bliźniaki były małe i przychodziliśmy tu z nimi na pierogi i rosół – powiedział tata Krystyny.

– Dziadku, ale my jesteśmy już prawie dorośli i jemy sznycle na obiad – zareagowały bliźniaki.

– No tak, jedzenie sznycla definitywnie świadczy o waszej dorosłości – powiedziała ze śmiechem Krystyna.

– Widzisz, dziadku, jaką masz córkę? Nabija się z nas! – stwierdził hardo Patryk.

– Fakt, źle ją wychowałem – powiedział, śmiejąc się, ojciec Krystyny.

– Myślę, że czas już pożegnać waszą mamę i w drodze powrotnej do mnie skoczyć na lody w ilościach hurtowych.

– Dziadku, jesteś najlepszy na świecie – odrzekła Pati i już chciała odwrócić się od Krystyny, aby pójść z dziadkiem.

– Hej, młoda damo, a kto się pożegna z mamą? – zauważył dziadek. Sam podszedł do niej jako pierwszy i mocno przytulił do siebie. Tak jakby chciał przekazać jej swoją siłę, tylko nie chciał powiedzieć dlaczego. Potem podbiegły do Krystyny dzieciaki, by po chwili odejść z dziadkiem. Chwilę postała przy Zapiecku, patrząc na dzieci oddalające się z jej tatą, i poszła do tramwaju. Podejrzewała, że jest coś, o czym ojciec nie chce jej powiedzieć. Martwiło ją to, ale zdawała sobie sprawę, że nikt nie rozwiąże jej problemów małżeńskich. Mogą to zrobić tylko ona i Krzysztof. Postanowiła porozmawiać dziś z dziewczynami z pracy, bo choć młodsze od niej, już nie raz służyły dobrą radą.

Kilka minut po jej powrocie do domu zadzwonił domofon, który obwieścił przyjazd dziewczyn. Krystynie od razu poprawił się humor. Wino dla dziewczyn i sok dla Gosi od rana chłodziły się w lodówce. Rozlały trunki, usadowiły się w salonie i włączyły Arethę Franklin.

– Od razu czuję się zrelaksowana w takim momencie – Alicja spojrzała wesoło na Krystynę. – Ale ty mi nie wyglądasz na zrelaksowaną, kochaniutka. Aż tak doskwiera ci weekend bez bzykanka?

– Alicja! – obruszyła się Gosia. Magda tylko się zaśmiała.

– Weekend bez bzykania? Proszę cię, ja nie pamiętam już, jak mój mąż wygląda bez koszulki – stwierdziła ironicznie Krystyna.

– Chcesz powiedzieć, że wy w ogóle nic z tych rzeczy? Żadne małe lizanko, bzykano, lodzik? – wypytywała Krystynę zdumiona Alicja. – Absolutnie nic przez pół roku, nic? Przez sto osiemdziesiąt nocy leżycie w łóżku obok siebie i nie macie ochoty na seks? Wiesz, że to nie jest normalne? Rozmawiałaś z nim, pytałaś go, dlaczego tak jest? Nie chcę cię martwić, ale to nie wygląda dobrze. Seks to jakby drugie imię facetów. I jestem w stanie uwierzyć, że każdy ma gorszy dzień, tydzień, ale nie pół roku! Może on się uzależnił od pornografii i marszczy pingwina sam albo znalazł sobie pocieszycielkę na boku? – Rozejrzała się po dziewczynach, a widząc ich przerażone miny, zaczęła drążyć temat z innej strony. – Nie mówię, że tak jest przecież. Tylko trochę to dziwne, że facet nie chce seksu przez ponad pół roku. Okej, nie chce, jego strata. Ale Krystyna też ma swoje potrzeby i on jako mąż powinien o nią zadbać. Jak to wygląda u was? Coś się dzieje, jak chcesz się pokochać? Mówisz mu o tym? Inicjujesz bliskość?

– Alka, uwierz mi, że robiłam naprawdę wszystko. Zakładałam piękną, seksowna bieliznę, taką, jaką zawsze lubił. Wysyłałam dzieci do mojego taty na weekend, żebyśmy mogli być sami. Nigdy nie było jakieś wielkiej, nieobliczalnej namiętności, ale seks był. A teraz nic. Nic go nie rusza. Przedwczoraj myślałam, że mnie już rozniesie. Oglądaliśmy jakiś film, a tam taka scena gorąca, no umarłego by postawiło do pionu. Zaczęłam się do niego dobierać, położyłam mu rękę na ptaszku – skrzywiła się na samo wspomnienie – a on do mnie powiedział, żebym przestała się zachowywać jak napalona suka.

– Że co? – Alicja aż się podniosła z fotela. – A jak się masz zachowywać po pół roku abstynencji? Ty, a może on jest chory? No wiesz, w pewnym wieku spada testosteron u facetów. Jest chyba nawet taka choroba, z tego, co mi się wydaje. Aczkolwiek ja nikogo takiego nie znam. Pytałaś o to? Może był już u lekarza albo zapisał się do specjalisty? Co prawda u nas na lekarza z NFZ można czekać latami.

– Nie, nie pytałam go o to. Myślisz, że to może być jakaś choroba? – zapytała z nadzieją Krystyna, choć doskonale wiedziała, jak to wygląda z drugiej strony.

– Ja bym przede wszystkim to sprawdziła. My kobiety możemy się kochać zawsze, oni muszą mieć sprawny sprzęt. À propos sprzętu, rozumiem, że masz jakiegoś przyjaciela? – zapytała Krystynę i puściła do niej oko. Gosia nie kryła oburzenia:

– Alicja! Nie sądzisz, że to jest prywatna sprawa, czy się spotyka z kimś po kryjomu, czy nie? Zresztą Krystyna nie jest taka, żeby przy pierwszym najmniejszym problemie leciała w ramiona innego. – Przechyliła głowę i buńczucznie spoglądała na Alicję. Magda uśmiechnęła się do Alicji.

– Gosia, nie unoś się, słońce, bo tobie teraz nie wolno. Alicji chodzi o innego przyjaciela, takiego, co możesz go schować pod łóżkiem albo w nocnej szufladzie...

– Pod łóżkiem?! A jak Krzysztof... – gdy do Gosi dotarło, o jakiego przyjaciela chodzi, zaczęła się śmiać. – Przez ten stan ciążowy zmieniło mi się poczucie humoru. Przez moment się zastanawiałam, jak Krystyna może schować przyjaciela do szuflady, ha, ha, ha! I co będzie, jak Krzysztof ich nakryje. – Odwróciła się do Krystyny. – Jakiego masz? Wodoodporny czy świecący w ciemności? – Widząc zaciekawienie w oczach dziewczyn, kontynuowała: – Taaa, zamówiliśmy świecącego w ciemności, ale Piotr tak się zaczął śmiać, jak zaczęliśmy go używać. Powiedział, że może przysiąc na wszystko, że widział, jak to światełko przebija mi się przez skórę i na moim podbrzuszu widzi kształt Leonarda. Oczywiście już nigdy więcej nie używaliśmy świecącego Leo.

– Świecący Leo, dobre... Ja mam brutala Jana. Krystyna, a ty?

– Nie mam. Żadnego nie mam. I szczerze mówiąc, zastanawiałam się już nad tym. Tylko jak zamówię do domu, to zaraz dzieci będą ciekawe, co to jest. Do pracy też nie chcę zamawiać, bo jeszcze natknę się akurat na kierownika. On na bank zapyta, co zamówiłam. I co mu powiem? A, to nic takiego, tylko mój szybki Zdzisiek właśnie doszedł i ja też zamierzam szybko dojść?

– Wyobrażacie sobie minę kierownika? Jakby Krystyna wyjęła wibrator z pudełka i zaczęła mu pokazywać, jak działa i jak go używać? I to jego zaangażowanie na twarzy? Lekko by się nachylił nad nią, palcem miętolił brodę... „A proszę mi powiedzieć, jak wychodzi zużycie prądu i jakie są jego atesty bezpieczeństwa? Czy były robione testy? Oczywiście mam nadzieję, że nie na zwierzętach"... – Alicja często, gdy były same, naśladowała kierownika i zawsze miały wtedy świetną zabawę. – A tak serio, jak chcesz, to zamów na mój adres. Mnie to nie przeszkadza, a jeśli w ten sposób będzie ci łatwiej, to proszę bardzo.

– Dzięki. Pomyślę, okej? Nie wiem jeszcze, jak bym się z tym czuła, ale zawsze mogłabym sobie wyobrazić, że znów jestem z panem A.

– Fiu, fiu, pierwsze słyszę o panu A. Uchylisz ząbka tajemnicy? – dopytywała Alicja.

– Alka, chyba: rąbka tajemnicy. – Magda miała w zwyczaju poprawiać wszystkie powiedzonka Alicji, w których ta się nagminnie myliła. Kiedyś to przekręcanie słówek jej przeszkadzało, zwłaszcza na początku ich znajomości, gdy zaczęły razem pracować. Po kilkunastu miesiącach śmiała się już, wytykając Alicji błędne sformułowania.

– Rąbek czy ząbek, zwał, jak zwał. A ty nie chcesz wiedzieć, kim jest pan A?

– No, chcę – potwierdziła teatralnym szeptem Magda.

– To cicho być! – powiedziała również szeptem Ala i jak na komendę spojrzały razem na Krystynę.

– Nie ma o czym mówić, poderwał mnie w tramwaju. Najpierw patrzył na mnie przez pół trasy, a jak już naprawdę musiał wysiąść, to podszedł do mnie, dał mi karteczkę z numerem telefonu i powiedział, że jak będę miała czas, to mam do niego zadzwonić.

– Wow! Nie mówiłaś nam o tym. I co było dalej? – spytała Gosia.

– Naprawdę chcecie o tym słuchać? To stara historia. – Właściwie sama miała ochotę o tym opowiedzieć. Nie pozwalała sobie na chwile słabości, na wracanie myślami do minionych sytuacji, zdarzeń czy osób. Skoro ktoś nie był obecny w jej życiu teraz, widocznie nie powinien w nim być. I może to chwila zwątpienia w instytucję małżeństwa albo brak bliskości ze strony męża sprawił, że chciała opowiedzieć o tym krótkim romansie.

O historii prawdziwej miłości, która czasami wydawała się nierealna, a przystojny Antoni i jego gorące usta były jedynie snem.

– Pytasz się? Już otwieram kolejną butelkę wina. Gosiak, dla ciebie sok? – Alicja dolała każdej do pełna, usadowiła się w fotelu i spojrzała na Krystynę.

– Wiecie, czasem to wszystko wydaje mi się takie nierealne... Jakby to było w innym życiu, jakbym tego nie przeżyła ja, tylko inna osoba. Tamtego dnia jechałam tramwajem. Trasa nudna, bo musiałam przejechać ją od początku do końca. Nawet zabrałam ze sobą książkę, żeby się nie nudzić. Nic nie przeczytałam wtedy. Na następnym przystanku wsiadł niesamowity facet. Ciemne, krótko obcięte włosy, niebieskie oczy, fajnie zbudowany. Taki typ dobrze zbudowanego misia o pięknych, pełnych ustach, do którego od razu chciało się przytulić. Wszedł do wagonu, spojrzał na mnie i tak już został. Tramwaj jechał, ludzi przybywało, a my się patrzyliśmy na siebie. Pierwszy i chyba jedyny raz tak się czułam. Ta chemia między nami była aż namacalna. Później mi powiedział, że miał jechać tylko pięć przystanków, a przejechał ich dwadzieścia pięć. Pod koniec zaczął rozpytywać, czy ktoś ma kartkę i coś do pisania; ktoś dał mu jakiś skrawek kartki, ktoś inny długopis. Zapisał swój numer, podszedł z tą karteczką do mnie i powiedział, że jak będę chciała, to żebym zadzwoniła do niego. I wysiadł.

Przymknęła oczy, nagle zobaczyła siebie w zupełnie innym świetle. To była Krystyna, która nie musi kontrolować wszystkiego, swoich emocji ani uczuć. Uśmiechnęła się do siebie i powróciła do opowiadania.

– Wiecie, że do dziś pamiętam jego numer? On wysiadł, a ja jak głupia wpatrywałam się w tę kartkę. Po kilku godzinach wysłałam SMS-a, on zaraz odpisał, potem ja i tak przez cały wieczór. Umówiliśmy się na następny dzień. Pamiętam, że tego dnia miałam jakieś szkolenie. Ze szkolenia nie pamiętam nic, ale za to jestem w stanie odtworzyć, jak był ubrany, jak pachniał. Padało, zawsze padało, jak się spotykaliśmy. Śmieliśmy się z tego, że deszcz jest naszą matką chrzestną. Przez długie lata każdy letni deszcz przypominał mi o nim. Do dziś pamiętam, jak stanęliśmy pod takim olbrzymim drzewem w parku Krasińskich, żeby choć trochę ochronić się przed kroplami. Takim władczym gestem przyciągnął mnie do siebie i pocałował. Do tamtej pory nie sądziłam, że jeden pocałunek może wywołać takie pożądanie. Serio, potem już nigdy mnie to nie spotkało. I tak mijały dni i tygodnie. Seks z nim był absolutnie fantastyczny. Potrafiliśmy całą noc się kochać, śmiać, rozmawiać i znów kochać. Poznaliśmy się w czerwcu, a pod koniec sierpnia przyszedł do mnie pewnego wieczoru i powiedział, że w sumie powinnam o czymś wiedzieć, bo on za dwa miesiące bierze ślub.

– Że, kurwa, co? – oburzyła się Alicja. – Jak to „bierze ślub"?

Reszta słuchających też siedziała jak zaklęta. Spodziewały się chyba każdego zakończenia, ale nie takiego.

– Tak, w październiku wziął ślub, a ja przez długi czas nie mogłam się pozbierać. Przez ponad rok byłam sama. Nie potrafiłam o nim zapomnieć, dopóki nie poznałam Krzysztofa.

– Czy po tym, jak ci powiedział, że bierze ślub, widzieliście się jeszcze?

– Jeszcze raz tylko, chciałam choć raz się jeszcze do niego przytulić, poczuć go przy sobie. Byłam w nim zakochana do szaleństwa. Wszystko mi o nim przypominało: spacer po centrum miasta, park, każdy deszcz. Dopiero przy Krzysztofie poczułam się pewnie, może nie całował tak obłędnie, ale to przecież nie o pocałunki chodzi, ale o wszystko. W Krzysztofie zakochałam się naprawdę, to była taka prawdziwa, była i jest, taka dorosła miłość. Przynajmniej jeszcze rok temu tak myślałam, teraz nie wiem, co o tym sądzić.

– Nigdy nie zastanawiałaś się, co słychać u Antoniego? Jak wygląda jego życie?

– To teraz najlepsza część historii. Spotkałam go jeszcze raz w swoim życiu. Zgadniecie, kiedy? – rozejrzała się wokół. – Dwa tygodnie przed moim ślubem z Krzysztofem. Wpadliśmy na siebie na mieście zupełnie przypadkiem. Prosił mnie, abym pozwoliła mu chociaż coś powiedzieć, żebym dała mu kilka minut. Bałam się być z nim sam na sam, wybrałam więc najbliższą zatłoczoną kafejkę.

Zamyśliła się, wróciła myślami do tamtego dnia, gdy już z daleka widziała, jak idzie, jeszcze zanim on ją zobaczył. Pamiętała każdy szczegół. Ubrany był w marynarkę i biały podkoszulek. Miał ciemne dżinsy, które doskonale uwypuklały jego rozbudowane mięśnie. Widziała, jak zatrzymuje się przy pasach i po chwili rusza dalej. I ta jego mina, gdy zauważył ją w tłumie. Był tak samo zaskoczony jak ona, ale też bardzo szczęśliwy z tego powodu. Do dziś pamiętała zapach perfum, jakich używał. Zapamiętała ten jeden moment, gdy przytulił ją do siebie, a ona przez jedną nanosekundę poczuła się jak w domu, jakby nigdy nie było jego ślubu ani jej łez. Bardzo ją to wtedy wystraszyło, szybko odsunęła się do niego, a on poprosił o chwilę rozmowy.

– Gdy usiedliśmy przy stoliku, zamówiliśmy kawę, a on zaczął mówić. Okazało się, że jego rodzice zmusili go do ślubu. Chcieli, aby koniecznie poślubił córkę ich znajomych, wręcz naciskali na niego. Kiedyś byli parą, ale tuż przed ślubem poznał mnie, zakochał się tak samo jak ja, ale w tym czasie okazało się, że ta jego narzeczona jest chora i ma białaczkę, i wręcz wymusili na nim ślub z tą kobietą. Po ślubie okazało się, że nagle żonka cudownie ozdrowiała, że niby tak wpłynęło na nią szczęście i miłość. Antoni zorientował się, że został oszukany. Potem wyszło jeszcze kilka słabych rzeczy, do których przyznała się żonka i teściowie. Najpierw się załamał i przez kilka miesięcy leczył się z depresji. Po skończonej terapii złożył papiery rozwodowe. Dzień, w którym mnie spotkał, był dniem, w którym dostał rozwód.

– O kurna... A ty byłaś tuż przed ślubem z Krzyśkiem... Nie miałaś wtedy ochoty odwołać ślubu, aby być nareszcie z Antonim? Boże, aż wierzyć się nie chce, że takie historie mają miejsce! A ja myślałam, że moja historia z Piotrem jest romantyczna. Potem też wam opowiem. Może wykorzystamy dzisiejszy wieczór, aby opowiedzieć sobie te romantyki? – zaproponowała Gosia.

– Gocha, ja i romantyki? Proszę cię, nie wierzę w taką miłość, facet mi się podoba albo nie. Jak mi się podoba, to mogę się z nim spotkać kilka razy, oczywiście jeśli oprócz wyglądu ma mózg i wie, jak go używać. Ale romantyczne historie są nie dla mnie. – Alicja uśmiechnęła się ironicznie. – Ale z przyjemnością posłucham o was. Ja jedynie mogę was wspierać i zanudzać opowieściami o kolejnych podbojach. – Wyszczerzyła zęby i wszystkie zaczęły się śmiać.

– Ode mnie też nie wymagajcie historii romantycznych. Nie przeżyłam żadnej takiej historii i nie zamierzam nigdy przeżyć. To jest zupełnie inny wszechświat. Kiedyś wam opowiem, czemu tak jest, ale w tej chwili nie jestem jeszcze na to gotowa. Choć mój terapeuta twierdzi inaczej. A o tym też powiem wam kiedyś. Nie kiedyś-kiedyś, ale kiedyś-niedługo. – Magda wyglądała na nieprzejednaną. Były niesamowicie ciekawe, czemu Magda jest tak zachowawcza, wręcz wycofana, ale szanowały to, że potrzebuje czasu i cierpliwie czekały. No, prawie cierpliwie.

– Nie ma takiego określenia czasu „kiedyś, kiedyś, ale niedługo”. A wy się śmiejcie z moich powiedzonek. – Alicji nawet udało się zrobić minę pt. „jestem nadąsana”, ale po chwili wszystkie zaczęły się śmiać. – Dobra, dobra, Krystyna, opowiadaj dalej. Co było dalej?

– Tak, byłam przed ślubem. Dokładnie dziesięć dni przed ślubem. Wszystko było już przygotowane, zostało tylko się ubrać i pójść do kościo-ła. Nie powiedziałam mu o tym od razu. Chciałam się nacieszyć chyba tą jedną chwilą. Jedyną, jaką mogłam jeszcze mieć. Jak skończył mówić o wszystkim, to po prostu siedzieliśmy i patrzyliśmy na siebie. Nic wtedy nie myślałam, jak zaczarowana siedziałam i wpatrywałam się w te jego granatowe oczy. Tak jakbym chciała wyciągnąć z nich wszystko to, co w nich widziałam. Dłonią dotknął mojego policzka. Nie wiem, czy wiecie, jak to jest, gdy przechodzi przez całe ciało taki mocny prąd, taki dreszcz, połączenie ekscytacji i olbrzymiego pożądania. I wtedy ja właśnie tak to poczułam. Wystraszyłam się, wstałam i płacząc, powiedziałam mu, że za dziesięć dni jest mój ślub. Nigdy nie opowiedziałam Krzysztofowi tej historii, nigdy nie dowiedział się o Antonim. Ale jeszcze w dniu ślubu rano, jak siedziałam u fryzjera, zastanawiałam się, co by było, gdybym mogła być z Antonim. Tylko nie myślcie, że nie kochałam Krzyśka, ale to jest zupełnie inna miłość. I kiedy potem ubrana, uczesana szłam do ołtarza z tatą i widziałam Krzysztofa, to byłam pewna, że to jest dobra decyzja, że dobrze robię, wybierając go. Tamto lato zostało na zawsze pogrzebane w mojej głowie i naprawdę rzadko to wyciągam. Właściwie dopiero drugi raz wyciągnęłam to z otchłani, z działu „To już było i nigdy nie wróci". A opowiedziałam to pierwszy raz. Dzięki, że mnie wysłuchałyście. Bardzo mi to pomogło i już wiem, co robić z Krzyśkiem dalej. Jestem pewna, że coś musi być na rzeczy, skoro tak reaguje, a ja, zajęta dziećmi i pracą, odsunęłam się od niego. Nie zauważyłam, że on cierpi. Ja się nagadałam o sobie za wszystkie czasy, teraz ty, Gosia. Bo te dwie żmije i tak nam nic pięknego nie opowiedzą.

– U nas to też była fascynacja od pierwszego spojrzenia. Tylko musieliśmy pokonać sprzeciw moich rodziców. Na początku bardzo byli przeciwni naszemu związkowi. Nie chcieli, abym poślubiła dzieciaka z domu dziecka. Wiem, jak to zabrzmi, ale oni przez pierwsze tygodnie uważali, że popełniłam okropny mezalians, wychodząc za mąż za chłopaka z bidula.

– Co? Przecież twój Piotr to najbardziej rzetelny, odpowiedzialny facet, jakiego można spotkać. W życiu bym nie powiedziała, że jest z domu dziecka. – Wstrząśnięta Krystyna pokręciła głową. Wydawało jej się to nierealne, aby ktoś taki jak mąż Gosi mógł być wychowankiem domu dziecka.

– Jak się poznaliście? – zapytała Magda.

– Piotrek był informatykiem u moich rodziców, w ich przychodni. Poszłam tam, bo byłam umówiona z mamą na zakupy. Weszłam do jej gabinetu, a przy biurku siedział Piotrek i to było tak nagłe uczucie, że do tej pory śmiejemy się tego. Weszłam do gabinetu i mnie zamurowało – zresztą tak samo jak Piotra. Patrzyliśmy na siebie i żadne nic nie mówiło, tylko moja mama, która była obecna przy tej sytuacji. Bo oczywiście była w tym czasie w pokoju, tylko ja nie zdążyłam jej zauważyć. I ja tak stałam, on siedział, i jak czubki wpatrywaliśmy się w siebie, każde jak dziecko, które dojrzało wymarzoną zabawkę na wystawie. Moja mama aż zaczęła się śmiać z tego i dopiero wtedy się zorientowałam, że jest w gabinecie. Oczywiście musiałam walnąć głupim tekstem i się pogrążyć na samym początku, bo powiedziałam do niej: „Nie zauważyłam, kiedy weszłaś", na co moja mama powiedziała: „Przecież to ty weszłaś do mojego pokoju". Wyobrażacie sobie, jaki obciach? Po dziś dzień wszyscy się z tego śmiejemy. Od samego początku wiedzieliśmy z Piotrem, że to jest właśnie to. Nie zdążyłam dojechać z mamą do centrum, a Piotrek już zdobył mój numer i wysłał mi SMS-a. A właściwie przejrzał mojej mamy kalendarz w komputerze i po prostu ukradł mój numer. Chyba nigdy tak szybko nie wybrałam sukienki, którą mama chciała mi kupić, i już po dwóch godzinach siedziałam z Piotrusiem na kawie. Wiecie, co mi napisał w pierwszym SMS-ie? Cytuję: „Nigdy nie sądziłem, że miłość może przyjść tak znienacka. Widziałem cię pięć minut, ale te pięć minut jest najważniejszym czasem w moim życiu. Przez ten krótki moment doświadczyłem najpiękniejszych i najmocniejszych emocji, jakie mnie spotkały. Wiem, że od tej pory już nic nie będzie takie samo. To tak, jakbym nagle odnalazł drugą część, idealnie pasującą do mnie. Pytanie, czy ty też to czujesz? Może spotkamy się na kawie i sprawdzimy, czy nasze cele i marzenia się pokrywają, a oczy patrzą w jednym, w naszym kierunku?". Koniec cytatu.

– Tak napisał? Boże kochany, aż mam ciarki na rękach. – To mówiąc, Magda podwinęła rękaw, aby pokazać gęsią skórkę. – Nie dziwię się, że zapamiętałaś taką wiadomość. Od razu konkretny.

– Nie wystraszył cię tą wiadomością? Ja bym się chyba nie odważyła na takie spotkanie, gdyby facet od razu do mnie pisał w taki sposób. Ale ja to ja – Alicja uśmiechnęła się do Gosi. – Kiedy dowiedziałaś się, że Piotrek jest z domu dziecka? Czemu właściwie tam się znalazł?

– Jego rodzice zginęli w wypadku samochodowym. I nie mieli żadnej rodziny. Albo inaczej – nikt się o niego nie upomniał. Piotrek miał wtedy pięć lat. A wracając do twojego pytania, Ala, od razu mi o tym powiedział. Że jest z domu dziecka, że nie ma nikogo na świecie, że jest zupełnie sam. Nigdy nie kłamał, zawsze mówił mi prawdę. Od razu, pierwszego dnia powiedział mi to wszystko, tak samo jak to, że marzy, aby stworzyć dom. Mieszkanie ma, ale dopóki nie ma tam miłości, nie może nazywać tego domem.

– Tak powiedział? – spytała Krystyna.

Do tej pory się nie odzywała. W dalszym ciągu była pogrążona w swojej historii z Antonim. Z jednej strony była zła na siebie, że rozgrzebuje przeszłość, a z drugiej chciała się nią ogrzać. Tęskniła za taką bliskością, za pocałunkami, za pożądaniem, które nie miało sobie równych. A powrót do przeszłości pozwolił jej powrócić do chwil, gdy naprawdę czuła się kochana. Krzysztof był dobrym mężem, ale nigdy nie poczuła się przy nim tak bardzo kobietą, jak czuła się nią przy Antonim. W związku z Krzysztofem zawsze liczyła się kontrola. Kontrola emocji, kontrola uczuć, kontrola dotykania. Według niego na tego typu rzeczy było odpowiednie miejsce, czyli sypialnia, i nie powinni tego przenosić na zewnątrz. Tak więc nigdy nie chodzili za rękę, nie okazywali sobie publicznie uczuć. Uchodzili za parę sztywniaków. Krzysztof nie mówił otwarcie o swoich uczuciach.

– Tak. Oboje od pierwszej chwili wiedzieliśmy, że nie ma sensu przeciągać spotkań w nieskończoność. Wiedzieliśmy, że chcemy być ze sobą, zamieszkać razem. Po trzech tygodniach Piotr przyszedł do moich rodziców na obiad. Wtedy powiedzieliśmy im o naszych planach, że chcemy być razem, że chcemy się pobrać. I padło pytanie, co na to rodzice Piotra. On powiedział wtedy zgodnie z prawdą, że nie ma rodziców i nie za bardzo ich pamięta. Niby potraktowali to normalnie, ale jak Piotrek poszedł do siebie, to zaczęli mi suszyć głowę, że to nieodpowiedzialny facet, że nie wiadomo, kto to jest, że na pewno chodzi mu o ich pieniądze. Wkurzyłam się do tego stopnia, że zabrałam kilka najpotrzebniejszych rzeczy i przeprowadziłam się do niego jeszcze tego samego wieczora. To była sobota. Oczywiście wszystko mu opowiedziałam, a on mnie tylko przytulał i zapewniał, że z takimi problemami to my sobie poradzimy w jeden dzień. Nie wiedziałam, co planuje, ale zaufałam mu. W niedzielę wydrukował potwierdzenia z banku, aby udowodnić, że ma pieniądze, wziął swoje zeznania podatkowe za ostatnie kilka lat, wziął kasę, którą trzyma zawsze w domu na wyjątkowe sytuacje, i pojechaliśmy do moich rodziców. Byli tym mocno zaskoczeni, ale zachowali się spokojnie. Piotrek pokazał im wtedy, ile zarabia, ile wydaje na – kolokwialnie mówiąc – życie, ile ma odłożonej kasy, ile ma gotówki w domu. Zapewnił, że jeśli chcą, to podpisze dowolny papier, że nie chce od nich żadnej kasy, bo swojej ma pod dostatkiem. Wspomniał o dwóch dyplomach wyższych uczelni, że w obydwóch zawodach pracuje i potrafi zapewnić swojej rodzinie byt na dobrym poziomie. Szczerze? Wtedy po raz pierwszy w życiu widziałam, jak moich rodziców zatkało. Wytrącił im największy w ich mniemaniu argument. Nawet moja mama, która zawsze ma na swoją obronę jakieś teksty, tym razem nie powiedziała absolutnie nic. Spojrzała na tatę, ten się uśmiechnął, podszedł do Piotra, podał mu rękę i powiedział, że powierza mu swój największy skarb, czyli mnie, pod opiekę. Po trzech miesiącach Piotruś dał mi pierścionek, a potem planowaliśmy ślub. Co nie oznacza, że moi rodzice się poddali, zwłaszcza moja mama starała się mimochodem zauważać, że przy innym mężczyźnie mogłabym mieć więcej, lepiej. Ale skutecznie ją ignorowałam. Resztę już znacie. Dwa poronienia, tysiące wizyt u lekarza.

– Piotr to bardzo mądry facet. Chyba zawsze wie, co powiedzieć, jak się zachować... Taki prawdziwy facet, moim zdaniem – stwierdziła Magda, a reszta jej przytaknęła.

Budzik dzwonił od dobrych kilku minut. Alicja próbowała go nie słyszeć, ale dźwięk wkurzał ją tak bardzo, że nie mogła dłużej go ignorować. Aby wyłączyć budzik, najpierw musiała go złapać. Kupiła go na aukcji internetowej po kolejnym zaspanym poranku. Wyciszenie budzika rano graniczyło z cudem – toczył się po całym domu, wydając przeraźliwe dźwięki, dopóki go nie złapała i nie wyłączyła. Od zawsze miała problem z porannym wstawaniem. Odkąd pamiętała, rodzice budzili ją czasem po kilkanaście razy, zanim wstała do szkoły. Choćby nie wiem jak wcześnie się położyła, rano zawsze miała ten sam problem. Nie była w stanie zliczyć, ile razy spóźniła się do pracy w tym roku. Miała wrażenie, że przymyka oko na jedną małą chwilkę, a gdy je otwierała, okazywało się, że minęła godzina albo dwie. Ale odkąd kupiła ten koszmarny budzik i zostawiała go w drugim pokoju, zaczęła nareszcie wstawać o czasie. Jak tylko podniesie się z łóżka, musi od razu biec do toalety, potem do lodówki coś przekąsić i ochota na spanie przechodzi.

Podeszła do ekspresu. Miło zamruczał, a po chwili w kuchni zapachniało świeżo zmieloną kawą. „Poniedziałki mają to do siebie, że napawają dobrą energią. Może wydarzy się coś naprawdę fajnego?" – pomyślała. – „Co za porąbane pomysły przychodzą mi do głowy. A ponoć ranne wstawanie jest takie dobre. Kufaaa, jeszcze mówię do siebie. Zajebiście. Stara panna po całości".

To nie był dla niej łatwy weekend. Spędziła go w domu zupełnie sama. Miała jechać do rodziców, ale w ostatniej chwili zmieniła zdanie. Wiedziała, że będzie u nich dalsza rodzina i nie chciała kolejny raz tłumaczyć się przed nimi, że jest sama z własnego wyboru. Nie będzie na siłę szukać sobie męża tylko dlatego, że większość jej rówieśników ma już odchowane dzieci. Nie czuła presji, aby szybko zostać żoną i matką. Z ról, które dyktowało otoczenie, odpowiadała jej jedynie rola kochanki, a i to na bardzo krótki czas. Jak ognia unikała żonatych facetów, nie nawiązywała z takimi żadnych relacji. Gdy jakiś się do niej zbliżył, dostawał bardzo jasny i czytelny komunikat, aby trzymał się z daleka. Zadzwoniła do domu, przeprosiła rodziców, zwaliła wszystko na pracę i obiecała, że jak tylko ukończy projekt, przyjedzie na kilka dni. Potem zakopała się w kocu na kanapie i bezmyślnie wpatrywała się w ekran telewizora. Zamówiła obiad z pobliskiej restauracji i przeleniuchowała cały weekend. Potrzebowała tego. Musiała wszystko sobie przemyśleć. Gdzieś pomiędzy paczką chipsów a czekoladą pojawiła się myśl, która na dobre w niej zagościła.

Samą siebie nazwała starą panną. Z jednej strony rozśmieszyło ją to, z drugiej wręcz fizycznie poczuła się bardzo samotna. Od dawna miała dość krótkotrwałych randek, szybkich numerków, które absolutnie nic nie wnosiły do jej życia. Miała wrażenie, że żyje jak pustelnik. Nagle dotarło do niej, że tak naprawdę nie chce być sama, ale jeszcze bardziej boi się być z kimś. Jej pierwszy prawdziwy związek zakończył się szpitalem – została pobita, a to doprowadziło do poronienia. Postanowiła nigdy więcej nie wiązać się z nikim. Traktować facetów instrumentalnie. W momencie, gdy wykazywali większe zainteresowanie, Alicja znikała. Kasowała ich numery, blokowała. Wczoraj obudziła się około południa i zaczęła zastanawiać się, jak to jest, gdy ktoś budzi cię rano i przynosi kawę do łóżka. Całuje na dzień dobry i przytula przed snem. Usiłowała wyłączyć myślenie, ale obraz męskiego ramienia, które jest wsparciem, natrętnie powracał.

Nie mogła narzekać na brak zainteresowania. Była wysoką, szczupłą blondynką; miała długie, kręcone włosy sięgające prawie pasa. Ładna buzia, prawie zawsze uśmiechnięta, przyciągała wzrok. Ale lodowate spojrzenie, które posyłała mężczyznom, automatycznie blokowało potencjalnych zainteresowanych. Ona decydowała, z kim spędzi kilka chwil namiętności i ustalała zasady: gdzie i jak. Z reguły odbywały się dwa, trzy spotkania i Alicja znikała. Opuszczeni mężczyźni często usiłowali ją odnaleźć, nazywali ją zaczarowaną Alicją. Miała w sobie urok, któremu trudno było się oprzeć, ale bardzo rzadko go wykorzystywała.

Po śniadaniu ubrała się i na spokojnie wyszła do pracy. Cieszyła się, że to kolejny poniedziałek, a ona się nie spóźni. Tramwaj podjechał o czasie, co było dość dziwne, biorąc pod uwagę warszawskie korki. Usiadła, wyjęła telefon i pogrążyła się w czytaniu plotek z wielkiego świata. Nagle poczuła, jak ktoś trąca jej ramię:

– Proszę pani, proszę o bilet do kontroli – usłyszała nad sobą mocny, lekko zachrypnięty męski głos.

– O fuck... Na pewno mi pan nie uwierzy, ale ja zawsze, ale to zawsze mam bilet, tylko dzisiaj na śmierć zapomniałam doładować kartę... – Postanowiła wykorzystać wszystkie swoje uwodzicielskie umiejętności, byle nie zapłacić mandatu. Spojrzała na kanara z zamiarem oczarowania go swoich pięknym uśmiechem. A to, co zobaczyła, przyprawiło ją o szybszy puls. Stał nad nią przystojny, mniej więcej trzydziestopięcioletni mężczyzna. Wysoki, dobrze zbudowany, o najbardziej zielonych oczach, jakie w życiu widziała. „Najwyżej się z nim prześpię" – pomyślała i z wdziękiem podniosła się z siedzenia. – Akurat muszę wysiąść, czy możemy dokończyć rozmowę na zewnątrz? Wie pan, nie chciałabym się spóźnić do pracy, a jednocześnie nie chcę być uznana za uciekinierkę. – Uśmiechnęła się figlarnie i niby przypadkiem musnęła jego dłoń. Nie zważając na nic, podeszła do drzwi tramwaju, które po chwili się otworzyły. Wysiadła. Zaraz też poczuła, jak ktoś chwyta ją za przegub i zatrzymuje.

– Proszę pani, my chyba jeszcze nie skończyliśmy rozmowy.

– Ależ oczywiście, że nie – powiedziała, odwracając się do niego z uśmiechem. – To co zrobimy z tak rozpoczętym dniem? – zapytała, mrugając porozumiewawczo.

– Muszę wystawić pani mandat. W tramwaju jechał mój przełożony, będzie mnie rozliczał z każdego sprawdzenia. I choć ma pani najpiękniejszy uśmiech, jaki widziałem, to niestety muszę prosić o dowód osobisty i wypisać mandat.

Bez zbytniego pośpiechu wyjęła dokument, podała mu i zaczęła bezceremonialnie się przyglądać. Mając na to tylko chwilę, odnotowała, że ma piękne, mocne palce, mocno zarysowane barki, a wzrostem zdecydowanie ją przewyższa, choć ona ma buty na obcasie. Widziała jego długie rzęsy i piękne, zielone oczy.

– Jeszcze tylko numer telefonu poproszę i będzie po wszystkim. – Uśmiechnął się przy tym tak uroczo, że nie namyślając się długo, podała mu swój numer.

– Proszę, tu jest pani blankiet, na opłacenie go ma pani siedemnaście dni. Miłego dnia życzę. – Wyciągnął mandat złożony na pół, uśmiechając się do niej z niesamowitym urokiem. Odebrała go, również się uśmiechnęła i ruszyła do urzędu.

Była pierwsza w pokoju. Zdjęła wiosenny płaszcz i powiesiła w szafie. Po ponurym weekendzie pełnym smutnych myśli, nie pozostał najmniejszy ślad – przygoda z brakiem biletu wręcz napełniła ją dobrymi myślami. Po chwili do pokoju weszła Gosia.

– Dzień dobry. Niesamowite, Alka, jesteś w pracy pięć minut przed ósmą. To jakiś cud! – Gosia uśmiechnęła się do Alicji.

– Byłabym jeszcze szybciej, ale oczywiście zapomniałam doładować kartę miejską i złapał mnie kanar. Ale najprzystojniejszy jakiego w życiu widziałam. No, żaden z facetów, z którymi się spotykałam, tak nie wyglądał. Męski, pachnący, o pięknych, mocnych dłoniach. I to właśnie on wlepił mi mandat. To jakiś niefart. Wykorzystałam wszystkie możliwe sztuczki, ale nie podziałało. Szlag by to trafił, jedna wizyta u kosmetyczki mniej w tym miesiącu.

Otworzyły się drzwi i weszła Magda.

– Co się stało? Czemu masz nie iść do kosmetyczki? Tylko tyle usłyszałam. Ale wiesz co, poczekaj, bo zaraz wejdzie Kryśka, rozmawia właśnie z kierownikiem, i wszystko nam opowiesz przy kawie. O właśnie, macie kawę? Cholera, zapomniałam kupić, a już nic nie mam w szafce.

Po chwili weszła Kryśka, niosąc ze sobą blaszkę z ciastem.

– Dzień dobry, upiekłam ciasto do porannej kawy. Macie ochotę na serniczek?

– Serniczek, kawa i Alki zeznania – powiedziała Gosia, szykując kubki, a Magda w tym czasie wyciągała talerzyki, aby rozłożyć ciasto. – Ja tylko herbatę, bo kawę już piłam, a teraz muszę bardziej dbać o siebie.

Alicja przelotnie spojrzała na Gosię, potem szybko na Krystynę. Tak bardzo było im przykro, gdy Gosia poprzednio poroniła. Alicja bała się, że kolejna próba będzie kosztować przyjaciółkę jeszcze więcej bólu. Kibicowały jej nieustannie, ale obawiały się, że tym razem również nic z tego nie będzie. Zresztą lekarz uprzedzał, że istnieje takie ryzyko.

– Co takiego się stało? Zaliczyła kolejny zwariowany seks czy wręcz przeciwnie, postanowiła wstąpić do klasztoru? – Krystyna, znając awersję Alki do Kościoła, często się z niej nabijała, że po niej i jej stylu życia wszystkiego można się spodziewać. Nawet tego, że zostanie zakonnicą.

– Hello, jestem tu, proszę mi nie imputować różnych rzeczy. Po dzisiejszym dniu zakon mi nie grozi. Spotkałam takiego kanara, że normalnie majtki spadają same. – Śmiejąc się, Alicja wzięła kubek z kawą i jak gdyby nigdy nic, zaczęła się delektować jej smakiem.

– Nie bądź świnia i podziel się szczegółami!

Alicja opowiedziała dziewczynom o swojej przygodzie, o przystojnym kanarze, który wypisał jej mandat. I o tym, że jako jeden z nielicznych facetów na świecie wzbudził jej zainteresowanie do tego stopnia, że mogłaby się z nim umówić kilka razy.

– Jednego nie rozumiem, po co kanarowi twój numer telefonu? Nigdy nie biorą przecież. Mój Piotrek ostatnio też dostał mandat, bo zapomniał zabrać kartę z domu, i nikt go o numer nie prosił. Jakieś to podejrzane. Tak samo jak to, że masz siedemnaście dni na opłacenie mandatu. Masz siedem dni. Pokaż ten blankiecik, może on cię po prostu wyrywał na kanara?

– Tak myślisz, Gosia? Mhmmm, byłoby to ciekawe doświadczenie. – Alicja wzięła torebkę i zaczęła przeglądać jej zawartość w poszukiwaniu blankietu. – Swoją drogą, dość oryginalny sposób sobie wybrał – mówiła jakby do siebie, prawie nurkując w torebce. – Jest, znalazł się! – Po chwili zaczęła się śmiać. – Wiecie, co jest napisane na tym blankiecie? „Jesteś tak śliczna, że nie mogłem przepuścić takiej okazji. Mój numer 602 333 111, zadzwoń w wolnej chwili. Aleksander. P.S. To mój kolega jest kanarem, a nie ja". Nie dość, że słodki, to jeszcze tak przystojny... – Alicja uśmiechnęła się do siebie i zatonęła w myślach.

– Dobra, bierzmy się do roboty, bo zaraz kierownik wpadnie po ciasto i będzie przepytywał, czy mamy gotowe umowy. A my, zamiast nadrabiać zaległości w projekcie, jak zawsze plotkujemy – zauważyła Krystyna i zaczęła przeglądać katalogi na pulpicie. Już po chwili na korytarzu rozległ się donośny głos i dziarskie kroki. Drzwi otworzyły się z impetem i do pokoju wkroczył HenRYK.

– Witam drogie panie! Jak mniemam, umowy są już gotowe i dlatego raczycie się ciastem. Pytanie tylko, czy są one już u mnie na mailu?

– Powiedzmy, że jest to tak prawdopodobne jak to, że twoja Legia wygra w tym roku Ligę Mistrzów.

– Wredna jesteś, wiesz? A Legia i tak w końcu zdobędzie puchar. Co macie za ciasto? Serniczek? Mój ulubiony? Może się skuszę na jeden kawałeczek. Albo trzy... – Już chciał podejść do stolika, na którym stało ciasto, ale na drodze stanęła mu Alicja.

– Dostaniesz ciasto, nawet pięć kawałków, a uwierz mi, sernik jest tak soczysty, pachnący wanilią, delikatnie rozpływający się w ustach... i trafiasz na rodzynki, takie miękkie, namoczone wcześniej w whisky. Mówiłam już, że lukier cudownie pęka przy ugryzieniu?

– Alka, jesteś tak wredna jak ładna, co chcecie w zamian?

– Twoje pięć kawałków, a my mamy czas na umowy do piątku.

– Zwariowałaś? Dyrektor mnie zamorduje, jak nie będą gotowe w środę rano.

– Nie damy rady na środę rano, bo nie każdy klient przesłał nam dokumenty. Ponaglamy, dzwonimy, ale potrzebujemy czasu. Czwartek, koniec dnia.

– Czwartek, godzina dwunasta zero zero. Kiedyś cię zwolnię, zobaczysz. Jeszcze nie dziś ani jutro, ale kiedyś to zrobię.

– Kierowniczku, to nie ty mnie zatrudniałeś, ale liczą się chęci. Masz, słoneczko, ciasto i kawę, a my bierzemy się do pracy.

– Dobra, dobra, spadam od was, wredoty. W czwartek o dwunastej umowy są u mnie na mailu. – To mówiąc, kierownik otworzył drzwi i wyszedł z uśmiechem na ustach, niosąc talerz ciasta i kubek kawy.

Gdy tylko drzwi się za nim zamknęły, Alicja spojrzała na resztę dziewczyn w pokoju i z uśmiechem zapytała:

– A wam jak minął weekend?

Cały dzień nie mogła skupić się na pracy. Myśl o fałszywym kanarze vel Aleksandrze mąciła jej myśli. Tuż po lunchu dostała SMS-a:

> *Piękna Alicjo, umówisz się ze mną dziś na kawę? Cały dzień*
> *o Tobie myślę. Aleksander*

Uśmiechnęła się pod nosem, odpisując:

> *Mam nadzieję, że masz do zaoferowania coś więcej niż lipny*
> *mandat. Co proponujesz?*

Odpowiedź nadeszła bardzo szybko:

> *16.30 tam, gdzie widzieliśmy się ostatni raz dziś rano, na*
> *przystanku?*

> *OK. Tam się widzimy.*

Po pracy Alicja wybiegła z budynku, aby ukryć się w uliczce sąsiadującej z przystankiem i tam oczekiwać na przyjście Aleksandra. Miała stąd idealny punkt obserwacyjny i z niecierpliwością wypatrywała mężczyzny. Sama była zaskoczona swoim podejściem. Było w nim coś ujmującego, nie potrafiła tego zdefiniować. Nie zwracała uwagi na nic, co działo się wokół niej. Aleksander zaskoczył ją – podszedł z zupełnie innej strony, niż się spodziewała. W rękach trzymał olbrzymi bukiet tulipanów.

– Jesteś piękna – powiedział, wręczając jej kwiaty.

– Skąd się tu wziąłeś? Myślałam, że przyjedziesz tramwajem – powiedziała Alicja, chcąc ukryć swoje zdenerwowanie.

– No co ty! Tramwajem jechałem dzisiaj, bo wypatrzyłem cię z samochodu, jak szłaś na przystanek. Przyspieszyłem, zaparkowałem przy następnym przystanku i wsiadłem do tramwaju, którym jechałaś. Traf chciał, że spotkałem kumpla, który naprawdę jest kontrolerem. Gdyby nie ja, dostałabyś mandat. – Uśmiechnął się do niej z taką czułością, z jaką jeszcze nigdy się nie spotkała.

– Czyli ja jestem ci winna kawę albo nawet obiad? Uchroniłeś mnie od mandatu...

– To ja zapraszam cię na obiad. Cały dzień o tobie myślałem. – Mówiąc to, wziął ją za rękę. Miał ciepłą i suchą dłoń. Jego uścisk był mocny, tak jakby chciał jej dać poczucie bezpieczeństwa i oparcie. Ręka Alicji prawie zniknęła w jego dużej dłoni. Z ukosa spojrzała na palce Aleksandra. Były długie i mocne. „Ciekawe, co jeszcze potrafią te paluszki" – pomyślała, gdy szli w kierunku restauracji. Po chwili otworzył drzwi, by przepuścić Alicję. Usiedli przy pierwszym wolnym stoliku i zamówili obiad.

– Domyślam się, że skoro siedzimy tu razem, podobnie jak ja nie jesteś z nikim związana?

– Nie. Przez ostatnie lata nie miałam ochoty na nic stałego. Były jakieś przelotne znajomości, ale nigdy nic na tyle mocnego, aby przetrwało próbę czasu.

– To podobnie jak ja. Żadna kobieta nie powodowała we mnie takich emocji jak ty, choć cię w ogóle nie znam. Dla mnie to totalne zaskoczenie.

– To witam w klubie. Zawsze czekałam z odpisaniem na SMS-a kilka dni. Dziś coś się zadziało; sama nie wiem, co takiego. Gdybym była małą dziewczynką, stwierdziłabym, że to jakaś magia.

Rozmowę przerwał im kelner, który przyniósł obiad.

– Też mam takie odczucia – powiedział Aleksander, gdy kelner odszedł i zostali sami. – Myślisz, że może być z tego coś poważniejszego?

– Jak damy sobie szansę, to uważam, że może coś z tego wyjść. Boże, co ja mówię – zaśmiała się Alicja. – Jeszcze kilka dni temu zarzekałam się, że nigdy nie będę z nikim, że mnie to nie interesuje. A teraz siedzę z tobą przy obiedzie i czuję, jakbyśmy mieli być razem już zawsze. Nie myśl, że to oświadczyny czy coś w tym stylu. Ale to jest coś tak absurdalnie idealnego, że nie potrafię tego nawet precyzyjnie określić.

– Wiem, co czujesz, bo ja mam dokładnie tak samo. Sprawdźmy, czy mamy takie spojrzenie na inne sprawy.

– Zrobimy wspólną checklistę?

– Coś w tym stylu. Na razie zróbmy szybki test. Pytanie, odpowiedź. Jedno pytanie ty, drugie ja i zobaczymy, co z tego wyjdzie. Ty pierwsza.

– Ryba czy stek? – zapytała szybko Alicja, bo nic innego nie przyszło jej do głowy.

– Stek, średnio wysmażony. Romans czy sensacja?

– Sensacja. Z tym stekiem trafiłeś idealnie. Morze czy góry?

– Góry. Lubię chodzić. Prysznic czy wanna?

– I to, i to, zależy od sytuacji i osoby, która ze mną jest. Też lubię chodzić. – Zawahała się przez chwilę. – Szybki numerek czy namiętny wieczór?

– Szybki numerek, a potem namiętny wieczór. Dobre pytanie – Aleksander uśmiechnął się do Alicji. – Seks wieczorem czy rano?

– Rano i wieczorem. Antykoncepcja czy spontan?

– Antykoncepcja. Czy seks po obiedzie też wchodzi w grę?

– Seks zawsze wchodzi w grę. Zwłaszcza na zgodę. – Alicja zaczęła się śmiać. – Nasze pytania są coraz bardziej monotematyczne. Kisiel czy budyń?

– Ha, ha, ha, teraz to mnie zaskoczyłaś. Budyń z sokiem malinowym.

– Idealnie. Też wolę budyń z sokiem. – Spojrzała na Aleksandra. – Wygląda na to, że nasze gusta się pokrywają. Co teraz? Układamy checklistę?

– Jasne, po co czekać? Nie chcę marnować niepotrzebnie czasu. Masz jakieś stałe obowiązki?

– Pracę. Mieszkam na Białołęce, pracuję w centrum, o czym wiesz. I to jest mój jedyny obowiązek. A u ciebie?

– Praca też w centrum, ale mieszkam na Ursynowie. Musimy coś wymyślić, dzieli nas całe miasto. Raz na jakiś czas jadę do rodziców i babci.

– Też czasem jeżdżę do rodziców, w sumie chyba za rzadko. Zresztą nie chcę o tym rozmawiać.

– Okej, szanuję to. To, że nie chcesz o tym rozmawiać, Alicjo.

To, w jaki sposób wymówił jej imię, jak na nią patrzył, sprawiło, że Alicja poczuła, że płoną jej policzki.

– Czuję się tak, jakbym znał cię od zawsze. To jest dziwne, bo nie pamiętam, jak to było, jak ciebie nie było w moim życiu.

– Nie wyobrażam sobie, jak mogłam jeść obiad po pracy z kimś innym niż z tobą. Nie wiem, chyba ktoś nam coś podał dziś rano. No, chyba że z moimi dziewczynami. One są genialne. Wszystkie trzy. Pokochasz je tak samo jak ja.

– Przyjaciółki?

– Przyjaciółki i współpracownice. Gdyby nie one, pewnie zmieniłabym miejsce pracy. Pracuję tam ponad trzy lata. I serio, jestem tam przede wszystkim dla nich. Uwielbiam je. Każdą z osobna i wszystkie razem. Są zupełnie wyjątkowe.

– Będę mógł je poznać, czyli dopuszczasz do siebie myśl, że to nie nasze ostatnie spotkanie? – Spojrzał na Alicję przeciągle.

– Nie wyobrażam sobie, aby to miało być nasze jedyne spotkanie. Zaskoczyło mnie to, ale nie zamierzam ukrywać swoich uczuć. Choć jeszcze kilka tygodni temu zarzekałam się, że mnie to nie spotka.

– Wiem, o czym mówisz. W piątek widziałem się z kumplem ze studiów. On już ustatkowany, dobra praca, żona, dzieci... Zapytał, kiedy ja się ustatkuję. Wiesz, co mu powiedziałem? Nie w tym wieku. I co? Po niecałym tygodniu nie wyobrażam sobie chwili, gdy będziemy musieli się rozstać.

– Po co mamy się rozstawać? Jesteśmy dorośli, nie musimy udawać niedostępnych. Nie wiem czemu, ale nie chcę stracić żadnej sekundy, którą mogłabym spędzić z tobą.

– Marzyłem, że to powiesz, Alicjo. Gdybyś ty tego nie powiedziała, pewnie zaraz zaproponowałbym dokładnie to samo. Jak to się mogło stać? Że nagle straciłem dla ciebie głowę? Gdzie jedziemy, do mnie czy do ciebie?

– Do mnie.

– To będę musiał kupić ciuchy na jutro. Nie mogę pójść w tej samej koszuli. Mam jutro mnóstwo spotkań.

– Gdzie właściwie pracujesz? Co robisz w pracy? – zapytała Alicja, gdy wychodzili już z restauracji, kierując się do pobliskiej galerii handlowej.

– Jestem analitykiem w jednej z korporacji finansowych. Czyli zawsze muszę być pod krawatem, w marynarce. Mam nadzieję, że ci to odpowiada.

– Nie znoszę zaniedbanych facetów, więc jak najbardziej odpowiada mi twój image. Potrzebujesz też szczoteczki do zębów. Resztę mam w domu.

– Rano, jadąc do pracy, nie podejrzewałem nawet, że spóźnię się na najważniejsze zebranie w roku, że spotkam kogoś takiego jak ty, a po pracy, z której wręcz ucieknę, będę kupować ciuchy, by mieć coś u ciebie.

– A wszystko dlatego, że ja po raz pierwszy zdecydowałam się na jazdę trasą, którą nigdy nie jeżdżę. To nie mógł być przypadek.

– Czyli mieliśmy się spotkać i zakochać w sobie. – Przystanął, przyciągnął Alicję do siebie, ujął w dłonie jej twarz i delikatnie musnął jej usta swoimi. Zaczęli się całować, żarliwie, jakby świat miał przestać istnieć. Nie słyszeli nic. Liczy się tylko oni. Po jakimś czasie zaczął do nich docierać hałas. Dopiero po chwili zdali sobie sprawę, że oto stoją na środku ulicy, a wokół słychać klaksony samochodów. Kilka osób zaczęło bić im brawo. Śmiejąc się, Aleksander złapał Alicję za rękę i pobiegli na drugą stronę ulicy.

– Też tak to czujesz? – zapytała. – Zupełne trzęsienie ziemi, ogromne zaskoczenie. Nie byłam na to gotowa, ale czuję, jakby zalała mnie fala tsunami. Boże, same katastroficzne porównania się mnie trzymają.

– Mnie też to zaskoczyło. A teraz tylko upewniłem się, że to coś wyjątkowego. Ty, twój dotyk, pocałunek... Masz rację, to jest jak trzęsienie ziemi.

W galerii szybko zrobili zakupy dla Aleksandra. Weszli też na dział spożywczy i kupili krewetki, mule, wino, jogurty i owoce na śniadanie. Idąc do samochodu, trzymali się za ręce. Wsiedli, Alicja podała adres i powoli zaczęli przebijać się przez zakorkowane miasto. Pod blokiem wyjęli torby z zakupami i razem weszli do bloku. Z chwilą, gdy zamknęli za sobą drzwi, dosłownie rzucili się na siebie. Idąc ku sypialni, ściągali ciuchy. Potykali się o nie, śmiali się i znów zaczynali się całować. W sypialni Aleksander położył Alicję na łóżku, cofnął się o krok i spoglądał na nią pożądliwym wzrokiem. Na jej nagie ciało, długie nogi, duże, jędrne piersi.

– Jaka ty jesteś piękna! W życiu nie sądziłem, że zakocham się w kobiecie tak idealnej jak ty...

– Nie jestem idealna – Alicja zaczęła się śmiać. – Chodź tu lepiej do mnie. – Wyciągnęła do niego rękę. Nie wahał się ani chwili. Wskoczył do łóżka, zdecydowanym ruchem rozsunął jej nogi. Wchodząc w nią, patrzył jej w oczy. Już po chwili gorączka pożądania opanowała ich na nowo. Szybko znaleźli wspólny rytm. Aleksander kochał się z nią tak, jak lubiła najbardziej. Intensywne doznania przenikały każdy fragment jej ciała. Spełnienie nadeszło szybciej i intensywniej, niż się tego spodziewali. Leżeli na łóżku, przytuleni do siebie.

– Po seksie herbata, woda, kawa?

– Zdecydowanie woda. Masz gazowaną?

– Oczywiście, zawsze kupuję kilka zgrzewek.

– Jesteś głodna?

– Tak. Robimy krewetki?

– Uwielbiam cię, kobieto! Idealnie odpowiadasz na moje pytania. Bosko się kochasz i wyglądasz jak milion dolarów.

– Dobre! Czyli odpowiadam ci intelektualnie, seksualnie i wizualnie. Dobra kolejność. Podoba mi się. U mnie jest podobnie...

– Podobnie? – zapytał Aleksander, wkładając spodnie.

– Muszę jeszcze zobaczyć, jak gotujesz. – Alicja wyszła z sypialni ze śmiechem. – No, chodź do kuchni, zobaczymy, jak sobie tu poradzisz.

– Ja mam gotować? Super, lubię to – powiedział Aleksander, wchodząc za nią do kuchni. – Powiedz tylko, gdzie masz przyprawy.

– W szufladzie pod ekspresem do kawy. Idę przynieść zakupy z przedpokoju, a ty weź kieliszki do wina z półki nad barkiem.

– Tak jest, proszę pani.

Alicja przeszła do przedpokoju. Schylając się po siatki, ujrzała swoje odbicie w lustrze. Zaczerwienione policzki, uśmiechnięte oczy, zmierzwione włosy. Wyglądała na naprawdę szczęśliwą. Kątem oka dostrzegła Aleksandra. Złapał ją za pośladki i przyciągnął do siebie. Poczuła, że Aleksander znów jest gotów. Otarł się kilka razy o jej tyłek.

– Nawet nie wyobrażasz sobie, jak strasznie kusząco wyglądasz w samej koszulce. A świadomość, że masz na sobie tylko ją, doprowadza mnie do szału. Uwielbiam patrzeć na ciebie, jak idziesz przede mną, bo mogę podziwiać twój tyłek w całej okazałości – szeptał jej do ucha, drażniąc jej kark swoim gorącym oddechem. Jego dłonie pieściły jej piersi, ocierał się o nią swym twardym członkiem. Alicja jęknęła głośno.

– Weź mnie tutaj – powiedziała cicho i wypięła się bardziej. Nie trzeba było dwa razy powtarzać. Aleksander zsunął spodnie, założył kolejną prezerwatywę i wszedł mocno w Alicję. Kochali się na stojąco. Alicja, patrząc w lustro, nie spuszczała wzroku z Aleksandra. Podobał jej się obraz, który widziała. Wchodził w nią szybkimi ruchami, zataczając coraz większe kręgi. Kolejny orgazm dopadł ich chwilę później.

– Próba numer dwa dotarcia do kuchni po krewetki – powiedziała Alicja, gdy po raz drugi tego popołudnia zakładała koszulkę.

– Jest szansa, że do niej dojdziemy. Teraz naprawdę jestem już głodny. Zamęczysz mnie, kobieto...

– Dlatego dobrze, że potrafisz gotować, do czegoś mi się jeszcze przydasz.

– Słucham? – Aleksander zaczął się śmiać. – Jestem ci potrzebny do bzykanka i gotowania? Tylko?! – Udał wielkie przerażenie. Alicja podeszła i przylgnęła do niego całym ciałem, prawie znikając w męskich ramionach.

– I jeszcze do przytulania, rozmawiania i całowania – pocałowała go gorąco. Całowali się długo, coraz bardziej namiętnie i pewnie zaraz wypróbowaliby solidność blatów w kuchni, gdyby telefon Alicji nie zadzwonił i nie wyrwał ich z oków namiętności.

– Muszę odebrać – szepnęła Alicja do Aleksandra, który zapamiętale całował jej piersi.

– Wiem, że powinniśmy zjeść coś, odpocząć, ale, cholera, nie potrafię się przy tobie opanować. Co ty ze mną robisz? – Spojrzał z czułością na odchodzącą Alicję. Podszedł do zlewu, odkręcił zimną wodę i dość długo oblewał twarz wodą. Po chwili usłyszał śmiech kobiety.

– Dzięki, Magda, że dzwonisz. Nie, kochana, nie przeszkadzasz, szykujemy sobie kolację. Tak, we dwoje. – Ponownie zaczęła się śmiać. – To wpisz mnie na listę obecności rano, jakby znowu tramwaj nie przyjechał. Buziaki, kochana, do zobaczenia jutro.

– Moje przyjaciółki martwiły się o mnie i Magda zadzwoniła, aby dowiedzieć się, czy wszystko jest w porządku.

– To miłe, że tak się o ciebie martwią.

– Nikt inny nie zapewniłby im takich porównań jak ja. Jestem w tym najlepsza. I zawsze, gdy zaśpię, przywożę najlepsze szejki. Czyli często.

– Nie będziesz się teraz spóźniać.

– Skąd wiesz?

– Sądzisz, że dam ci spać całe poranki, które moglibyśmy wykorzystać na wyuzdany seks?

– Obiecujesz? Wiesz, wolę się upewnić, że na naszej checkliście seks poranny jest zapewniony. O, ładnie pachnie. Wygląda na to, że gotujesz równie dobrze.

– Muszę zadać ci dość prywatne pytanie. Mieszkanie wynajmujesz?

– Nie, jestem przebiegła jak lis i kupiłam to mieszkanie, jak tylko się dowiedziałam, że powstaje tu takie osiedle. Co prawda spłacam kredyt, ale zawsze to moje własne. A ty masz wynajmowane czy swoje? – zapytała

Alicja. Przez chwilę patrzył na nią, jakby się nad czymś zastanawiał, ale najwyraźniej nie było to nic pilnego.

– No właśnie wynajmuję, bo nie mogłem się zdecydować na żadne. Poza tym nie miałem z kim mieszkać, a sam zadowalam się kawalerką.

Alicja siedziała na wysokim krześle i patrzyła, jak Aleksander dla niej gotuje. Była zaskoczona, jak bardzo pasuje do niej i do jej mieszkania. Jak dobrze i łatwo jej się z nim rozmawia. I zanim przeanalizowała wszystko, powiedziała:

– Ja wiem, że to wariactwo, co teraz powiem. Ale ja nie chcę na nic czekać. Skoro wynajmujesz, a ja mam swoje mieszkanie, to przeprowadź się do mnie. Ja wiem, że znamy się kilka godzin. Ale mam wrażenie, jakbym znała cię od zawsze. I nie wyobrażam sobie, aby miało cię nie być w moim życiu.

– To nie wariactwo. Też nie wyobrażam sobie życia bez ciebie. To tak, jakbym nagle odkrył, że coś, co uważałem za udane życie, nagle nabrało kolorów, intensywności. Jesteśmy dwójką ludzi, którzy odnaleźli się w milionowym mieście. Tylko dlatego, że zaufaliśmy intuicji – mówił, nakładając krewetki na talerze. – Droga pani, kolację podano.

Po kolacji szybko posprzątali i pobiegli do sypialni. Tej nocy nie spali zbyt wiele. A gdy już zabrakło siły na dalsze figle, po prostu leżeli obok siebie i planowali wspólną przyszłość. Mieszkanie razem od teraz na zawsze, dużo zwiedzania, mało obowiązków, Aleksander gotuje, a Alicja sprząta. Dzieci nie planowali mieć w najbliższej przyszłości.

Gdy Aleksander obudził ją rano, Alicja była pewna, że takie poranki to coś, bez czego już nie potrafi żyć. Zjedli razem szybkie śniadanie i Aleksander odwiózł ją do pracy. Umówili się na popołudnie i Alicja wysiadła z samochodu tuż pod biurem. Z uśmiechem weszła do pokoju numer 5. Przy czajniku stały Krystyna i Magda.

– Dzień dobry drogim paniom – powiedziała i jakby nigdy nic usiadła przy komputerze.

– Hej, opowiadaj nam tutaj szybko! Co się wydarzyło wczoraj? Jaki on jest? I w ogóle wszystko opowiadaj!

– Nie ma nic do opowiadania właściwie. Zjedliśmy dobry obiad, poszliśmy na zakupy, pojechaliśmy do mnie, zjedliśmy kolację. Ustaliliśmy plany na resztę życia. Nudy – powiedziała z udawaną obojętnością, jakby co tydzień planowała przyszłość z mężczyzną.

– Ej? Jakie zakupy, jakie „pojechaliśmy do mnie", jakie planowanie reszty życia? – Magda spojrzała na Alicję i zaczęła się śmiać. – O mój Boże, ty się zakochałaś! Alicja się zakochała! No nie wierzę. Ty, czołowa singielka miasta stołecznego Warszawa?

– To takie dziwne? Każdemu może się przytrafić, nawet tobie. – Alicja wskazała na Magdę. – Nie znasz dnia ani godziny.

– Czy ja dobrze słyszałam? – zapytała Krystyna. – Macie plany na resztę życia? Co zrobiłaś z Alicją?

– Bardzo śmieszne, tak, rzeczywiście mamy plany na resztę życia. A takie dokładne to na pierwsze dziesięć lat.

– Ktoś nam Alkę podmienił – powiedziała Magda, przyglądając się Alicji, gdy ta rumieniła się na samo wspomnienie ostatniej nocy.

– Alka, ty się nie wygłupiaj, tylko opowiadaj, co to za facet. Kim jest i jakim cudem jesteś już tak zakochana?

– No dobra. Aleksander jest analitykiem finansowym w jednej z korporacji. Nie pochodzi z Warszawy, ale mieszka tu od lat, tak jak ja. Od pierwszej chwili, gdy się spotkaliśmy, wiedzieliśmy, że to jest to! Nie chcemy czekać. Aleksander dziś spakuje swoje rzeczy i jutro po pracy przeprowadza się do mnie. Mamy plany. Nie chcemy marnować czasu na zbędne czekanie. Chcemy wszystko od razu. To znaczy prawie wszystko, bo dzieci nie planujemy na razie. Chcemy nacieszyć się sobą.

– No, powiem ci, że mnie zaskoczyłaś. Choć z drugiej strony chyba bardziej bym obstawiała taki scenariusz niż gdybyś miała się z kimś spotykać całymi latami. Na normalny tryb jesteś zbyt żywiołowa. Życzę dużo szczęścia na nowej drodze.

– Dzięki bardzo. Dużo mu opowiadałam o was – powiedziała Alicja i spojrzała na Krystynę, jakby szukając akceptacji.

– Alka, ten facet to szczęściarz, jakich mało. Życzę wam dużo wytrwałości. Jestem pewna, że ty dasz z siebie tysiąc procent.

W tym momencie otworzyły się drzwi i weszła Gosia.

– Hej, laski! Te poranne mdłości mnie wykończą. Serio, już mam dość. Co tu się dzieje? Jakieś szybkie streszczenie? – Rozejrzała się po pokoju i skierowała wzrok na Alicję. – A co ty taka szczęśliwa dzisiaj, pobzykałaś sobie wczoraj?

– Jasne, że pobzykała, a do tego się zakochała i zaplanowała sobie z Alkiem pół życia.

– Cooo? Przecież to niemożliwe. Jeszcze pół roku temu chciała być najsłynniejszą warszawską singielką.

– Nooo, a teraz jestem tykającą bombą z napisem „LOVE".

– Alka, ty i te twoje porównania... – Gosia zaczęła się śmiać.

Telefon na biurku Krystyny przerwał poranne chichoty. Każda zajęła się swoją pracą. Koło południa wpadł do pokoju kierownik. Jego mina mówiła, że coś się stało.

– Pamiętajcie, że posłańca się nie zabija – krzyknął od progu i spojrzał z obawą na kobiety.

– Będzie ci to wybaczone, kurierze. Co za wieści przynosisz, mości panie? – zapytała Alicja w ich ulubionym żargonie.

– Dyrektor „zapomniał mi wspomnieć", że przyjął kolejny projekt i jesteśmy – to znaczy ja i wy – do niego oddelegowani, a w międzyczasie mamy dokończyć projekt, nad którym teraz pracujemy.

– Aaa, to spokojnie, zanim ten nowy się zacznie, rozpiszą przetarg itepe. Bo przecież... – Gosia przerwała, widząc coraz bardziej przerażoną minę kierownika.

– Bo widzisz, ten projekt to już dawno był rozpisany, tylko... – kierownik wziął głęboki oddech.

– Tylko nikt go nie chciał wziąć, bo to tykająca bomba? – dopowiedziała Krystyna z ironicznym uśmiechem.

– Zaraz, to ten, o którym dyrektor dyrektora naszego dyrektora opowiadał ostatnio? Ten, który jest niewykonalny w tak krótkim czasie? – spytała Alicja i wszystkie cztery spojrzały na kierownika w nadziei, że jednak zaprzeczy, ale im dłużej przyglądały się jego twarzy, tym większej nabierały pewności, że to właśnie ten projekt, nad którym nikt, absolutnie nikt nie chciał pracować.

– A najgorsze w tym wszystkim jest to, że... – zaczął kierownik.

– Nieee, nie mów, że może być coś gorszego niż projekt roczny do zrobienia w trzy miesiące. – Krystyna wyczekująco spojrzała na przełożonego.

– Za piętnaście minut rozpoczyna się zebranie wprowadzające z inwestorem, na którym mamy być. Wszyscy.

– Spoko, to przecież pikuś jest. W piątek mamy konferencję na pięćset osób, a dziś zaczynamy nowy projekt, o którym nie mamy pojęcia! Kurwa! Czy ten nasz dyrektorek jest normalny? Ma jakąś chorą ambicję bycia najlepszym we wszystkim? Co za kretyn! Kurwa, muszę się napić czegoś! Krystyna, masz jeszcze tę whisky? Nie patrz, tylko polewaj, bo mi nerwy zaraz puszczą. A ty przekręć kluczyk, żeby nikt tu nie wszedł – rzuciła w locie do kierownika, idąc do szafy po pięć szklanek. – Drzwi zamknij na klucz! Jezuuu, nigdy nie piłeś w pracy? – Alicja spojrzała na szefa z lekką drwiną. – Jak będziesz grzeczny, to też dostaniesz, wiesz? Polewaj – zwróciła się do Krystyny.

– Ja podziękuję, mnie wystarczy szklaneczka wody. – Gosia zdążyła wyprzedzić Krystynę, nim ta rozlała bursztynowy płyn do szklanek.

– Skoro mamy wziąć udział w tej szopce, to pamiętaj, że my ustalamy harmonogram, a ty przytakujesz i trzymasz dyrektora na dystans, bo możemy nie wytrzymać i coś mu zrobić albo powiedzieć. – Krystyna wymownie spojrzała na kierownika.

– Zgadzam się na wszystko, co tylko będziecie uważały za stosowne. Swoją drogą, ciekawe, co jeszcze macie w swoich szafkach.

– Tego się nie dowiesz, chyba że potrzebujesz tamponów albo podpasek. Wisisz nam dwie kolacje, a właściwie trzy. Pierwsza już w piątek po konferencji, druga na uzupełnienie, a trzecia... kufa, tu będziesz musiał się naprawdę postarać, bo ona będzie na koniec nowego projektu – stwierdziła Magda, a reszta dziewczyn potwierdziła.

Wypili po szklaneczce whisky z zapasów dziewczyn. Jeden z partnerów w poprzednim projekcie przyniósł alkohol w podziękowaniu za to, że dziewczyny na osobności wskazały mu kilka błędów, które mogły zaważyć na realizacji. Zamiast biec na skargę, jak to nieraz bywa, powiadomiły partnera projektu, dzięki czemu miał czas naprawić szkodę. Oczywiście nigdy nikomu o tym nie powiedziały. Po zamknięciu projektu mężczyzna przyszedł do nich ze specjalnym podziękowaniem za współpracę, wręczając kosz produktów. Były tam czekolady z manufaktury oraz 0,7 dwudziestopięcioletniego Chivas Regal. Jego podziękowanie zrobiło olbrzymie wrażenie na dziewczynach i chętnie wracały wspomnieniami do tego dnia. Whisky została w biurze na specjalne okazje. Dopiero po czasie odkryły, jak cenną butelkę mają w swoich zapasach.

– Skąd macie w pracy taką whisky? Ostatnio oglądałem ją w sklepie, kosztowała ponad tysiąc złotych – zapytał zaciekawiony kierownik.

– Kiedyś się dowiesz. Jak zaprosisz nas na kolację. – Alicja była nieugięta.

– Dobra, chowamy szklanki i idziemy. Miejmy nadzieję, że wszystko przebiegnie bezkonfliktowo i bez niepotrzebnych niespodzianek – zarządziła Krystyna. Na słowo „niespodzianka" Magda poczuła dziwny dreszcz, ciarki przeszły jej po kręgosłupie, pozostawiając po sobie dziwne złudzenie, że właśnie tego powinna się obawiać.

Wyszli z pokoju w piątek, przeszli korytarzem i dotarli do sali konferencyjnej. Mieniła się ona chyba każdym odcieniem szarości, granatu i delikatnych barw kobiecych ubrań. W powietrzu dominował zapach męskich perfum, drogich i bardzo charyzmatycznych. Magda doskonale znała ten zapach, pasował do jednej osoby i tylko z nią ten zapach jej się kojarzył. Przywodził na myśl stare czasy, spotkania dżentelmenów przy polityce, whisky i wybornej jakości cygarach. Jak to bywa przy projektach informatycznych, większość stanowili mężczyźni. I tak też było tym razem. Po wejściu Magdy, Krystyny, Alicji i Gosi oraz kierownika, dyrektor ich wydziału spojrzał na stół konferencyjny, jakby chciał na szybko policzyć, czy aby na pewno dla wszystkich wystarczy krzeseł. Po chwili poprosił wszystkich o zajęcie miejsc. Stół był przeznaczony dla 36 osób, ale z łatwością pomieściłby ich dwa razy tyle. Dziewczyny zajęły ulubione miejsca przy oknie. Miały doświadczenia z klimatyzacją i wiedziały, że bliskość okna przy takiej liczbie osób jest wskazana.

– Muszę zlokalizować faceta, który pachnie tym zapachem. Wiecie, o który mi chodzi? – zapytała po cichu Alicja, gdy rozpoczęło się szuranie krzesłami.

– Też go czuję. Zajebisty. I mam nadzieję, że właściciel tych perfum też – szepnęła Krystyna, a widząc zdziwione miny dziewczyn, dopowiedziała: – No co, popatrzeć nie można, a potem powspominać?

– Kryśka, nie pij więcej – szepnęła Magda, a reszta cicho zachichotała.

– Możemy zaczynać. Oficjalnie: dzień dobry. Cieszę się, że zespół pana Henryka sam zgłosił się do projektu i z takim zaangażowaniem chce podnieść znaczenie naszego wydziału na arenie informatycznej naszego kraju.

– A wy mówicie, że to ja mam nie pić w pracy! Posłuchajcie dyrektora – Krystyna, szepcąc to, zasłoniła usta, aby nikt nie mógł odczytać jej słów z ruchu warg.

Dyrektor mówił o historii wydziału, o zrealizowanych projektach i roli, jaką odegrał w każdym z nich. Oczywiście wspomniał o pracownikach, ale z jego słów można było wywnioskować, że gdyby nie on, żaden projekt nie odniósłby takiego sukcesu. Po kilku słowach dziewczyny doskonale wiedziały, że przechwałki dyrektora potrwają jeszcze kilka minut, toteż, nic nie tracąc, zaczęły przyglądać się nowo przybyłym. Większość mężczyzn była po trzydziestce. Dobrze ubrani, mniej lub bardziej przystojni. Jeden z mężczyzn w szczególny sposób przyglądał się dziewczynom. Pierwsza zauważyła go Alicja.

– Czwarty po prawej od strony kierownika – wyszeptała do Krystyny.

– Po prawej? Nie możesz go widzieć, bo siedzi po naszej stronie stołu. Chyba po lewej? – zachichotała Krystyna i spojrzała w kierunku końca stołu, gdzie siedział kierownik. Wcześniej nie zwróciła uwagi na tego mężczyznę. Miało się wrażenie, że dominuje nad całym towarzystwem. Rodzaj człowieka, który nie musiał podnosić głosu, aby zdobyć posłuch. Charyzma w czystej postaci. Patrzył w kierunku dziewczyn, uśmiechając się przyjaźnie. Ponieważ dyrektor w dalszym ciągu wychwalał swoje osiągnięcia, Krystyna odwróciła się w stronę Gosi i Magdy i wyszeptała do nich:

– Czwarty na lewo od kierownika, według Alicji na prawo. – Dziewczyny równocześnie spojrzały na przeciwległy koniec stołu.

– Znam go – zakomunikowała Magda, spoglądając na wskazanego mężczyznę.

– Znasz?

– Tak, to on tak pachnie i to on będzie kierownikiem ze strony inwestora.

– Tak pokrótce przedstawia się historia naszego wydziału projektowego – kończył przemowę dyrektor, rad, że znów mógł się chwalić nieswoimi zasługami i nikt mu nie przerywał.

– Skąd go znasz? I skąd wiesz, że będzie kierownikiem projektu? – zapytała Krystyna.

– Pracowałam z nim i z częścią jego zespołu.

– W takim razie nadszedł czas, aby nasz zespół się przedstawił – kontynuował dyrektor.

– Dobra, teraz uważamy, bo zaraz my – zauważyła Krystyna. Było już w zwyczaju, że zespół się przedstawia, aby uniknąć potem niepotrzebnych nieporozumień wynikających z faktu, że ktoś nie wie, do kogo ma się zgłosić w sprawie danego zakresu prac. Na początku prawnicy, potem kierownik i dziewczyny.

– Zaraz nasza kolej. – Krystyna pod stołem uścisnęła rękę Magdy i zwróciła się do reszty zebranych: – Nazywam się Krystyna Dziekańska, w projektach odpowiedzialna jestem za stronę merytoryczną, sporządzanie umów w konsultacji z zespołem prawnym oraz prowadzenie całej dokumentacji projektowej. Obok mnie siedzi Magdalena Jaśko, która odpowiada w projektach za kontakty i przepływ informacji. Jest też Alicja Nowak, siedząca po mojej lewej stronie, oraz Małgorzata Kowalska. Dziewczyny są naszym wsparciem.

– Świetnie. Teraz może ja pokrótce coś powiem – odezwał się mężczyzna, który zwrócił uwagę dziewczyn. – Tak się składa, że pracowałem już z Magdą przy innym projekcie i nasza współpraca przebiegała wręcz idealnie. Tym bardziej cieszę się na powtórkę. Nie przedstawiłem się, przepraszam. Nazywam się Tomasz Ćwikliński i jestem przedstawicielem oraz kierownikiem projektu ze strony wykonawcy. Aby nie marnować czasu, bo jak wiadomo, czas nagli, proponuję, by poszczególne działy usiadły bliżej siebie i razem omówiły system działania. Im więcej dziś ustalimy, tym łatwiejsza i prostsza będzie nasza droga do sukcesu. Czy jesteśmy to w stanie zorganizować? – Pytanie skierował do dyrektora departamentu.

– Tak – odpowiedział dyrektor. – Największy zespół niech zajmie tę salę, dział prawny spotka się u prawników, a łączność i komunikacja może w pokoju socjalnym?

– Za niecałą godzinę. Jest pora lunchu, więc to nie jest dobry pomysł z pokojem socjalnym – zauważył kierownik.

– Nie ma problemu, znajdziemy sobie z Magdą odpowiednie miejsce. Trudno ustalić, ile poszczególnym zespołom zajmie ustalenie wszystkich spraw, więc może spotkamy się jutro z samego rana i przedstawimy plan działania? Wymieńmy się mailami i numerami telefonów, aby w razie wątpliwości móc szybko się zdzwonić. Mogę prosić o kartkę? Zapiszę swój numer telefonu i adres mailowy, Magda też poda swoje dane. Niech reszta wpisze swoje dane kontaktowe, a potem my z Magdą prześlemy wszystkim na maila. Ustalimy też sposób wymiany informacji. Jakieś spostrze-żenia, propozycje? – zapytał Tomasz.

– To bardzo dobry pomysł. Nie zmarnujemy czasu, bo od samego po-czątku każdy wie, co ma robić. Podoba mi się takie rozwiązanie. A zatem teraz każdy zespół zajmie się swoim zakresem. I spotykamy się jutro o go-dzinie ósmej na kolejnym zebraniu. – Było widać, że propozycja Tomasza spodobała się dyrektorowi, który nie lubił siedzieć na niekończących się zebraniach. Należał do tego typu ludzi, którzy bardzo chętnie delegowali na innych wszystko, co się da, aby za bardzo się nie wysilać. Reprezento-wał dawny ustrój, w którym przywódca zbierał laury za pracę innych. Za-wsze oczywiście wspominał, że to praca całego zespołu, ale nigdy nikogo nie wyróżniał; wszelkie zasługi przypisywał sobie. Idealnie komponował się z całym budynkiem – reprezentował relikt, który dawno powinien zo-stać zreformowany.

Uczestnicy spotkania wstali od stołu. Tomasz żwawym krokiem pod-szedł do Magdy. Poczekał, aż wszyscy wpiszą się na listę, i w milczeniu wyszli z sali. Zespoły zaczęły gromadzić się w wyznaczonych miejscach i ustalać szczegóły współpracy. W zespole Krystyny, Magdy i Alicji było jeszcze osiem osób. Było widać, że są to ludzie, którzy pracowali przy nie-jednym projekcie. Każdy znał swoją wartość i wszyscy doskonale wiedzie-li, co należy do ich obowiązków. Ku zaskoczeniu Krystyny, to ona z pomi-nięciem kierownika departamentu została mianowana kierownikiem projektu ze strony inwestora. Kierownikiem ze strony wykonawcy był To-masz, który już zdążył wyjść z Magdą.

D zień pracy chylił się ku końcowi, gdy nareszcie wszelkie ustalenia zostały dokonane i dziewczyny mogły spokojnie wrócić do swojego pokoju.

– Macie jakiś SMS albo mail od Magdy? – zapytała Krystyna, gdy tylko zamknęły się drzwi.

– Dziwne, widziałyście, jak na siebie patrzyli? – dziwiła się Gosia.

– Nie, ja nic nie mam. Co o tym myślicie? Szczerze mówiąc, zamurowało mnie. Nigdy nic nie mówiła o swoim życiu, a tu nagle pojawia się Tomasz i Magda mięknie jak masełko na ciepłym chlebku. Choć akurat nie jestem osobą, która chętnie by oceniała. Sama jeszcze kilka tygodni temu zapierałam się, że będę zupełnie sama, a tu proszę, moje serce to różowa tykająca bomba tryskająca obrzydliwym rzygiem pierdzącego miłością jednorożca.

– Alka, jak ja kocham te twoje porównania! – Gosia zaczęła się śmiać. – Swoją drogą, dość zaskakująca reakcja obydwojga. Musiało ich coś łączyć. I to coś mocnego. To było widać na pierwszy rzut oka. Zapomniałam o najważniejszym: Krystyna, gratulacje! Coś czuję, że to dla nas przełomowy czas.

– Dokładnie tak, Gosiu, również dołączam się do gratulacji! – powiedziała Alicja. – Nie macie wrażenia, że role w projekcie zostały ustalone jeszcze zanim zaczęło się zebranie?

– Dziękuję, zobaczymy, jak to wszystko pójdzie. Co masz na myśli?

Krystynę cieszył ten awans. Krzysztof często jej wypominał, że pomimo tylu lat pracy nadal jest tylko zwykłym pracownikiem, a on pnie się po drabinie hierarchii w ministerstwie, zaliczając kolejne stopnie. Czuła satysfakcję, że tym razem i ona została doceniona.

– No wiecie, przychodzi nowy projekt i to jest naprawdę duży deal. I nagle z pominięciem kadry zarządzającej Krystyna zostaje kierownikiem ze strony inwestora? Henryk nawet nie zareagował, tylko spuścił głowę. Swoją drogą, musieli mieć dobrego informatora, skoro tak dokładnie wiedzieli, jakie zadania komu przydzielić.

– Alicja, jesteś lepsza niż wydział dochodzeniowo-śledczy. – Gosia, śmiejąc się, pakowała swoje rzeczy do torebki. Zbliżała się godzina szesnasta, a to oznaczało koniec pracy. – Co dziś robicie po pracy? Piotr cały dzień ma dziś zebrania i w domu będzie dopiero około dwudziestej pierwszej.

– Może gdzieś wyskoczymy? Bliźniaki są na obozie, z Krzysztofem nie chce mi się siedzieć w domu...

– Żadnej poprawy w relacjach damsko-męskich? – zapytała Alicja. – W sumie mogę zadzwonić do Aleksandra, że się spotkamy dopiero wieczorem.

– Poprawy? Masz na myśli jego oschły ton i brak seksu czy wyzywanie mnie od najgorszych, jeśli choć w minimalnym stopniu zapragnę bliskości? Ostatnio znalazł wibrator w mojej szufladzie. Wiecie, co powiedział? „Wolę, że używasz tego, niż gdybyś miała się do mnie zbliżać". Nic się nie zmieniło, jest wręcz gorzej.

– O murwa kać – wyszeptała Alicja, a widząc uśmiech na twarzach towarzyszek, dodała: – Zawsze mówicie, że za dużo przeklinam, więc stworzyłam sobie swoje delikatne „murwa kać" zamiast wiecie czego.

– Nie wyobrażasz sobie, jak puste byłoby moje życie bez ciebie, Alka. – Śmiejąc się, Gosia pociągnęła Alicję ku drzwiom wyjściowym. – Uwielbiam z tobą pracować, spędzać z tobą wolne chwile. Jesteś jak mój prywatny kolorowy ptak.

– Ja też cię lowju – rzuciła Alicja i zwróciła się do Krystyny. – Ciebie też kocham, żeby nie było zaraz kłótni o moje uczucia.

– Walnięta jesteś, wiesz? – Krystyna cieszyła się na wieczór z dziewczynami. Wyjęła telefon z torebki, aby napisać do Krzysztofa, że będzie później w domu. W telefonie mrugała do niej koperta z nieodczytaną wiadomością:

> *Nie będzie mnie przez kilka dni, wracam w poniedziałek wieczorem.*

– Coś się stało? – zapytała Alicja, gdy Krystyna dogoniła je na schodach.

– Krzysztof wysłał SMS-a, że wyjechał i wróci dopiero w poniedziałek wieczorem. Taka sucha wiadomość. Możemy iść, Alicja, do ciebie? Nie mam ochoty wracać do swojego domu.

– Jasne. Wpadniemy tylko do delikatesów po wino i sok dla Gosi, bo nie zrobiłam zakupów. Będzie wam przeszkadzać, jak około ósmej dołączy do nas Aleksander?

– No coś ty, fajnie będzie go poznać – powiedziała Krystyna. Ciekawa była, jaki jest i co w nim jest takiego fascynującego, że Alicja zmieniła dla niego prawie wszystkie swoje zasady.

– Zadzwonimy do Magdy oczywiście?

– Oczywiście – krzyknęły ze śmiechem Alicja i Krystyna.

Pod urzędem już czekała na nie taksówka zamówiona przez Alicję. Po pół godzinie przedzierania się przez korki w końcu znalazły się pod delikatesami.

– Co robimy do szamania? Czy zamawiamy coś? – Gosia rozglądała się po sklepie, ale widać było, że już ma jakiś plan, bo zerkała przez szybę na druga stronę ulicy.

– Lepiej od razu powiedz, że masz ochotę na kebab, a nie ściemniaj. Krystyna, co ty na kebab?

– Jak mają baraninę, to z największą przyjemnością. Kupmy tylko wino, bo mam ochotę wziąć tym razem z ostrym sosem.

– *À propos* sosów, mają teraz swój sos miętowy i to jest dopiero sztos! Serio, w życiu nie jadałam tak dobrego kebabu. I do zespołu dołączył starszy brat, więc jest o jedno ciacho więcej do podziwiania.

Zapłaciły za wino i ruszyły na drugą stronę ulicy.

– Też taki hot jak pozostali dwaj? – zapytała Gosia. – Wiecie, jak to jest, ciacho w domu na własność, a nie w leasingu, ale to nie znaczy, że nie lubię sobie popatrzeć na inne egzemplarze wystawione w celach demonstracyjnych.

– Dobre porównanie – powiedziała ze śmiechem Alicja. – Przybij piątkę. Będą z ciebie ludzie. A teraz, drogie panie, patrzcie i podziwiajcie najstarszego z braci kebabowego interesu. – Otworzyła drzwi do lokalu i pozwoliła dziewczynom wejść przed sobą.

– Dzień dobry, Alicjo, widzę, że przyprowadziłaś koleżanki – powiedział mężczyzna stojący za ladą. Miał około czterdziestu lat, a delikatna siwizna na skroniach dodawała mu uroku. Ciemna karnacja i południowy akcent stanowiły ciekawe urozmaicenie.

– Witaj, Abraham. Urządzamy babski wieczór i potrzebujemy dobrej szamy. Co macie dziś pysznego?

– Wszystko jest pyszne. Ale chyba nie próbowałaś naszego chicken masala i lamb masala. A to nasze popisowe dania. Dobrze doprawione, aromatyczne, do tego świeży, dopiero co wypieczony naan i będziecie zachwycone.

– To jak? – Alicja zwróciła się do dziewczyn.

– Ja to koniecznie kebab z tym sosem miętowym, a ty, Krystyna? – odparła Gosia.

– Szczerze mówiąc, mam ochotę na kebab z ostrym i miętowym sosem, ale też bym chciała spróbować tych dań masala.

– To weźmy trzy kebaby z sosami oraz dwa dania masala. Nawet jak coś zostanie, to Aleksander zje, jak przyjdzie do domu wieczorem. Może weźmę jeszcze jeden kebab na wypadek, gdyby Magda do nas dojechała?

– Świetny pomysł. – W tym momencie zadzwonił telefon Krystyny. – Magda dzwoni.

– Niech wsiada w taksówkę i przyjeżdża do nas.

– Hello, piękna, gdzie jesteś i czemu cię jeszcze nie ma u Alicji pod domem?

– Wiedziałam. Ja jestem, to ciebie nie ma u Alicji pod domem, ani tym bardziej Alicji w domu. Gdzie jesteście i za ile będziecie?

– Czekamy na kebaby, tak, wzięłyśmy też dla ciebie, będziemy za około dziesięć minut. – Krystyna spojrzała pytająco na Abrahama, który szykował ich zamówienie. Ten uśmiechnął się tylko, ukazując rząd idealnie białych i równych zębów.

– To czekam na was. – Magda zakończyła rozmowę.

– My to jednak rozumiemy się ze sobą – zauważyła Alicja, gdy już wyszły z gotowym jedzeniem. – Wystarczy, że jedna z nas ma problem, od razu wie, gdzie przyjechać, z kim pogadać i wie, że zawsze znajdzie wsparcie w każdej z nas.

– Nie wyobrażam sobie was nie mieć i nie móc z wami rozmawiać o swoich smutkach i radościach. Fajnie, że was mam – powiedziała Gosia, a reszta się z nią zgodziła. Po krótkim spacerze dotarły pod blok Alicji i już z daleka dojrzały czekającą na nie Magdę. Było widać jej poruszenie.

– Dobrze, że jesteście. Doczekać się na was nie mogłam. Muszę wam tyle opowiedzieć – powiedziała zdecydowanie Magda, a reszta dziewczyn z zaciekawieniem się jej przyglądała. Tak długo czekały na historię Magdy, a wiedziały tylko, że życie nie było dla niej łaskawe. Nie naciskały na nią, ale gdy pojawiła się sytuacja, w której mogą poznać szczegóły, nie zamierzały czekać nawet chwili dłużej. Weszły do mieszkania i rozłożyły się wygodnie na swoich ulubionych miejscach na kanapie Alicji, każda z jedzeniem i kieliszkiem wina, oczekując na opowieść Magdy. Tylko Gosia z sokiem pomarańczowym, na który miała ochotę zawsze, odkąd była w ciąży.

– Nawet nie wiecie, jak się cieszę, że mogę wam wszystko opowiedzieć. Abyście zrozumiały, skąd jest Tomasz, jak się poznaliśmy i dlaczego od niego uciekłam, muszę cofnąć się do czasu, gdy mieszkałam z mamą. A więc… – Magda wzięła głęboki wdech i po chwili zaczęła opowiadać. – Mieszkałam z moją mamą w małym miasteczku pod Poznaniem. Ojca nigdy nie poznałam. Zginął, zanim się urodziłam. Moja mama była sprzątaczką, sprzątała u ludzi w domach. Nie były to wielkie pieniądze, ale zawsze starczało na wszystko i jak chciałyśmy pojechać gdzieś na wakacje, zawsze było na krótki wyjazd. Dobrze nam się żyło do czasu, gdy moja mama poznała Franka. Miałam wtedy trzynaście lat, a moja mama wyglądała na bardzo szczęśliwą. W sumie ile można żyć samemu? Ojczym pierwszy raz zgwałcił mnie tydzień po ich ślubie cywilnym – głos Magdy się załamał. – Od tamtej pory nie znałam dnia ani godziny, kiedy znów do mnie przyjdzie.

Czas jakby się zatrzymał, dziewczyny zamarły. Cisza przez chwilę była aż namacalna. Gosia rozpłakała się. Alicja głośno zaklęła rynsztokowo, Krystyna chciała do niej podejść, ale Magda zdecydowanie zaprotestowała: – Jeśli mnie teraz, Krysiu, przytulisz, to popłynę i nic więcej ze mnie nie wydobędziecie. Dajcie mi opowiedzieć do końca, a na pytania odpowiem potem, okej? – Nie czekając na odpowiedź, opowiadała dalej: – Gwałcił mnie zawsze, gdy nadarzyła się okazja. Gdy mama poszła do pracy, do sklepu czy do koleżanki. Nie wiem, dlaczego nigdy o niczym jej nie powiedziałam. Może nie chciałam mamy denerwować. Nie wiem. Trwało to latami. Moja mama zmarła, gdy miałam 18 lat. Tuż po pogrzebie, jak przyszłam do domu, Franek chciał zgwałcić mnie ponownie. Wtedy dopiero pierwszy raz mu się postawiłam. Zaczęłam go bić. Napieprzałam go tak długo, aż w końcu zrozumiał, że nic nie osiągnie, i odpuścił. Potem spakowałam rzeczy i wyniosłam się do Poznania. Tam udało mi się wynająć pokój, poszłam do pracy na popołudnia, a w ciągu dnia kończyłam szkołę.

– Mogę jedno pytanie? – przerwała jej Alicja.

– Tak, najgorsze za mną, dzięki, że nie przerywałyście. – Magda uśmiechnęła się blado, patrząc na pozostałe dziewczyny.

– Jakim cudem udało ci się mieszkać i żyć obok kogoś takiego? Nie jestem w stanie wyobrazić sobie czegoś równie ohydnego... Żyć na co dzień z kimś, kto dopuszcza się takiej obrzydliwości?

– Nie potrafię ci odpowiedzieć na to pytanie. To znaczy teraz wiem od psychologów, czemu tak było. Wtedy nie zdawałam sobie sprawy, co mną kierowało.

– Nie chcę na razie mówić, co o tym myślę, bo nie potrafię tego przetworzyć w swoim umyśle. Z miłą, wręcz chorą chęcią zajebałabym skurwysyna! Po prostu. – Alicja skrzywiła się z obrzydzenia i bólu. Krystyna pogłaskała ją po ręku.

– Ja też nie jestem w stanie powiedzieć w sumie nic mądrego, bo na równi z Alicją mam ochotę zrobić to samo z tym... – przerwała na chwilę, szukając słowa – wykolejeńcem. Tym chorym pedofilem. Patrzę na to z perspektywy matki. BOŻE! Zabiłabym skurwysyna gołymi rękami. Gdybym paliła, teraz wypaliłabym całą paczkę papierosów. Dajcie wina! – Krystyna wstała po butelkę. Nalała dziewczynom, a chcąc nieco odsunąć główny temat, zagadnęła:

– Czyje było to mieszkanie?

– Mojej mamy. Dostała je od babci w spadku – powiedziała Magda głosem napęczniałym od bólu.

– Czyli po śmierci mamy dziedziczysz je ty?

– Tak.

– Co się dzieje z tym mieszkaniem?

– Mieszka tam... on. – Magda się skrzywiła. – Wiem, że muszę w końcu to załatwić, ale naprawdę nie wiem jak.

– Musimy tam pojechać, wyrzucić tego skurwysyna z twojego domu i zgłosić wszystko na policję. Nie ma żadnej pewności, że nie zrobił tego ponownie. Pedofil jest i zawsze pozostanie pedofilem. Proste.

– Nie daje mi to spokoju. Ja czasu już nie cofnę. Zawsze będę pamiętała jego dotyk, zapach, smak. – Wzdrygnęła się na sam dźwięk swoich słów. – Ale nie daje mi spokoju fakt, że nie odpowiedział za to, co mi zrobił, i istnieje prawdopodobieństwo, że mógł to zrobić innemu dziecku. Tomasz zaoferował się, że ze mną pojedzie, aby wyjaśnić tę sprawę.

– No właśnie. Co w tej historii robi Tomasz? – zagadnęła Gosia, która do tej pory milczała. – Nie odzywałam się, bo w sumie nie wiedziałam, co mam ci powiedzieć. Żadne słowa teraz nie naprawią szkód i krzywdy, jakiej doświadczyłaś w swoim życiu. Uważam, że jak najszybciej powinnaś pojechać do swojego mieszkania i załatwić sprawę raz na zawsze. Wyrzucić skurwysyna z domu i na pewno zgłosić wszystko na policję. Zmieniając na chwilę temat: nie pamiętam, kiedy jadłam tak dobrego kebabu. Już nic nie będę dzisiaj jeść, aby czuć wciąż ten smak.

– Tak, to prawda, jedzenie sztos – przytaknęła Alicja. I zwróciła się do Magdy: – Nie wyobrażam sobie, co musiałaś czuć, ale jedna sprawa nie daje mi spokoju. Nie chcę oceniać twojej mamy, ale naprawdę przez tyle lat nie widziała, że coś się z tobą dzieje? Nie zauważyła, że się zmieniłaś? Nie zauważyła, że cierpisz? Przecież to na pewno było widoczne. Nikt nie potrafi ukrywać czegoś takiego przez tyle lat.

– Nigdy nie powiedziałam mamie o tym, co się dzieje. Na zewnątrz uchodziliśmy za szczęśliwą rodzinę. Miałam wrażenie, że gdy byliśmy wszyscy razem, to były momenty, że naprawę było fajnie. Ja wiem, jak to brzmi. Mój terapeuta mi to dokładnie wytłumaczył. Ale taka jest prawda. Każda z nas była tak zamknięta w swoim świecie, że nie dostrzegała, że ta druga jest nieszczęśliwa. Obydwie chciałyśmy stworzyć sobie nawzajem namiastkę szczęścia, więc poświęcałyśmy wszystko, aby tej drugiej nie skrzywdzić. Wbrew pozorom takie sytuacje się zdarzają. I uwierz mi, że jest ich naprawdę dużo. Od lat chodzę na terapię i wcześniej nie zdawałam sobie sprawy, ile jest ludzi takich jak ja, którzy żyją w bańce. Tworzą sobie swoją własną rzeczywistość, aby przetrwać to, co się dzieje poza nią. Nawet nie wiecie, jak mi lekko teraz, gdy powiedziałam wam o tym wszystkim. Czuję się, jakbym po długim, trudnym nurkowaniu w końcu wypłynęła na powierzchnię.

– Cieszę się, kochana, ale do jasnej cholery, skąd wziął się Tomasz w tym wszystkim? Nie to, że ci nie współczuję. Sama nie wiem, jak ja bym się zachowała, co bym zrobiła na twoim miejscu. Kiedy Tomasz pojawił się w twoim życiu i co właściwie robiliście przez tyle godzin sami? – dopytywała Alicja. Gosia też z wyczekiwaniem patrzyła na Magdę. Krystyna wstała, aby ponownie napełnić kieliszki winem. Gosi podała sok, usiadła z powrotem na fotelu i spojrzała na Magdę. Nie pozostało jej nic innego, jak kontynuować swoją opowieść.

– Tomasza poznałam pierwszego dnia w pracy, jeszcze w Poznaniu. To było kilka lat temu, tuż po skończeniu studiów. Wtedy moje życie wydawało mi się już poukładane. Od pierwszego dnia zwróciliśmy na siebie uwagę, od razu też trafiłam do projektu Tomasza i to on nauczył mnie wszystkiego. Spędzaliśmy razem w pracy mnóstwo czasu, oboje byliśmy wolni. Nic dziwnego, że potem coraz częściej spotykaliśmy się poza pracą. Byliśmy sobie coraz bliżsi, ale nigdy do niczego między nami nie doszło. Aż nadszedł koniec projektu, mieliśmy imprezę po pracy. Wiecie, jak to jest, pyszna kolacja, dużo wina, nie wiem, kiedy wylądowaliśmy u Tomasza w domu. Wiedziałam, jak to się skończy i chciałam tego. Byłam w nim zakochana. Ale wydarzyło się coś, czego nie mógł przewidzieć. Gdy się całowaliśmy i mnie rozbierał, powiedział do mnie: „Marzyłem o tym, odkąd cię zobaczyłem".

– Miło – wtrąciła Gosia.

– Tak, miło. Tyle że dokładnie takich słów użył Franek, gdy pierwszy raz mnie zgwałcił. A ja wtedy nie chodziłam na terapię i nie potrafiłam rozróżnić pewnych rzeczy. Każdy, kto tak mówił, był dla mnie katem. Zebrałam swoje rzeczy i wybiegłam od Tomasza, nic nie wyjaśniając. W poniedziałek rano złożyłam wypowiedzenie i poszłam od razu na urlop, aby się z nim nie spotykać. Spakowałam swoje rzeczy i przeprowadziłam się do Warszawy. Tomek do dzisiaj nie wiedział, dlaczego tak się stało. Ale ponieważ nie dawało mu to spokoju, szukał mnie przez te lata. Aż pewnego dnia zauważył mój podpis na dokumentach swojego klienta. Zapytał go, skąd one pochodzą. Wystarczyło znaleźć projekt, w którym nasz urząd mógłby wziąć udział. Okazało się, że dyrektor dyrektora naszego dyrektora jest dobrym znajomym Tomka. Główny chce pozbyć się naszego i tylko czekał na projekt, który ukaże braki mentoringowe naszego starego, by główny mógł je wykorzystać i się go pozbyć. Chce też pozbyć się kierownika, bo to zaufaniec starego. Jesteśmy więc pod ostrym obstrzałem. Wszystko było zaplanowane z góry, nawet to, że wszyscy dziś będziemy pracować oddzielnie. Tyle plotek. I nie muszę wam mówić, że to są ściśle tajne newsy.

– Ten twój Tomasz naprawdę potrafi pociągać za sznurki. Doskonale wie, gdzie uderzyć, aby uzyskać odpowiedni efekt. To może być ciekawy projekt – zauważyła Alicja. – A co będzie teraz z wami?

– Opowiedziałam mu wszystko, całą historię od samego początku, jak teraz wam. Zrozumiał mnie i chce być ze mną. Powiedział, że przez te wszystkie lata bardzo mnie kochał i nie mógł sobie wybaczyć, że tak szybko chciał mnie zaciągnąć do łóżka. Myślał, że to mnie spłoszyło. To nie było szybko, znaliśmy się około roku. Ale wziął całą winę na siebie i przez te wszystkie lata mnie szukał.

– No to pięknie, może nareszcie ty też odnajdziesz spokój i miłość. A dodatkowo będziemy miały dojście do wykonawcy. Kto wie, jak to się potoczy.

– Niby tak, ale czy taki związek w pracy to dobry pomysł? Nie będzie to źle postrzegane? – zapytała niepewnie Magda.

– Źle postrzegana to jest masturbacja w samolocie.

Gosia opluła się sokiem, słysząc porównanie Alicji.

– Alicja! Proszę cię po raz tysięczny: uprzedzaj nas, zanim znów palniesz jakieś porównanie!

– Ale jak to będzie wyglądało? – zaoponowała, śmiejąc się, Alicja. – „A teraz uwaga, proszę nic nie pić i nie jeść, bo wygłoszę porównanie i będzie ono równie udane jak peruki z włosów Roszpunki!".

– Alicja, zacznę chyba spisywać kiedyś te twoje hasła i wydam jako tomik porównań na niepogodne dni. Po przeczytaniu kilku każdemu zaświeci słońce.

– Spoko, Krystyna, tylko nie zapomnij uwzględnić moich tantiem. Będę mieć dożywotnio na wino, kosmetyki i ciuchy. – Alicja spokojnie wypiła łyk wina, patrząc, jak dziewczyny się śmieją.

– Jeśli dobrze zrozumiałam, to główny dyrektor od dawna chce zwolnić naszego starego i jak mu się uda, to też kierownika, bo to jedna klika. Szukał projektu, na którym ci dwaj się wyłożą, więc wykorzystuje projekt Tomasza, aby to osiągnąć? To, co my ugramy podczas tego projektu, będzie nasze, więc może nas spotkać nawet awans. Albo totalna porażka – podsumowała Gosia.

– Dokładnie tak to wygląda, przy czym nawet jeśli coś nie pójdzie dobrze, to winą obarczą kierownictwo. Świństwo, ale co zrobisz, układy na górze. I zupełnie niechcący wciągnęłam was w to wszystko.

– Może to być ciekawe doświadczenie. Grunt to wykonywać swoje obowiązki z dotychczasową starannością. Zawsze dajemy z siebie bardzo dużo, nie zawodzimy, więc tym bardziej nie obawiam się o nas. Co do starego, same widzicie, jaki jest. Wszystko przypisuje sobie, więc podejrzewam, że premie za projekty w stu procentach były dla niego. Na górze się zorientowali, poszła fama i za to też musi odpowiedzieć. Z wydziału finansów wiem, że u nich za każdy projekt wszyscy dostają premie, a u nas zawsze o tym cicho – powiedziała Krystyna z lekkim przekąsem.

Gdy zadzwonił domofon, Alicja zerwała się na równe nogi. Uśmiech, który pojawił się na jej twarzy, był taki inny. Nie znały zakochanej Alicji; przy nich zachowywała się normalnie, jak dawna Alicja, a teraz miały możliwość obserwowania, jak zmienia się w ciągu minuty. Stała w przedpokoju i z wyczekiwaniem wpatrywała się w drzwi. Zadzwonił dzwonek i już po chwili Alicja znalazła się w ramionach bardzo przystojnego mężczyzny. Gdy oswobodziła się z jego objęć, zarumieniona przyprowadziła Aleksandra do salonu, gdzie czekały już dziewczyny.

– Poznaj moje najlepsze przyjaciółki. Ta kobieta, która wygląda jak bogini, to nasza Krystyna. Ten piękny pokręcony łepek to nasza Gosia, która ponadto oczekuje dzidziusia. I tylko dlatego pije sok. A to Magda, najbardziej tajemnicza z tajemniczych istot, jakie znam. Dziewczyny, przedstawiam wam mojego Aleksandra, dla którego całkowicie straciłam głowę.

– Bardzo nam miło, że nas tak pięknie przedstawiłaś. Witaj, Aleksander, miło cię poznać – powiedziała Krystyna. Magda i Gosia mniej oficjalnie podeszły do prezentacji. Po prostu powiedziały „Hej, jak się masz". Przez chwilę powymieniali spostrzeżenia, luźne towarzyskie anegdoty i dziewczyny zaczęły się zbierać do domów.

– Nie musicie jeszcze wychodzić – powiedziała Alicja, ale reszta jej nie uwierzyła. Śmiejąc się i przygadując, dziewczyny opuściły mieszkanie Alicji i zostawiły zakochanych w jedynym właściwym dla nich towarzystwie.

Kończył się wrzesień, a pogoda była raczej letnia niż jesienna. Zwykło się mawiać: babie lato. Choć temperatura nadal zachęcała do opalania, drzewa zaczęły już delikatnie ukazywać swe kolorowe oblicze. Pierwsze liście spadały na ziemię, a trawa swym kolorem zdradzała, że pragnie odmiany po upalnym lecie.

To miał być piękny weekend. Krystyna zamierzała spędzić go ze swoim tatą i bliźniakami. Oczywiście bez Krzysztofa, który znów musiał wyjechać w delegację. Coraz bardziej niepokoiło ją ich oddalenie i coraz większa tajemniczość męża. Gdyby ktoś teraz zapytał ją o Krzysztofa, gdzie jest i czym się zajmuje, nie potrafiłaby odpowiedzieć. W dalszym ciągu była oddaną, wierną i kochającą żoną. Tylko raz pozwoliła sobie na opowiedzenie przyjaciółkom całej historii związanej z Krzysztofem i Antonim. Na co dzień była lojalną żoną i nie wplątywała innych w swoje sprawy. Zawsze uważali z Krzysztofem, że sprawy małżeńskie załatwia się w domu. Tylko coraz bardziej zastanawiało ją jedno: dlaczego ma nieodparte wrażenie, że ta lojalność dotyczy tylko jej, a nie Krzysztofa?

W sobotnie przedpołudnie wybrała się z dziećmi i tatą na spacer do Łazienek. Zdawali sobie sprawę, że ten weekend może być ostatnią szansą na słoneczny dzień spędzony na świeżym powietrzu. Zresztą meteorolodzy zapowiadali, że nadchodzą deszczowe i chłodne dni.

– Krzysztof znów w delegacji? – zapytał ojciec Krystyny, gdy tylko bliźniaki odeszły na bezpieczną odległość, by podziwiać wielkie karpie pływające w stawie przy pałacu.

– Tak, tato, ale nie chcę o tym rozmawiać. Nie wiem, co mam o tym myśleć, a próba rozmowy z nim zawsze kończy się awanturą, w której próbuje mi udowodnić, że to ja zachowuję się irracjonalnie. – Nie chciała mówić ojcu o tym, że od prawie roku nie śpią ze sobą, a wszelkie próby rozmowy na ten temat kończą się wyzwiskami z jego strony.

– Może warto go przycisnąć do muru? Może wtedy coś ci powie?

– Tato, od jakiegoś czasu mam nieodparte wrażenie, że coś wiesz, ale nie chcesz mi powiedzieć.

Wyglądał na zaskoczonego, ale nie dlatego, że nie miała racji, ale dlatego, że go rozpracowała. Niestety podbiegły bliźniaki i musieli przerwać rozmowę, z czego wyraźnie był zadowolony.

– Są karpie?

– Są, dziadku, i spokojnie mogą ważyć ze dwadzieścia, dwadzieścia pięć kilo! – prawie krzyknął Patryk.

– Nie krzycz tak, wszyscy cię słyszą – zauważyła Patrycja. – Możemy pójść do stadniny? Może konie będą na wybiegu?

– To idziemy – zdecydował ojciec Krystyny i skierowali się do w stronę pobliskiego padoku. Wesoło szurali nogami po ścieżce, aby jak najbardziej unosić kolorowe liście.

Nacieszywszy się końmi, postanowili udać się na obiad do pobliskiej restauracji. Dzieci odbiegły gdzieś dalej, gdy nagle ojciec Krystyny zatrzymał się i chwycił za serce, próbując złapać oddech. Miała wrażenie, że gdzieś spojrzał i to go tak przestraszyło. Gdy ujrzała twarz ojca, przeraziła się na dobre. Był prawie szary, w oczach widać było przerażenie. Na szczęście o tej porze park pełen jest spacerowiczów, zaraz też kilka osób przybiegło, by pomóc.

– Musimy położyć pani tatę na ławce, tak aby mógł się oprzeć. Proszę się nie obawiać, jestem pielęgniarką na OIOM-ie, wiem, co robić – powiedziała jakaś kobieta, przytrzymując ramię ojca Krystyny. – Kochanie, zadzwoń na oddział, niech przyślą do nas karetkę. – Potem zwróciła się do ojca Krystyny: – Zmierzę panu puls.

Badanie trwało chwilę.

– Czy pani tata na coś choruje?

– Nie, nic mi o tym nie mówił.

– Puls bardzo wysoki, kłopot z oddychaniem. Boli pana klatka piersiowa?

– Taaa – wyszeptał. Widać było, że każdy, choćby najmniejszy wysiłek sprawia mu ból. Obok Krystyny stały bliźniaki. Patrycja płakała. Patryk starał się zachować większą powściągliwość, ale co rusz ocierał ukradkiem łzy. Krystyna rejestrowała to wszystko. Miała wrażenie, że gdzieś daleko w tłumie mignęła jej znajoma twarz, ale nie miała teraz głowy do analizowania, co właściwie zobaczyła. Wolała skupić się na tym, co tu i teraz.

– Tatuś, zaraz będzie pomoc, trafisz do szpitala i zajmą się tobą. Bądź silny, proszę...

– Będę – wyszeptał, lecz jego charczący głos nie brzmiał obiecująco. W tym samym momencie pojawiła się karetka. Lekarz zamienił kilka zdań z obecną na miejscu pielęgniarką. Krystyna nic z ich rozmowy nie zrozumiała. Gdy ojciec leżał już w karetce, lekarz podszedł do niej.

– Proszę pani, w tym momencie nie jestem w stanie powiedzieć nic ponad to, że dołożymy wszelkich starań, aby pani tata z tego wyszedł. Jedziemy do najbliższego szpitala, na Wołoską. Myślę, że dopiero za dwie, trzy godziny, jak wykonany badania, będziemy wiedzieć coś więcej. Proszę być dobrej myśli.

Machinalnie skinęła głową. Po chwili słyszała już oddalający się sygnał karetki. Po raz pierwszy w życiu Krystyna czuła się tak bardzo samotna, chciała, by ktoś się nią zajął. Niestety tego dnia to ona była tą dorosłą i to ona musiała być odpowiedzialna. Wzięła kilka głębszych wdechów i zauważyła oddalających się gapiów. Spojrzała z wdzięcznością na pielęgniarkę i towarzyszącego jej mężczyznę.

– Nie wiem, co mam powiedzieć i jak podziękować... – zaczęła, ale głos zaczął jej się łamać. Patryk złapał ją za rękę, mocno, tak aby dodać jej siły, a nie szukać schronienia.

– My wiemy, oboje z mężem pracujemy w szpitalu. Proszę jechać do domu, uspokoić się. Pani tata potrzebuje teraz pani w dobrej formie. To najlepsze, co może pani zrobić. Być silną dla niego.

– Dziękuję – powiedziała Krystyna. – Do widzenia.

Ruszyła z dziećmi w kierunku wyjścia. Kazała im wracać do domu, a sama postanowiła od razu pojechać do szpitala.

Na miejscu została skierowana na OIOM. Gdy weszła do sali, w której leżał jej ojciec, przeraziła ją ilość podłączonych do niego rurek. Obok siedziała pielęgniarka i spoglądała na monitory. Odwróciła się do wejścia, gdy usłyszała, że ktoś wchodzi.

– Pani jest...? – zapytała chłodno.

– Jestem córką, mam zgodę ordynatora, aby posiedzieć przy tacie przez parę minut.

– Skoro tak, to proszę usiąść, a ja wyjdę na chwilę. Proszę tylko niczego nie ruszać. Gdyby coś się zaczęło dziać, mamy podgląd w dyżurce. Pani tata został wprowadzony w śpiączkę farmakologiczną, ale jeśli ma pani ochotę, może pani z nim porozmawiać. Trudno w to uwierzyć, ale tacy pacjenci naprawdę często nas słyszą. Trzeba być dobrej myśli.

Podeszła jeszcze do monitora, coś poprawiła i wyszła, a Krystyna została z ojcem sama. Usiadła na krześle, na którym jeszcze przed chwilą siedziała pielęgniarka, wzięła ojca za rękę i się rozpłakała. Przez kilka minut nie mogła się uspokoić. Dopiero gdy wypłakała cały ból, który się w niej nagromadził w ciągu tych kilku godzin, mogła jaśniej spojrzeć na całą sytuację.

– Tatuś, nie będę ci długo truła. Wiesz, jaka jestem. Ja tylko chcę, abyś cały i zdrowy za kilka dni wrócił do domu. Żebyśmy znów mogli za jakiś czas pójść na spacer czy zjeść razem obiad. Tatuś, mam tylko ciebie i bardzo, ale to bardzo cię potrzebuję. Leż sobie tu, śpij, ile chcesz, ale proszę, jak już się wyśpisz i poczujesz lepiej, to wróć do mnie i do dzieci. Nie wyobrażam sobie, że mogłoby cię nie być przy mnie.

Trzymała rękę ojca przy swojej twarzy. Pragnęła, aby otworzył oczy i zapewnił ją, że wszystko będzie dobrze. Chciała znów zobaczyć jego uśmiech, łagodne spojrzenie, które zawsze tak ją uspokajało. Zamiast tego widziała monitory, słyszała szmer pracującej aparatury. Po chwili wróciła pielęgniarka.

– Proszę pani, ja wiem, że bardzo chce pani być przy tacie, ale myślę, że lepiej zrobi pani, wracając do domu. Pani tata specjalnie został wprowadzony w śpiączkę, aby jego organizm mógł spokojnie się wzmocnić. To stała procedura. Jutro powinno być lepiej. Ma pani dzieci?

– Tak, mam nastoletnie bliźniaki.

– Na pewno potrzebują pani teraz. Tu, przy tacie, nic pani nie pomoże; teraz potrzebuje przede wszystkim spokoju.

– Tak, ja chyba rzeczywiście pójdę teraz do nich. – Krystyna wstała z krzesła. Chciała się jeszcze nachylić nad ojcem, ale zatrzymała się, patrząc na pielęgniarkę i oczekując na jej zgodę. Pielęgniarka uśmiechnęła się przyjaźnie, a Krystyna pocałowała ojca w czoło, tak jak on zwykł robić.

– Do jutra, tatuś, śpij dobrze. Do widzenia – powiedziała do pielęgniarki i wyszła z pokoju. Chciała jak najszybciej opuścić szpital, uciec z niego tak, jak ucieka się przed problemami. Czuła się przytłoczona zdarzeniami. Stała przez chwilę pod szpitalem, zastanawiając się, co zrobić. Wyjęła telefon i postanowiła zadzwonić do Krzysztofa. Wyjątkowo odebrał już po drugim sygnale.

– Halo! Coś się stało? Bo jestem teraz na ważnym spotkaniu i...

– Tata jest w szpitalu, miał zawał, lekarze wprowadzili go w śpiączkę farmakologiczną i... – głos odmówił jej posłuszeństwa i zaczęła płakać.

– Okej. Rozumiem to, ale nie mogę się teraz wyrwać do Warszawy. W domu będę dopiero w poniedziałek rano. Dasz sobie radę do tego czasu? Dzieci są duże, mogą zostać same, jak będziesz chciała pojechać do szpitala, zobaczyć się z ojcem... to znaczy, z tatą swoim...

– Tak, oczywiście, dam sobie radę, chciałam tylko, żebyś wiedział i pomyślałam, że...

Krzysztof przerwał jej zdecydowanym tonem.

– Mam ważne dla mnie spotkanie, czy możemy dokończyć rozmowę w domu w poniedziałek?! – zapytał ostro.

– Tak, do zobaczenia...

– Cześć – rzucił oschle. Krystyna miała już odsunąć telefon od ucha, gdy usłyszała w słuchawce: – Mam wrażenie, że nasze problemy same się rozwiążą... cholera, nie rozłączyłem...

Rozmowa została przerwana. Krystynę zaskoczył ton, jakim wypowiedział to ostatnie zdanie, które na pewno nie było skierowane do niej. Teraz nie miała jednak siły, by o tym myśleć. Odłożyła ten problem do kolejnych na półkę z napisem „Krzysztof". To nie był dobry czas na rozkładanie na czynniki pierwsze ich małżeństwa. Ponownie wzięła telefon do ręki i zadzwoniła do Magdy. Już po chwili usłyszała w słuchawce głos przyjaciółki.

– Co jest, Kryśka? Skąd wiedziałaś, że myślę o tobie? To znaczy, o naszym projekcie, więc i o tobie. – Głos Magdy brzmiał przyjaźnie. Było w nim tyle szczerych emocji, że Krystyna rozpłakała się na dobre, zanim zaczęła wyjaśniać, czemu do niej dzwoni.

– Bo ja jestem w szpitalu... To znaczy: pod szpitalem i...

– Boże, co się stało? Coś z tobą, z dziećmi? Gdzie jesteś? W którym szpitalu? – Magda zerwała się na równe nogi.

– Jestem na Wołoskiej. Mój tata miał zawał, jest w śpiączce, a ja nie wiem, co mam robić... – pociągnęła nosem. – Zadzwoniłam do Krzysztofa, ale on nie ma czasu i tak pomyślałam, że zadzwonię do ciebie...

– Bardzo dobrze zrobiłaś. Już wkładam buty, pod blokiem mam postój taksówek. Już do ciebie jadę. Nigdzie się nie ruszaj, okej? Zaraz będę przy tobie.

– Magda!

– Tak?

– Dziękuję, że jesteś.

– No co ty! Zaraz będę po ciebie. – Magda się rozłączyła.

Krystyna usiadła na ławce przy bramie wjazdowej szpitala. Pogoda nadal była piękna. Słońce świeciło tak samo jak kilka godzin temu, gdy razem z ojcem i dziećmi spacerowała po Łazienkach. Była dopiero siedemnasta, a ona miała wrażenie, jakby jej życie wykonało kilka obrotów zegarka więcej niż u pozostałych ludzi na świecie. Z tyłu głowy pojawiały się myśli, do których nie chciała mieć dostępu. Zdawała sobie sprawę, że one istnieją, ale nie do końca chciała nadać im sens i priorytet. Podjechała taksówka, z której wyskoczyła Magda. Przytuliła Krystynę szybko i zapytała:

– Co robimy? Zostajemy czy jedziemy gdzieś, póki jest taksówka?

– Do domu jedziemy, bo tam dzieci zostały same.

– W takim razie jedziemy dalej – powiedziała do taksówkarza i otworzyła drzwi przed Krystyną.

Cały weekend Magda spędziła z Krystyną, chcąc jej pomóc i wesprzeć ją w tej trudnej sytuacji. Krzysztof nie zadzwonił ani razu, nie wrócił też do domu. W niedzielę Alicja i Aleksander zabrali bliźniaki do kina. Jedynie Gosia się nie odezwała, ale przyjaciółki zdawały sobie sprawę, że podczas ciąży są różne dni i czasem potrzebny jest po prostu spokój i cisza.

Gosia obudziła się w sobotę rano z poczuciem, że coś jest nie tak. Śniło jej się, że grzęźnie w czymś wilgotnym. Gdy po przebudzeniu odkryła kołdrę, zobaczyła, że całe prześcieradło mokre jest od krwi. Doskonale wiedziała, co to oznacza. Kolejna próba *in vitro* się nie udała. Chciała płakać, a jednocześnie czuła w sobie olbrzymią pustkę. Cicho wstała z łóżka, by nie obudzić Piotra. Nie zdążyła się jednak oddalić, gdy usłyszała jego głos.

– Gosiu... – jego głos był zaspany, ale też wyczuwała przerażenie w jego tonie. Pocieszał ją fakt, że sam odkrył poronienie i nie będzie musiała mu o tym mówić.

– Muszę iść do łazienki się umyć. Zdejmiesz pościel i wrzucisz do prania? – Zachowywała się tak, jakby nic się nie stało. Jakby to nie ona straciła kolejną ciążę. – Zawieziesz mnie do naszego lekarza po śniadaniu?

– Tak, oczywiście, już wszystkim się zajmuję. Wstawię pranie i zadzwonię do kliniki, aby ich uprzedzić, że będziemy. Chcesz porozmawiać, Gosiu? – Wyczuła w jego tonie smutek. Wiedziała, że kolejna próba była dla nich dużym wyzwaniem emocjonalnym. A mimo to nie chciała z nim rozmawiać.

– O czym mamy mówić? O czymś, czego nie ma?

Wzruszyła ramionami i poszła do łazienki, by się wykąpać. Przez chwilę stała, nasłuchując, co robi w tym czasie Piotr. Gdy usłyszała, że zaczyna rozmawiać z kliniką, odkręciła wodę pod prysznicem. Nie chciała tego słuchać. Prysznic zajął jej kilkanaście minut. Po prostu stała pod strumieniem wody i ślepo wpatrywała się w jeden punkt na ścianie. Gdy doszła do wniosku, że woda już zdecydowanie zbyt długo moczy jej ciało, wytarła się ręcznikiem. Z szafki wyjęła dużą podpaskę i bawełniane majtki, które tam specjalnie trzymała. Bez biustonosza wyszła z łazienki. Rozejrzała się po salonie i przeszła do sypialni. Słyszała, jak pralka w kuchni nabiera wody. Na świeżo pościelonym łóżku leżały jej ciuchy. Bez słowa zaczęła się ubierać. Ani razu nie spojrzała na Piotra. Dopiero gdy zakładała buty, popatrzyła wyczekująco, dając mu tym samym znak, że jest gotowa do wyjścia. Zabrała torebkę z dokumentami i wyszła z mieszkania. Piotr dogonił ją na schodach i razem wsiedli do samochodu.

W klinice lekarz już na nich czekał. Gosia w dalszym ciągu milczała. Uważała chyba, że żadne słowa nie są potrzebne. Przechodziła to już kilka razy i doskonale znała wszelkie procedury. Tym razem to Piotr rozmawiał z lekarzem. Zareagowała ostro, gdy lekarz chciał jej dać zwolnienie z pracy na dwa tygodnie.

– Nie rozumiem. Po co mi zwolnienie? Nic mi nie jest. Sam pan, panie doktorze, powiedział, że wszystko samo się wyczyściło i nawet niepotrzebne jest łyżeczkowanie. Nie widzę przeszkód, aby w poniedziałek rano pójść do pracy.

– Proszę posłuchać, potrzebuje pani teraz spokoju, odpoczynku. Powinna pani teraz... – lekarz próbował przekonać Gosię, ale ona nie miała zamiaru go słuchać.

– Co powinnam teraz, panie doktorze? Usiąść i płakać? Czy zadręczać się, że znów okazałam się niepełnowartościową kobietą? A może mam wyprawić kolejny pogrzeb mojego... jak mam to nazwać? Embrion, płód czy już dziecko? Bo ja już sama nie wiem, co to było. Ten fragment czegoś, co mój mąż zebrał z prześcieradła z taką pieczołowitością i przywiózł tutaj. Mam to coś przytulić i nazwać Wiktorią? – Jej ton był zimny, tak bardzo odległy od tego, który sama znała. Słyszała się, ale nie rozpoznawała w nim siebie. Widziała łzy w oczach Piotra, które jeszcze bardziej ją wkurzyły. Nie chciała współczucia, nie chciała kolejnych dramatów z nią w roli głównej.

– Pani Małgorzato! Sama pani widzi, że potrzebuje pani odpoczynku, zwłaszcza psychicznego. To jest dla państwa kolejna strata dziecka i pani zachowanie o tym świadczy. Dobrze zrobi pani krótki wyjazd. Może jakieś wczasy? – Zwrócił się z tym pytaniem do Piotra, ale Gosia zareagowała szybciej.

– Świetnie. Wyjazd do Ciechocinka załatwi sprawę i po tygodniu zapomnę, że moje kolejne dziecko nie żyje. Nawet jak da mi pan zwolnienie, i tak z niego nie skorzystam.

Wzięła głęboki oddech i zwróciła się do Piotra:

– Możemy wreszcie stąd wyjść? Proszę...

– Tak oczywiście.

Piotr wstał i podszedł do Gosi czekającej już przy drzwiach. Otworzył je i przepuścił żonę. Miała wrażenie, że wykonał jakiś ruch rękami, ale nie chciała się odwracać. Chciała jak najszybciej znaleźć się w domu. Z samochodu wysłała SMS-a do rodziców:

> *Poroniłam, byliśmy już w klinice. Nie chcę o tym w ogóle rozmawiać ani tym bardziej wysłuchiwać waszych rad. Odezwę się pod koniec tygodnia. W pracy mamy zamieszanie i nie chcę żadnych dramatów rodzinnych. Gosia.*

Potem wyłączyła dźwięki w telefonie. Cały weekend spędziła na kanapie przed telewizorem. Kilkakrotnie słyszała, jak Piotr rozmawia z jej rodzicami, ale nie miała ochoty w tym uczestniczyć. Zamknęła się na wszystko i wszystkich. W nocy, gdy Piotr sądził, że Gosia śpi, poszedł do łazienki. Słyszała, jak płacze. Wtedy ona również zaczęła płakać, ale gdy wyszedł z łazienki, udała, że śpi.

W poniedziałek jak zawsze wstali do pracy.

– Jesteś pewna, że chcesz pójść dziś do biura? – zapytał, mieszając kawę.

– Tak, Piotruś. Niczego nie potrzebuję teraz bardziej niż zajęcia. Muszę pójść do dziewczyn, zająć się czymś. W domu będę tylko rozmyślała nad tym, co się stało. Nie chcę tego. Uwierz mi, to dla mojego dobra. I twojego też. Lepiej, abym szybko wróciła do normalnego życia. Nie chcę słyszeć teraz o dzieciach ani ciążach.

– Gosiu, jak sobie życzysz. Skoro uważasz, że tak będzie lepiej, to tak zróbmy – powiedział Piotr. Każde z nich zdawało sobie sprawę, że się okłamują, ale żadne nie chciało dać tego po sobie poznać. Po śniadaniu wsiedli razem do samochodu i Piotr podrzucił Gosię do urzędu.

W pokoju były już Alicja i Magda. Obie wyglądały na podenerwowane, co zwróciło jej uwagę.

– Hej, skąd ta nerwowa atmosfera? Jakieś problemy z projektem? – zapytała Gosia.

– Nie miałyśmy z tobą kontaktu przez weekend. Krysi tata jest w szpitalu, miał zawał, trzymają go w śpiączce farmakologicznej. Oczywiście Krzysztof nie miał czasu, aby przyjechać do Warszawy. Kryśka została z tym zupełnie sama. A ty czemu miałaś wyłączony telefon? Korzystaliście z weekendu? – Alicja mrugnęła do Gosi porozumiewawczo.

– Pół soboty spędziliśmy w klinice. Znów poroniłam, ale nie chcę o tym mówić. I proszę, nie pytajcie o nic. Krystyna będzie dzisiaj?

Alicja z Magdą wymieniły szybkie spojrzenia.

– Nie chcę się wtrącać, ale czy nie powinnaś być teraz w domu, Gosiu? – spytała zatroskana Alicja.

– Nie, bo rozmyślałabym nad tym, co się stało. I obwiniała się, że znów jestem do niczego nieprzydatna, a tak mogę zająć się projektem. Krystyna mnie potrzebuje. To jest teraz ważne, a nie moja nieudana próba *in vitro*.

Żadna nie wyglądała na przekonaną słowami Gosi. Zwłaszcza ona sama. Po kilku minutach drzwi się otworzyły i weszła Krystyna. Jej posępna mina nie wróżyła dobrych wiadomości.

– Co z tatą? Dziewczyny mi o wszystkim powiedziały. Przepraszam, że nie odbierałam, ale poroniłam i potrzebowałam trochę czasu dla siebie. Spokojnie, nie ma o czym mówić – zaoponowała, widząc współczucie na twarzy przyjaciółki. – To tylko nieudany zabieg z minimalnym martwym embrionem.

– Jesteś pewna, że nie potrzebujesz wolnego? – dopytywała Krystyna.

– A ty czemu jesteś dziś w pracy? – Gosia zadała pytanie ostrzej, niż zamierzała.

– Żeby nie myśleć. Okej, rozumiem. A co do taty, dzwoniłam dziś rano do szpitala. Bez zmian. A ponoć jak bez zmian, to dobrze. Najważniejsze, że jego stan się nie pogarsza. Bierzmy się do pracy. Muszę zająć czymś głowę.

Choć Magda i Alicja chciały coś powiedzieć, powstrzymały się i uszanowały zdanie Gosi i Krystyny. Koło południa zadzwonił telefon. Krystyna przez chwilę się wahała, ale odebrała.

– Dzień dobry, tu Adamski ze szpitala na Wołoskiej. Niestety nie mam dobrych wiadomości. Pani tata zmarł przez piętnastoma minutami. Bardzo mi przykro. Proszę przyjechać do szpitala, aby dopełnić formalności.

– Ton lekarza był bardzo zasadniczy, oschły. Brzmiał tak, jakby informował, że tramwaj nie przyjedzie o czasie. Krystyna przez chwilę milczała zszokowana.

– Tak, oczywiście, zaraz będę. – Rozłączyła się. – Muszę jechać do szpitala wyjaśnić pomyłkę!

– Jaką pomyłkę? Co się stało? – zapytała Gosia.

– Powiedzieli, że mój tata nie żyje. Przecież to niemożliwe. – Rozejrzała się po pokoju. – Mój tata nie mógł tak po prostu umrzeć. Nie mój tata. Nie byliśmy jeszcze w tak wielu miejscach. Mieliśmy tyle planów. Boże, tato, proszę! – Zaczęła płakać bardzo głośno, wręcz histerycznie. Łkała jak małe, zagubione dziecko. Gosia podbiegła do niej, przytuliła i czekała cierpliwie, aż pierwszy szok minie. Gdy Krystyna uspokoiła się trochę, Gosia zaproponowała, że pojedzie z nią do szpitala, co ta przyjęła z dużą wdzięcznością.

Kolejne dni wydawały się Krystynie ciągiem jakiegoś makabrycznego snu. Codziennie miała nadzieję, że następnego dnia obudzi się i wszystko okaże się przywidzeniem, nieprawdą, złudzeniem. Na Krzysztofa nie mogła liczyć. Co prawda na wieść o śmierci teścia przyjechał do szpitala i pozwolił jej się wypłakać na swoim ramieniu, ale zaraz potem musiał wracać do pracy. Nie pomógł jej z formalnościami, nie było go, gdy potrzebowała wsparcia podczas wizyty w zakładzie pogrzebowym. I to Krystyna musiała pomóc dzieciom zmierzyć się z bólem po śmierci ukochanego dziadka. Dużą pomoc stanowiły dla niej dziewczyny z pracy. Zwłaszcza Gosia, która była obecna podczas załatwiania formalności pogrzebowych, przy wyborze kwiatów i ustalaniu przebiegu pogrzebu.

Rano w dniu pogrzebu Krzysztof pojechał do pracy. Pojawił się na uroczystości, ale już następnego dnia wyjechał w kolejną delegację. Krystyna jak przez mgłę pamiętała, że stała nad trumną. Widziała ludzi, ale nie mogła zrozumieć, kim są ani po co przyjechali. Migawki z ceremonii pogrzebowej raz były wyraźne, a innym razem zupełnie się zacierały. Jedna myśl nie dawała jej spokoju. Nie mogła sobie darować, że nie zdążyli się pożegnać. Zabrakło kilku zdań, które powinny zostać wypowiedziane. Zabrakło ostatniego przytulenia, ostatniej wypitej kawy. Jeszcze przed pogrzebem Krystyna powiedziała o tym Gosi, a ta doradziła jej, aby napisała do taty ostatni list. Aby w tym liście zawarła wszystko to, co zawsze chciała mu powiedzieć, a nigdy nie znalazła ku temu sposobności.

Wieczorem po pogrzebie, gdy dzieci poszły spać, Krystyna usiadła w salonie na podłodze, wzięła butelkę wina, kartkę i długopis. Słowa same zaczęły się pojawiać:

Kochany tato!
Fakt, że piszę do Ciebie list, jest zamknięciem pięknego rozdziału. Chcę Ci podziękować za każdą wycieczkę, za każdy Twój żart. Za to, że zawsze byłeś tuż obok, gdy tego potrzebowałam. Nie mogę pojąć, że nagle Cię zabrakło. Nie wiem, jak będzie wyglądać moje życie bez Ciebie. Bez obiadów z Tobą, bez rozmów. Czuję się, jakby ktoś wyrwał mi serce, odciął połowę, a potem wsadził mi resztkę z powrotem. Ten pierwszy tydzień bez Ciebie był najgorszym tygodniem, jaki przeżyłam w swoim życiu. Znów jestem małą dziewczynką, która potrzebuje Twojego wsparcia. Silnego ramienia. Łudzę się tylko nadzieją, że kiedyś się jeszcze spotkamy.
Nie żegnam się z Tobą, tak jak Ty nie pożegnałeś się z nami. To nie ma sensu, przecież kiedyś znów się zobaczymy.
Gdzieś tam na wzgórzu, w pełnym słońcu albo o świcie.
Jedno tylko muszę Ci powiedzieć:

Tatuś, bardzo Cię kocham.

Siedziała nad listem i szlochała. Przy trzecim kieliszku wina zdała sobie sprawę, że cały dzień nic nie jadła. Alkohol w połączeniu z głodem i płaczem wywołał ostre zawirowania w jej żołądku. Zerwała się i pobiegła zwymiotować do toalety. Szarpało ją. Zdawało jej się, że torsje chcą wyrwać z niej cały smutek i żal. Gdy się ocknęła, siedziała na podłodze z głową opartą o muszlę klozetową. Wstała, wzięła płyn do czyszczenia i zaczęła sprzątać łazienkę. Gdy po godzinie pomieszczenie wyglądało wręcz sterylnie, Krystyna przeszła do salonu. Usadowiła się na kanapie, opatuliła kocem i zasnęła.

Kilka tygodni po pogrzebie Krystyna znalazła w sobie siły, aby pojechać na cmentarz do taty. Podczas sprzątania nie wiedziała nic poza zwiędłymi kwiatami. Porządkowanie grobu zajęło jej ponad godzinę. Starała się nie myśleć o tym, gdzie jest i co robi. Działała jak robot, chciała jak najszybciej wszystko posprzątać i po prostu stamtąd odejść. Trzymała się – do czasu, gdy zobaczyła tabliczkę z imieniem taty. Usiadła na ławce przy grobie i pozwoliła, aby łzy po prostu płynęły. Gdy najgorszy ból minął, rozejrzała się wokół. Spostrzegła znicze na innych grobach i dopiero wtedy przypomniała sobie, że przecież też kupiła jeden i powinna go zapalić na grobie taty. Sięgnęła do torby i wyjęła mały szklany znicz. Był maleńki w porównaniu z innymi zniczami na cmentarzu. Przypomniała jej się analogiczna sytuacja. Rozmowa z ojcem, która miała miejsce lata temu, gdy Krystyna jeszcze studiowała. Pojechali razem na groby jej dziadków, a rodziców taty. Dziwiła się, dlaczego tata zawsze kupuje tak małe znicze. Nie musieli oszczędzać, zapytała więc, dlaczego to robią. Odpowiedź ojca pamiętała do dziś: „Choćbyśmy zapalili nie wiem jak gorący ogień, nigdy ich nie wskrzesi ani nie ogrzeje. Na zawsze pozostanie tylko symbolem. Symbolem ciepła, uśmiechu, dotyku. Symbolem tego, co było i nigdy nie wróci". Kupując swój jeden niewielki znicz, nie zauważyła, że robi dokładnie tak, jak nauczył ją tata. Nikt i nic już tego nie zmieni. Taty nie ma i już nie będzie, reszta jest symbolem. Symbolem jego życia, ich miłości i jej pamięci.

Od samego rana powietrze było aż gęste od mgły. Nie padało, a jednak chwilę po wyjściu na zewnątrz miało się wrażenie, że człowiek oblepiony jest paskudną wilgocią. Gosia wsiadła do samochodu. Piotr zdążył go już uruchomić. Pomruk silnika, który zwykle przynosił jej ukojenie, tym razem wydawał się natrętny niczym brzęczenie muchy. Poranny korek zdawał się nie mieć końca. Sunęli w ciszy przez zatłoczone ulice budzącego się miasta.

– Co jest, Gosiaczku? Jesteś dziś jakaś nieobecna. To przez pogodę?

– Nie... To znaczy, nie wiem, co jest. Ale jest mi bardzo ciężko, tak jakbym oczekiwała na cios, który lada moment nadejdzie. Wiesz, o co mi chodzi? Gdy stoisz na ringu i wiesz, że przeciwnik za chwilę zada ci ostateczny cios, a ty nie możesz podnieść ręki i tylko czekasz na jego ruch, który ostatecznie zwali cię z nóg.

– Chcesz, żebym zwolnił?

– A można jechać jeszcze wolniej? Nie, to nie to. Ale mam dziwne wrażenie, że coś nadejdzie z zupełnie nieoczekiwanej strony.

– Wiem, że nie należy kłócić się z tobą, jak masz te swoje przeczucia, ale spójrz, dziś pogoda jest taka destrukcyjna... Niby ciepło, a człowiek czuje się, jakby był jakiś taki brudny. Ciśnienie spadło, wypijesz w pracy kawę i ci przejdzie. A jak nie, to zadzwoń do mnie, ja się zwolnię i pojedziemy gdzieś na wagary.

Spojrzała na niego przez chwilę, zastanawiając się nad czymś.

– Naprawdę? Jak coś będzie nie tak, dzwonię i robimy out? – zapytała z naciskiem.

Choć zaskoczyło go pytanie Gosi, nie dał tego po sobie znać. Nie wierzył, że Gosia urwie się z pracy. Broniła się przed tym odkąd poroniła.

– Obiecuje, zresztą i tak uważam, że powinniśmy gdzieś uciec, ochłonąć trochę. Nie mieliśmy czasu dla siebie po tym wszystkim. – Z lękiem spojrzał na Gosię, bojąc się, że znów się rozpłacze, że zamknie się w sobie na kilka dni, jak miało to miejsce przy każdej próbie rozmowy po poronieniu.

– Wiesz, to dobry pomysł. Zastanawiałam się nad tym, co ostatnio proponowałeś, o czym mówił lekarz i moi rodzice. Nie mogę wiecznie uciekać w pracę i udawać, że nic się nie stało. Wypiszę dziś wniosek o natychmiastowy urlop. Masz rację, powinniśmy w końcu o tym wszystkim pogadać i zdecydować, co dalej. Męczy mnie tkwienie w zawieszeniu i udawanie, że nic się nie stało. Dziś ostatni dzień w biurze i gdzieś pojedziemy. – Uśmiechnęła się do Piotra. Pod urzędem wysiadła z samochodu już w lepszym humorze. Na do widzenia cmoknęła męża w policzek, co dawno się nie zdarzyło, i z werwą ruszyła w stronę drzwi wejściowych. Piotr chwilę jeszcze stał przed budynkiem, zastanawiając się, co się właśnie wydarzyło. Dopiero po chwili ruszył w kierunku swojej pracy.

Przy podpisywaniu listy obecności Gosia żartowała z ochroniarzem i coś na kształt uśmiechu pojawiło się na jej twarzy. W pokoju była pierwsza. Postawiła torebkę na biurku i i nastawiła wodę na kawę. Już po kilku minutach w pokoju unosi się aromat świeżo zaparzonej kawy. Na oknie cicho brzęczała mucha, która usiłowała wyfrunąć z pokoju. Gosia otworzyła jej okno i przez chwilę stała zapatrzona w czubki zielonych drzew. Tak zastały ją Magda z Krystyną.

– Nie ma jeszcze Alki? Mam wrażenie, że w końcu się zakochała i nareszcie się ustatkuje – powiedziała na dzień dobry Krystyna.

– To chyba jest możliwe. – Magda, śmiejąc się, podeszła do Gosi. – Hej, kochana, możesz być pewna, że ciebie też obgadujemy, jak nie ma cię z nami.

– I bardzo dobrze, jestem ciekawszym tematem niż wy – droczyła się z nimi Gosia. – Biorę urlop. Kilkutygodniowy. Muszę odpocząć po tym wszystkim, przez co ostatnio przeszłam. – Widząc, że chcą o coś zapytać, szybko dodała: – Nie jestem gotowa o tym rozmawiać, ale dorosłam do tego, aby przejść przez tę moją małą żałobę. – To mówiąc, odwróciła się od dziewczyn, szybko podeszła do biurka i zatopiła się w pracy, nie zwracając uwagi na nikogo. Dziewczyny ukradkiem wymieniły spojrzenia i same też zajęły się pracą.

Około dziesiątej zjawiła się Alicja. Ubrana w kolorową sukienkę, w rozpuszczonych włosach wyglądała na najszczęśliwszą osobę, jaka chodziła po świecie. Jej zaróżowione policzki i uśmiechnięte oczy wręcz krzyczały do wszystkich: „Jestem szczęśliwa, jestem szczęśliwa!".

– Boshe, czy ty nie możesz choć raz wyglądać mniej szczęśliwie? Aż źle się robi, jak się patrzy na takich ludzi – powiedziała Magda ze śmiechem. Ona sama nareszcie zaczynała odczuwać coś na kształt szczęścia w swojej prywatnej skali i cieszyła się każdym elementem tej szczęśliwej układanki.

– Nie wiem, o czym mówisz, ropucho Magdo. Muszę wam o czymś powiedzieć i na Boga, od kilku dni zastanawiam się, jak mam to zrobić. – Stała przy biurku i wypakowywała swoje rzeczy z torebki. Robiła to wyraźnie podekscytowana, kilka rzeczy wyleciało jej z rąk i spadło na ziemię. Uwagę Gosi przykuła mała różowa książeczka. Nawet nie zauważyła, jak wstała od biurka, podeszła powolnym krokiem do Alicji i podniosła zgubę. W tym momencie Krystyna zakryła ręką usta. W pierwszej chwili chciała rzucić się do Alicji, aby jej pogratulować, ale zatrzymało ją lodowate i bardzo obce spojrzenie Gosi. Ta chwila, gdy do Gosi dotarło, że tuż obok niej stoi Alicja i jest w ciąży, była dla niej zabójczym ciosem.

– Jesteś w ciąży? – zapytała najbardziej oschłym i zimnym tonem, na jaki ją było stać. Jej głos brzmiał wręcz obelżywie.

– Tak, Gosiu – potwierdziła cicho Ala. – Nie planowałam tego, jeden głupi wieczór i taki efekt... – Zamknęła oczy. Dopiero gdy to powiedziała, zrozumiała, jak to zabrzmiało. Krystyna z Magdą stały jak zamurowane, oczekując, co będzie dalej.

– To gratulacje. Widzisz, ile masz szczęścia? Raz i już. Jesteś w ciąży. Pierdolonej ciąży! Za pierwszym razem! A ja pomimo tysięcy prób nie mogę mieć takiej wypasionej różowej książeczki. Nie mogę iść na USG i usłyszeć bicia serca mojego dziecka – mówiła Gosia po cichu, prawie szeptem, a jednak jej głos był ostry, pełen złości, nabrzmiały od emocji, bezsilności i niepojętego bólu. Otworzyła książeczkę ciążową. – No proszę, jeden kilogram na plusie, nie za szybko na tycie? Nie boisz się, że będziesz gruba? O, czyli to już dziewiąty tydzień i serduszko już słychać... – Zrezygnowana oddała Alicji książeczkę i cofnęła się o kilka kroków. Nadal jednak wpatrywała się w nią chłodno. – Czemu? Kurwa, czemu zawsze musisz mieć wszystko to, co ja chcę mieć?! Znosiłam to, że zawsze wszyscy zwracają uwagę na ciebie, że masz wszystko, co ja chciałabym mieć. Ale to? Przecież ty nigdy nie chciałaś dziecka! Nie chciałaś być w ciąży! Mówiłaś, że to cię nie interesuje! Nie zasługujesz na dziecko! Pieprzyłaś się z połową miasta, może nawet nie wiesz, kto jest ojcem! Na pewno nie wiesz! – Łzy leciały jej z oczu, ale głos pozostawał lodowaty. Spojrzała na Krystynę.

– Czemu to ona jest w ciąży, a nie ja? – zapytała prawie szeptem, po czym odwróciła się na pięcie. Usiadła przy biurku i zaczęła się bujać. Nie reagowała na głosy Krystyny i Magdy. Alicja bała się do niej podejść, aby jeszcze bardziej nie zaszkodzić.

– Krystyna, o co chodzi, kurwa, co jest? – zapytała przerażona Magda.

– Ciii... – Krystyna podeszła do Gosi. Gładziła ją po twarzy. – Mała, co jest? Gosiu, słyszysz mnie? Proszę, odezwij się...

Spojrzenie Gosi było mętne. Patrzyła, a nie widziała, słyszała, ale nie umiała odpowiedzieć.

– Magda, zadzwoń do jej męża. Niech tu natychmiast przyjedzie. Ala, wyjdź z pokoju. Idź do sekretariatu, niech zadzwonią po karetkę, ale nie wracaj, dopóki jest tu Gosia. – Widząc, że Alicja stoi jak zamurowana, krzyknęła na nią: – Wyjdź stąd! – Przysunęła się do Gosi, przytuliła ją do siebie i zaczęła ją delikatnie kołysać. Gdy zostały same w pokoju, Gosia odezwała się szeptem:

– Zawsze jej zazdrościłam tego jej wdzięku, uroku, tego, że zawsze wygląda jak milion dolarów. Pocieszałam się tylko jedną myślą – że nie ma dziecka. Że szybko nie będzie go miała, bo nie ma faceta i nie chce go mieć. A teraz... Ja znów poroniłam, już nie mam siły przechodzić przez to kolejny raz. Widzę też, ile to kosztuje mojego męża. Wiesz, jak on płakał, gdy poroniłam ostatnim razem? On aż szlochał, serio, szlochał w łazience w nocy. Myślał, że już śpię. Ale ja nie spałam, tylko nasłuchiwałam. I też płakałam. Nad tym, że jestem niepełnowartościową kobietą, która nie potrafi zajść w ciążę i jej donosić, urodzić jednego dziecka. Przecież my nie chcemy więcej, tylko jedno dziecko! Nic więcej. Tylko tyle. A teraz... – Znów zaczęła płakać, jej szloch zdawał się pochodzić z głębi jej kruchego ciała. Spazmy targały nią i zdawały się nie mieć końca.

– Widzę tylko otaczającą ciemność, która ciągnie mnie do siebie. Nie chcę niczego słyszeć, niczego widzieć, nie chcę żyć. Nie chcę nigdy więcej widzieć Alki i jej wstrętnego bachora! To miało być moje dziecko, a nie jej! Nie miała prawa mi go zabierać! Bo to przez nią straciłam dziecko. Ona mi je zabrała! Dokładnie wtedy, gdy ja je straciłam, ona je dostała! Bo to boli, wiesz, tak bardzo boli, gdy jedyna rzecz, o której marzysz, jest poza twoim zasięgiem i nawet pieprzona medycyna nie jest w stanie ci pomóc... Muszę odejść, zostawić wszystkich, i ciebie, i mojego męża. Dzięki temu on jeszcze ułoży sobie życie i będzie miał upragnione dziecko. Bo ja nie jestem w stanie mu go dać.

Płakała już ciszej, ale przez to jej ból był bardziej widoczny, nie zagłuszał go spazm ani szloch, ale zostały emocje i coś, co przeraziło Krystynę najbardziej. Cały czas przytulała Gosię i powoli się z nią bujała. Po kilku minutach otworzyły się drzwi i wszedł Piotr. Pobladł, widząc ją w takim stanie. Chciał zapytać Krystynę o coś, ale ta pokręciła głową, szybko dając mu znak, aby o nic nie pytał. Podszedł do Gosi, wziął ją na ręce i usiadł z nią na krześle. Za chwilę do pokoju wszedł lekarz z ratownikiem medycznym. Krystyna po cichu, tak aby Gosia nie słyszała, wyjaśniła mu, co się stało. Lekarz podszedł do Gosi i jej męża. Zapytał, czy chcą, aby Gosia pojechała do szpitala. Gosia energicznie zaprzeczyła, poprosiła tylko o zastrzyk na uspokojenie i obiecała, że następnego dnia pojedzie do swojego lekarza prowadzącego. Krystynie nie podobało się to rozwiązanie, ale wiedziała, że nie ma prawa wtrącać się w ich sprawy. Miała tylko cichą nadzieję, że załamanie Gosi nie będzie tak poważne, na jakie wyglądało. Wyszła z pokoju, zostawiając ich z ratownikiem. Stała pod drzwiami i czekała. Co chwilę któryś z pracowników wyglądał na korytarz, chcąc poznać szczegóły zamieszania, ale Krystyna odmawiała jakichkolwiek wyjaśnień. Po jakimś czasie ekipa pogotowia wyszła z pokoju. Podeszli do Krystyny.

– Tu jest zwolnienie pani Małgorzaty. Na razie na miesiąc, ale obawiam się, że czas jej nieobecności będzie zdecydowanie dłuższy. Jej stan psychiczny jest naprawdę ciężki. Mąż pani Małgorzaty poprosił mnie, abym to pani przekazał. Prosił też, aby upewniła się pani, że mogą swobodnie wyjść z pokoju, przez nikogo nie niepokojeni. Tylko tyle mogę zrobić. Do widzenia. – Odeszli szybkim krokiem. Krystyna wróciła do Gosi i Piotra.

– Nikogo nie ma na drodze, możecie spokojnie wyjść. Jesteś pewien, że to dobry pomysł? – zapytała Krystyna, widząc, w jakim stanie jest teraz Gosia. Miała szczere obawy, że najgorsze jeszcze nie minęło.

– Niczego nie jestem pewien. Spełniłem tylko prośbę Gosi. Zawiozę ją do domu, podskoczę do pracy, zawiozę zwolnienie, wezmę urlop i zobaczymy, co będzie dalej. Czy w razie czego... – niepewnie zawiesił głos.

– Zawsze możesz do mnie... do nas – poprawiła się – zadzwonić i zawsze pomożemy. Bez względu na godzinę, porę dnia. Gosia zawsze może liczyć na naszą pomoc.

Z wdzięcznością kiwnął głową, wziął Gosię za rękę i poprowadził do wyjścia. Krystyna jeszcze chwilę stała w pokoju. Potrzebowała chwili wytchnienia. Wzięła kilka głębszych oddechów i dopiero wtedy poszła do sekretariatu. Chciała pogratulować Alicji i powiedzieć, jak bardzo cieszy się z jej szczęścia.

Piotr położył Gosię do łóżka. Po zastrzyku, który dostała w pracy, wydawała się taka spokojna. Zdjął jej buty, ułożył głowę na poduszce i przykrył żonę kołdrą.

– Kochanie, muszę na chwilę, dosłownie na godzinę wyjść z domu. Prześpij się, nawet nie zauważysz, jak mnie nie będzie. Zawiozę zwolnienie do pracy i zaraz wracam do ciebie. Zaplanujemy sobie wakacje marzeń. – Z czułością pogładził ją po głowie i wyszedł z sypialni. Po chwili wrócił ze szklanką wody i postawił ją na szafce nocnej Gosi. Upewnił się, że zasnęła i wyszedł po cichu z mieszkania.

Gosia nie spała. Leżała w łóżku i czekała, aż Piotr wyjdzie. Czuła otaczającą ją ciemność, choć zbliżało się dopiero południe, o czym dobitnie świadczyło słońce przebijające się przez zasłony. Usiadła na łóżku, z szuflady wyjęła kartkę i długopis. Napisała kilka słów, odłożyła kartkę i sięgnęła ponownie do szuflady. Znalazła fiolkę z małymi tabletkami. Przyjrzała się jej dokładnie i otworzyła. Wysypała zawartość na rękę i zaczęła brać do ust po jednej tabletce, co chwilę popijając je wodą.

– Nie mogę zostać z tobą, choć kocham cię najbardziej na świecie. Chcę twojego szczęścia, a jednocześnie nie potrafię ci go dać. Nie mogę dać ci dziecka. – Mówiła powoli, tak jakby tłumaczyła to komuś. Już po kilku tabletkach jej głowa zaczęła opadać, a słowa wypływające z jej ust miały coraz mniej sensu. – Będziesz je miał... ale sam... będziesz płakał?

Nie wiedziała już, czy jest rano, południe czy wieczór. Czy wypłakała już wszystkie łzy? Była na samym dnie, w czeluści tak czarnej i gęstej, że tylko smoła mogła się równać z konsystencją jej bólu. Im bardziej chciała się z niej wydostać, tym bardziej głębia ją pochłaniała. Nie rozróżniała już, co jest prawdą, a co złudą. Widziała siebie i Piotra z dzieckiem, a po chwili już tylko siebie, ale samotną. Chciała tylko być szczęśliwa, zbudować dom, mieć nareszcie rodzinę, dziecko. Na to wspomnienie znów zaczął ją dusić ból. Ból tak silny, że blokował dostęp powietrza do płuc. Ostatkiem sił uniosła głowę z poduszki i sięgnęła po resztę tabletek. Dłuższa chwila minęła, zanim połknęła i popiła wodą ostatnią sztukę. Opadła na poduszkę. „Już nic nie muszę" – taka była jej ostatnia myśl. A potem była już tylko cisza. Sunąca po ścianach zmora zbliżała się coraz bardziej, ogarniając wszystko, co spotkała na swej drodze. Nastała ciemność. I tylko zegar z kukułką radośnie oznajmił południe.

Gdy Krystyna odebrała wieczorem telefon od Piotra, nie mogła uwierzyć w to, co się stało. Była przerażona. Szybko zadzwoniła do Magdy, a po konsultacji z nią również do Alicji. Tak jak się obawiała, Alicja całą winę wzięła na siebie. Przez kolejne dni bardzo to przeżywała. Niestety w pracy zaczęło się projektowe szaleństwo i przyjaciółki dopiero w weekend znalazły czas, aby się spotkać i porozmawiać. Jak to było w zwyczaju, spotkały się u Alicji. Tym razem jednak postanowiły zrezygnować z wina. Gdy siedziały na kanapie w salonie, a w tle cicho snuł swoją muzykę Coleman Hawkins, powróciły do rozmowy o Gosi.

– Tak to wygląda, dziewczyny – powiedziała Alicja, podkurczając nogi na kanapie. – Czuję się odpowiedzialna za to, co się stało. Powinnam jakoś przygotować Gosię na informację o mojej ciąży, a wpadłam do biura i ni z gruchy, ni z pietruchy oznajmiłam, że będę mieć dziecko.

– Nie powiedziałaś nic, bo przecież nie zdążyłaś! Gosia zauważyła twoją książeczkę ciążową i sama wysnuła wnioski – zauważyła Magda.

– Nie możesz obarczać się winą, Ala. Gosia nawet przed sobą nie chciała przyznać się do tego, jak źle zniosła ostatnie poronienie. Same widziałyście, że dwa dni później wróciła do pracy. Nie pozwoliła sobie na żałobę, na przebolenie straty. Cały smutek siedział w niej. Ja zajęta sobą i własną żałobą nie pomogłam jej wtedy, gdy tego najbardziej potrzebowała – Krystyna otarła łzę toczącą się po jej policzku.

– Stop! Przestańcie, bo zaraz zwariuję – Magda zareagowała głośniej niż chciała. – To wszystko zmierza w złym kierunku. Żadna z was nie jest winna temu, co się stało. Nikt nie mógł tego przewidzieć. Rozmawiałam dziś z Piotrem. Magda jest pod dobrą opieką. Korzystają z dość niekonwencjonalnych metod, przynajmniej w naszym kraju, ale Piotr dostrzega w Gosi pozytywne zmiany. Dość obarczania się winą, rozumiemy się? – Magda spojrzała na dziewczyny z przekąsem.

– Tak – obydwie potwierdziły, ale było widać, że nie do końca zgadzają się ze zdaniem Magdy.

– Ja bym tylko chciała dodać, że naprawdę mogłam to inaczej zaaranżować i... – Alicja chciała wtrącić coś jeszcze, ale Magda szybko jej przerwała:

– Nic nie mogłaś zrobić, nic nie mogłaś przewidzieć. Do cholery! Gośka jest dorosła, Piotr też. Oboje podjęli takie a nie inne decyzje. Nie obarczam winą żadnego z nich – rzuciła dodatkowo Magda, spoglądając to na jedną, to na drugą kobietę. – Po prostu nie uporali się ze swoim bólem, nie pozwolili sobie na emocje i to doprowadziło ich do tego, co się teraz dzieje. Gosia nie chciała popełnić samobójstwa. Ona chciała po prostu pójść spać, aby nie czuć bólu. To wszystko. Żadna z nas nie odpowiada za to, że Gosia z Piotrem mają problem z zajściem w ciążę. To nie jest niczyja wina. Koniec tematu. Gosia jest pod opieką specjalistów i przede wszystkim swojej rodziny. My będziemy ją wspierać, jak tylko poczuje się lepiej i wróci do nas. Bo o to jestem spokojna. Koniec. Bo zacznę was gryźć. Alka, mówiłaś, że byłaś dziś w galerii? Znając życie, wykupiłaś połowę sklepów – Magda chwyciła się starego tematu, który zawsze działał podczas ich spotkań.

– Nie pół, kasy tyle nie miałam – rzuciła Alicja wyraźnie rozluźniona tłumaczeniem Magdy. – Wiecie, jak jest. Wchodzisz do sklepu po patyczki, a tam od razu rzuca ci się w oko wielki baner z napisem „Promocja". I mimowolnie idziesz w tamtą stronę. Zaczęło się od torebek, przy torebkach leżały paski. Zwłaszcza jeden był fajny i cudnie by pasował do tego płaszcza, co go przed chwilą zauważyłam. W jednej chwili je połączyłam. Gdy już dobrałam apaszkę do tego płaszcza, zdałam sobie sprawę, że nie mam żadnych pasujących butów do tego zestawu. I tu pojawił się problem. Które wybrać? Mokasyny, koturny czy już lepiej kozaczki? Jak w końcu wybrałam buty, to przypomniało mi się, że przecież powinnam kupić płatki kosmetyczne. Idę na drugi koniec sklepu, a tam nowe świeczki, takie ładne zapachy. Czujecie je. Prawda, że musiałam je kupić? – We trzy zaczęły się śmiać.

– Kupiłaś te patyczki kosmetyczne? – dopytywała rozbawiona Krystyna.

– Oczywiście, że nie. Zapomniałam – szczerze przyznała się Alicja. – Dzięki, dziewczyny. Potrzebowałam was dzisiaj. Aleksander jest wspaniałym facetem, kocha mnie i rozpieszcza do granic możliwości – zwłaszcza teraz, gdy jestem w ciąży – ale on nie zawsze rozumie to, co do niego mówię. Jakby był z innego kraju albo planety.

– Bo oni są z innej planety, choć moim zdaniem to oni są z innego wszechświata. Niby równoległego, ale na bardzo kosmicznej płaszczyźnie – rzuciła Krystyna, sącząc koktajl z truskawek i szpinaku.

– Bardzo trafne kosmiczne porównanie – zauważyła Magda. – I muszę się z wami zgodzić. Z Tomaszem też tak czasem mam. Niby mówimy w tym samym języku, a jakbyśmy byli z innych światów. Ale skoro u was z facetami wygląda to podobnie, to znaczy, że oni po prostu już tacy są.

– Nie chcę być wścibska, ale jak układa się między wami? W pracy trzymacie taki dystans, że nie sądzę, aby ktokolwiek się zorientował, że łączy was coś więcej – powiedziała Krystyna, przyglądając się Magdzie, której policzki się zarumieniły.

– Jest dobrze – powiedziała Magda i zawstydzona odwróciła wzrok.

– Chyba nie sądzisz, że taka odpowiedź nas usatysfakcjonuje. Nie pytam o najbardziej newralgiczne wymiary Tomasza, ale coś chyba możesz nam zdradzić. Jak się przy nim czujesz, czy jesteś szczęśliwa, jaki jest? Czy dba o ciebie? Czy jest czuły? Czy wie, jakie filmy lubisz oglądać do poduszki? Musisz po prostu zaspokoić moją ciążową ciekawość – dopytywała Alicja.

– Wykorzystujesz ciążę, aby wziąć mnie na spytki? – droczyła się z nią Magda.

– Tak! – z rozbrajającą szczerością odparła Alicja i wszystkie zaczęły się śmiać.

– Okej, w takim razie wam powiem. Nawet chciałam, abyście mnie przepytały, bo komu mam powiedzieć o wszystkim, jak nie wam. Jest cudnie. Mam wrażenie, jakby nie było tych lat rozłąki. Lubię spędzać z nim czas, rozpieszcza mnie, słucha, a w nocy, gdy czasem męczą mnie jeszcze sny, przytula mnie i jest obok. Jest mega czuły i po raz pierwszy naprawdę doświadczyłam, że seks może być wspaniałym przeżyciem.

– Masz orgazmy? – dopytywała Alicja. Widząc lekko przerażoną minę Krystyny, dopowiedziała: – Doskonale wiesz, że satysfakcja w łóżku jest równie ważna, co satysfakcja w miłości czy rozmowie.

– Oczywiście, że jest ważna – powiedziała Magda. – Mam orgazmy, czasem po dwa czy trzy podczas jednego wieczoru. Zdarza się i tak.

– Może rzeczywiście trochę obcesowo zapytałam, ale w moim odczuciu ludzie zbyt mało uwagi poświęcają satysfakcji w łóżku, a potem są zdrady, problemy.

– A tu się muszę z tobą zgodzić, Alicja. Wystarczy spojrzeć na mnie i mojego męża. Żadnej poprawy, nadal nie ma dla mnie czasu. Cały czas jest bardzo zajęty wszystkim innym, tylko nie mną. Ostatnio zaczęłam się zastanawiać, czy w jakikolwiek sposób obeszło by mnie, gdyby na przykład odszedł ode mnie albo ja od niego. I ta myśl wcale mnie nie przeraziła, wręcz przeciwnie – chyba poczułabym ulgę. Ale nie chcę o tym na razie rozmawiać, muszę sobie sama to wszystko poukładać w głowie – dopowiedziała Krystyna, widząc zainteresowanie w oczach Alicja i Magdy. – Zbieram się. Bliźniaki zostały same w domu. Chcę trochę czasu spędzić z nimi. Zwłaszcza teraz, gdy Krzysztof już w ogóle nie ma dla nas czasu. – Mówiąc to, podniosła się z kanapy i skierowała kroki do przedpokoju, by się ubrać. Magda podniosła się w ślad za Krystyną.

– Ja też będę leciała. Tomasz czeka, zresztą na pewno zaraz pojawi się Aleksander. Odpoczywaj! – Magda podeszła do Alicji, aby na do widzenia cmoknąć ją w policzek.

– Czy będzie bardzo niegrzecznie, jeśli nie wstanę do was? Tak dobrze mi się siedzi, że nie chce mi się podnosić. – Alicja jak zawsze nie owijała w bawełnę.

– Nie krępuj się, kochana, same się obsłużymy i nawet drzwi ci zamkniemy, żebyś nie musiała swojego ciążowego brzuszka ruszać z kanapy.

– Krystyna przesłała w powietrzu buziaka do Alicji i wykonała ruch dotykania brzucha. Po chwili Alicja została sama, wygodnie ułożyła się na kanapie, przykryła kocem i zasnęła.

Niebo było zasnute stalowymi chmurami. Wisiały nad miastem, całkowicie blokując dopływ słońca. Po kolejnej awanturze z Krzysztofem Krystyna nie miała siły na załatwianie formalności związanych z mieszkaniem ojca. Niestety terminy nieubłaganie biegły i nie zostało jej zbyt dużo czasu. Ostatnią rzeczą, na jaką miała ochotę, było bieganie po urzędach. Siedziała przy stole w kuchni, patrzyła przed siebie i zastanawiała się, co się stało z jej życiem. Jak to możliwe, że nagle stali się sobie tak obcy. Mąż pomógł jej przy organizacji pogrzebu ojca, ale nie zrobił absolutnie nic, aby wesprzeć ją psychicznie. Tylko w dniu, w którym dowiedzieli się o śmierci, Krzysztof przytulił ją, pozwalając się wypłakać. Ale to był jeden jedyny raz. Potem pozostał już z boku; był obecny, ale w obrębie swojego muru. Wczoraj wieczorem, gdy już leżeli w sypialni, oglądając film, chciała się do niego po prostu przytulić. Odepchnął ją od siebie, wstał i noc spędził na kanapie. Nic nie mówiąc, nie tłumacząc.

Zresztą telewizor w sypialni to też jego wymysł. Nigdy go tam nie potrzebowali, a teraz gdy tylko Krzysztof wracał z pracy, zamykał się w pokoju i skakał po kanałach, a potem zasypiał nakryty osobną kołdrą. To dodatkowe wyposażenie pojawiło się nagle, bez konsultacji z Krystyną. Mogłaby przysiąc, że gdy pojawiła się nowa pościel, Krzysztof odetchnął z ulgą, nakrywając się swoją kołdrą. Nie zapytała go o to, a on też nie spieszył z żadnym wyjaśnieniem. Pozostawił ją bez odpowiedzi, a ona bała się domagać prawdy.

Nie mogła już dłużej zwlekać z wyjściem z domu. Włożyła płaszcz, wciągnęła kryte buty i chwyciła parasol. Tramwaj podjechał szybko, więc nie była zmuszona stać na małej wysepce wśród tysiąca samochodów, które mijały ją tego ranka, gdy szła na przystanek. W sumie mogła poprosić Krzysztofa, aby ją podwiózł, ale po wczorajszym wieczorze w ogóle nie miała na to ochoty. Przeraziło ją to. Siedząc w tramwaju, zaczęła się zastanawiać, od kiedy właściwie są dla siebie obcymi ludźmi. Kiedy to się zaczęło? Nie potrafiła umiejscowić tego w czasie. Miała wrażenie, że to trwa od świąt Bożego Narodzenia, a teraz mieli październik. Czyli co najmniej od dziesięciu miesięcy zachowują się jak obcy sobie ludzie. Nie ma bliskości, miłości, nie mówiąc już o seksie. Wysiadła z tramwaju, od razu otwierając parasolkę. Rzęsisty deszcz zdawał się nie mieć końca, ciemne chmury cały czas pozostawały ciężkie i przytłaczające. Wtulona w kołnierz płaszcza i osłonięta parasolką, przemierzała ulice, aby dojść do urzędu. Stojąc w drzwiach, odwróciła się, by strząsnąć krople deszczu z parasolki. Poczuła na policzkach krople, a ich chłód przeniknął ją do głębi. Potrząsnęła głową, chciała ruszyć przed siebie, ale niespodziewanie wpadła w męskie ramiona. Pierwsza, dość irracjonalna myśl, jaka jej przyszła do głowy: zna te ramiona. Po chwili usłyszała również dobrze znany głos:

– Nie sądzę, aby to był przypadek, że trzymam cię w objęciach – powiedział Antoni, przytulając ją mocniej.

– Antoś – szepnęła i wbrew sobie rozpłakała się. Stali tak przez chwilę, blokując wejście i wyjście, aż zniecierpliwieni interesanci zaczęli dość głośno wyrażać swoje niezadowolenie. Antoni wziął Krystynę za rękę i zaprowadził do pobliskiej kawiarni. Zamówił herbatę z cytryną i sokiem malinowym, jej ulubioną w takie dni, i w ciszy czekał, aż ochłonie. Dopiero po kilku minutach wytarła oczy i spojrzała na niego. Delikatna siwizna oprószyła jego czarne włosy, zaczęły też pojawiać się zmarszczki na twarzy. Wyglądał jeszcze lepiej, niż go zapamiętała, gdy ostatni raz widzieli się przed jej ślubem.

– Przepraszam cię za mój wybuch. Nie wiem, co się stało. Albo wiem, ale ciężko mi się przyznać samej przed sobą, jak jest źle. – Widząc jego zaniepokojone spojrzenie, dodała: – Mój tata zmarł kilka tygodni temu, a moje małżeństwo fizycznie nie istnieje. Przepraszam, nie powinnam tak mówić o moim małżeństwie przed tobą. To nieuczciwe wobec Krzysztofa. Nie pytaj, okej?

– Jak chcesz. Jeśli będziesz potrzebowała porozmawiać, to zawsze jestem. Nie pozwolę ci znów tak zniknąć z mojego życia jak poprzednim razem. Dasz mi swój numer i od teraz przynajmniej raz na kilka dni chcę wiedzieć, czy wszystko jest w porządku. – Jego uśmiech się nie zmienił, znów ją zaczarował. Oczy Antoniego nadal uśmiechały się łobuzersko. Nie myśląc o konsekwencjach ani o tym, jak mógłby to zinterpretować Krzysztof, Krystyna podała Antoniemu swój numer i zapisała sobie kontakt do niego. Przyglądała mu się z ciekawością.

– Powiedz, co u ciebie, a potem ja ci powiem, co u mnie – w granicach rozsądku oczywiście. Masz żonę, przyjaciółkę, dzieci?

– Okej. Odpowiedź brzmi: nie, nie, nie. Od tamtego małżeństwa z nikim się nie związałem na tyle mocno, aby spędzić z jakąś kobietą resztę życia. Były kobiety w moim życiu, to prawda, ale to nie było to, czego oczekiwałem.

– To czego oczekiwałeś, że żadna kobieta temu nie sprostała? Jesteś niesamowicie opalony, byłeś na wakacjach?

– Przez kilka lat mieszkałem w Egipcie, potem w Hiszpanii. Od dawna się nie opalam. Po prostu moja skóra ma już taką barwę. A odpowiadając na twoje pierwsze pytanie: żadna z kobiet nie była tobą. Spędziłem setki godzin na randkach, aby za każdym razem zrozumieć, że ktoś taki jak ty jest jedyny w swoim rodzaju. I choćbym szukał na końcu świata, to nie znajdę nikogo takiego. Tydzień temu wróciłem do Polski i dziś wpadłem na ciebie. Boże, jesteś taka piękna, ulotna i krucha…

– Przede wszystkim jestem zdecydowanie starsza niż wtedy, gdy widzieliśmy się ostatni raz w centrum.

– Widziałem cię jeszcze raz…

– Gdzie, kiedy? Dlaczego ja cię nie widziałam?

– Bo szłaś do ołtarza ze swoim obecnym mężem. To nie problem ustalić miejsce i godzinę ślubu. Wystarczyło kilka godzin przy telefonie. Obdzwoniłem wszystkie kościoły w mieście. Za czterdziestym piątym razem się udało. Byłaś przepiękną panną młodą. Czekałem, aż ksiądz, tak jak na filmie zapyta, czy jest tu ktoś, kto sprzeciwia się małżeństwu tych dwóch osób, ale ksiądz nic takiego nie powiedział, a ja się bałem odezwać. Mogłem tylko siedzieć i płakać, że ten obok ciebie to nie ja.

– Antoni...

– Wiem, spokojnie, nie jestem już tym samym człowiekiem. Zrozumiałem, że po tym wszystkim miałaś prawo ułożyć sobie życie, a ja muszę się z tym pogodzić. I okej. Jestem pogodzony z losem. Chcę tylko raz na tydzień czy dwa móc do ciebie zadzwonić, porozmawiać albo tak jak teraz – napić się herbaty.

– *À propos* herbaty, to moja ulubiona w taką pogodę.

– Wiem, pamiętam.

Spojrzał na nią, a Krystyna miała wrażenie, jakby czas się zatrzymał. Złapał ją za rękę i kciukiem zaczął delikatnie masować jej knykcie.

– Proszę... – Chciała wyrwać mu rękę, szybko stamtąd odejść, odejść od niego. Ale zamiast tego zaczęła mu opowiadać o Krzyśku, o ich relacji, o tym, że czuje się taka samotna, o tym, jak ją traktuje, wyzywa. Powiedziała mu wszystko, nawet to, czego nie odważyła się powiedzieć dziewczynom z pracy – że któregoś dnia nakryła Krzyśka wieczorem w łazience, jak oglądał coś w telefonie i się onanizował.

– Jest debilem. Tyle mogę ci powiedzieć. Jak można się tak zachowywać? Pytałaś go o to? Mówił ci coś? Czy po prostu udaje, że nie ma problemu? Okej. Masturbacja raz na jakiś czas jest fajna, ale przez prawie rok? Coś mi tu nie gra.

– Nie rozmawiamy o tym. Jak próbuję się dowiedzieć czegoś więcej, to od razu zaczyna mnie wyzywać, że tylko jedno mi w głowie, że zachowuję się jak dziwka. Najgorsze jest to, że zaczynam tak o sobie myśleć. Może rzeczywiście w małżeństwach z takim stażem erotyka zamiera?

– Nie! I jeszcze raz nie! Wierzysz, że ludzie po czterdziestce tego nie robią? Że się nie kochają? Przecież na tym polega bliskość dwojga ludzi.

Dawanie przyjemności i branie. I powiem ci więcej, jak nie ma seksu, to po pewnym czasie zanika inna bliskość i na placu boju pozostaje dwoje obcych sobie ludzi. Tak jak ty z Krzysztofem teraz. Powinien być blisko ciebie, zwłaszcza w czasie, gdy naprawdę go potrzebujesz. Przytulał cię ostatnio, aby pokazać ci, że jest tuż obok, że możesz na niego liczyć?

– W dniu śmierci mojego taty. Od tamtej chwili słyszę tylko, że mam być silna albo że mam nie zachowywać się jak dziwka. Boże... – Spuściła głowę na ręce, przez chwilę siedziała tak nieruchomo. – Nie powinnam tak mówić o moim mężu... źle... do kochanka. Jeszcze gorzej... – Zaczęła się śmiać. – To jest zwykłe przejęzyczenie oczywiście, nie słuchaj tego. – Delikatnie się zaczerwieniła. Nie chciała, aby Antoni pomyślał, że ona oczekuje czegoś więcej niż tylko spotkanie przy kawie.

– Nie, dlaczego, to twoje przejęzyczenie było naprawdę przyszłościowe. Wiesz, Freud miałby z tego uciechę. Spotykamy się po latach, a ty od razu proponujesz konkrety.

– Przestań się ze mnie nabijać. – Spojrzała na zegarek. – Już dwunasta? Muszę pójść do spółdzielni zdać klucze od mieszkania taty. Mam nadzieję, że nie będzie miliarda pytań, na które nie chcę odpowiadać.

– Chcesz, żebym poszedł z tobą? Jako przyjaciel, rzecz jasna – zerknął na nią spod oka, uśmiechając się figlarnie.

– A mógłbyś? Nie wiem, czy nie masz planów na dzisiaj. A ja zajmuję ci sobą całe przedpołudnie.

– Nic nie jest ważniejsze od ciebie. Chodź. Ale potem w ramach rewanżu pójdziesz ze mną. – Objął ją gorącym spojrzeniem, które wiele obiecywało. – Na obiad.

Nie wiedzieć czemu, Krystyna poczuła zawód i rozczarowanie. Wychodząc z kawiarni, Antoni otworzył jej drzwi, a gdy wyszła, złapał ją za rękę i tak poszli do przeciwległego budynku.

Formalności związane ze zdawaniem kluczy nie trwały długo, jeszcze tylko podpisy w kilku miejscach i prawie że mogli wyjść z pokoju.

– Proszę pani, napisała pani, że zdaje dwa komplety kluczy do piwnicy i trzy komplety kluczy do mieszkania, a ja tu widzę tylko dwa komplety do mieszkania. Mam napisać, że oddaje pani po dwa komplety?

– Oj, przepraszam, zapomniałam odpiąć klucze taty od swoich. – Sięgnęła do torebki, wyjęła pęk kluczy i nerwowym ruchem zaczęła mocować się z kółkami, które jak na złość odmówiły współpracy. Antoni, widząc to, złapał ją za rękę, wziął klucze i na spokojnie odpiął te właściwe.

– Który jeszcze?

Krystyna wskazała palcem. Łzy leciały jej ciurkiem po twarzy. Po chwili Antoni wziął ją za rękę i wyprowadził z urzędu. Tuż za rogiem wsadził ją w samochód i zawiózł do swojego mieszkania. Nie rozmawiali podczas jazdy. W każdym możliwym momencie łapał ją za rękę, ale nic nie mówił, dając jej się wypłakać. Gdy dotarli do jego mieszkania, posadził Krystynę na kanapie, a sam poszedł zaparzyć herbatę.

– Z miodem i cytryną? – krzyknął z kuchni.

– Tak, poproszę. To twoje mieszkanie?

Rozejrzała się wokół. W pokoju dominowały dwa kolory: biały i szary z elementami czarnego. Mieszkanie było urządzone z klasą, ale bardziej nadawało się do zdjęć w magazynie wnętrzarskim niż do mieszkania.

– Nie moje, wynajmuję je, ale właśnie doszedłem do wniosku, że je kupię. Miałem zatrzymać się tylko na kilka tygodni, ale postanowiłem zostać w Polsce na stałe.

Podał Krystynie kubek z gorącą herbatą i usiadł tuż obok niej. Zrobiło jej się gorąco i to na pewno nie od herbaty. Żar powoli rozlewał się po jej ciele. Wstała z kanapy z zamiarem odstawienia kubka na stolik, ale przeszła kilka kroków i usiadła w fotelu naprzeciwko.

– Czemu tam usiadłaś?

– Żeby móc spokojnie na ciebie patrzeć – odpowiedziała szybko Krystyna. Za szybko.

– I ty myślisz, że ja w to uwierzę?

– To wszystko jest takie nierzeczywiste teraz. Przez tyle lat starałam się o tobie nie myśleć. I serio, prawie mi się udawało, z wyjątkiem kilku momentów. Myślałam, że mam to za sobą. Że zapomniałam o tobie. I nagle pojawiasz się w moim życiu. A najgorsze w tym wszystkim jest to, że nie chcę, abyś ponownie z niego zniknął. Nie teraz. Boże! Co ja bredzę?!

– Spokojnie, nigdzie się nie wybieram. Będę zawsze tuż obok. Nie oczekuję nic od ciebie, żadnych deklaracji, żadnych obietnic. Chcę tylko móc zadzwonić, spotkać się z tobą. Napić herbaty albo...

– To będzie trudne – powiedziała Krystyna prawie szeptem.

– Wiem. Też to czuję. Staram się siedzieć tu z tobą, normalnie rozmawiać i nie myśleć, że tuż obok jest sypialnia, a w niej ogromne łóżko i to tam chciałbym być z tobą teraz. I na Boga, nie myślę o spaniu. Ale wiem też, że jesteś mężatką i kolejny krok należy do ciebie. Ale – zaznaczył przeciągle – długo nie zamierzam czekać. – Patrząc jej w oczy, wstał z kanapy.

Krystyna poruszyła się nerwowo w fotelu.

– Nie podchodź do mnie.

– Dlaczego?

Był tak blisko, czuła ciepło jego ciała. Pragnienie, by go poczuć, zdawało się nie mieć końca. Ręką gładził jej policzek, kciukiem drażnił usta. Nachylił się i delikatnie dotknął jej ust swoimi, dając jej możliwość wyboru. Pasja, z jaką na to zareagowała, chyba najbardziej zaskoczyła ją samą. Mocno wpiła się w jego gorące usta, jedną rękę wplątała we włosy na karku. Świat przestał istnieć. Nie liczyło się nic. Tylko on, ona i bliskość, której nie czuła nigdy z nikim. Tak jakby nigdy nie była dotykana, pieszczona, kochana. Pragnęła go całą sobą.

– Jesteś pewna? – zapytał szeptem Antoni, próbując zdjąć jej bluzkę. Jego głos, a raczej pytanie, sprowadziły ją z powrotem na ziemię.

– Nie. Przepraszam. Nie jestem pewna. – Odsunęła się od niego, aby zachować dystans. Zapięła guziki bluzki, wygładziła spódnicę, która z jakichś niewytłumaczalnych powodów znalazła się na wysokości jej uda, odsłaniając pas i pończochy. Podniosła z ziemi marynarkę.

– Antoś, to nie jest tak, że nie chcę być z tobą. Bo marzę o tym, odkąd cię rano zobaczyłam. Boże! – Ukryła twarz w dłoniach. Po chwili zaczęła wkładać buty. – Ale to nie może być tak, że przy pierwszym problemie wskakuję ci do łóżka. Cholera, jestem mężatką, mam dzieci. To wszystko nie jest takie proste. Pomimo rozpadu mojego małżeństwa i tego, że jestem pewna, że nie kocham Krzysztofa. Muszę zachować się uczciwie. Z szacunku do siebie. Po prostu. Rozumiesz?

– Tak. I choć jest mi ciężko zachować się teraz jak facet, a nie palant, to poczekam na ciebie. Ale wierz mi, nie będzie łatwo, bo cholernie mam na ciebie ochotę. A jeszcze bardziej na to, abyś już zawsze była przy mnie. Ale rozumiem, że muszę poczekać i będę czekać. Nie chcę tego schrzanić jak poprzednim razem. Nie pozwolę ci już odejść. Może następnym razem spotkajmy się na mieście, a nie u mnie w domu. Bo nie mogę obiecać, że będę miał w sobie tyle siły, by zachować się jak dżentelmen.

– Ja też nie miałabym na to siły – powiedziała z czułością Krystyna – ale chcę zachować się w porządku, w przeciwieństwie do mojego męża. Spiszemy się dzisiaj wieczorem? Znając życie, będę sama. Ale teraz muszę wyjść, bo im dłużej tu stoję i patrzę na ciebie, tym trudniej będzie mi odejść.

Podeszła do Antoniego ubrana już w płaszcz, przytuliła się, pocałowała go i szybko wyszła. Na zewnątrz nadal padało, ale o dziwo w ogóle jej to nie przeszkadzało. Spojrzała na zegarek. Przeraziła ją godzina – okazało się, że jest już po siedemnastej. Szybko znalazła postój i wsiadła do taksówki. Przez chwilę zawahała się, czy nie zadzwonić do Krzysztofa, aby go uprzedzić, że będzie później niż zwykle, ale po chwili doszła do wniosku, że to i tak nie ma sensu. Nie pamiętała już, kiedy pisali do siebie wiadomości czy dzwonili z jakąś błahą sprawą, aby po prostu usłyszeć swój głos. Jadąc taksówką przez zakorkowane miasto, zaczęła przeglądać telefon i odszukała rozmowy z Krzysztofem. Ostatnia wiadomość była od niej i dotyczyła zakupów. Zwykły, suchy SMS z listą, nic więcej. Jeszcze dawniejszy, o tym, że się spóźni, bo przedłuża się narada w pracy. Przeglądając korespondencję z mężem, zauważyła, że tak naprawdę od wielu miesięcy, a może nawet lat krok po kroku oddalali się od siebie. I teraz, gdy są tyle lat po ślubie, mają odchowane dzieci i mogliby nareszcie odetchnąć, okazało się, że są dwojgiem obcych sobie ludzi.

Taksówka mozolnie pokonywała kolejne ulice i światła, by po dwudziestu pięciu minutach stanąć pod jej blokiem. Krystyna zapłaciła i wysiadła. Kątem oka zauważyła drugą taksówkę odjeżdżającą z Krzysztofem. Machnął jej ręką, tak jak się wita sąsiada, którego niezbyt się lubi, ale nie wypada się nie przywitać. I odjechał w swoją stronę. Szybko wbiegła do klatki i po chwili była już w domu. Od progu poczuła zapach gorącej pizzy pepperoni.

– Hej, młodzieży. Pizzę jecie?

– Cześć, mamo. Tak, tata zamówił. Powiedział, że musi wyjechać na tydzień i wróci dopiero w następną niedzielę. Wiedziałaś o tym, że nie będzie go tyle w domu? – dopytywał Patryk. Nie wiedziała, co ma odpowiedzieć dzieciom. Sama była zaskoczona wyjazdem Krzysztofa, zwłaszcza tym, że wyjechał na ponad tydzień i nawet jej nie uprzedził.

– Tak, wspominał – skłamała. Widziała spojrzenia, jakie dzieci wymieniły między sobą. – Pójdę się przebrać. Mam nadzieję, że dla mnie też jest kawałek pizzy.

– Jasne, mamuś, tato zamówił dwie pizze, żebyś ty też miała dla siebie – powiedziała Patrycja.

Krystyna przeszła do sypialni i zamknęła drzwi, aby móc spokojnie się przebrać. Na komodzie zauważyła jakieś dokumenty. Miała do nich podejść, ale stwierdziła, że papierkowa robota może poczekać. Włożyła dres, wzięła telefon i wyszła do dzieci.

– Co powiecie na seans filmowy? Zrobimy popcorn i obejrzymy coś na Netfliksie?

– Super. Ale żadnych komedii romantycznych – zastrzegł Patryk.

– Okej, obejrzymy nowy film z Cruisem, może być?

Krystyna nie lubiła filmów sensacyjnych, ale wiedziała, że dzieci je uwielbiają, a ona chciała mieć trochę czasu dla siebie, aby móc w spokoju wszystko przemyśleć.

– To ja naszykuję popcorn – powiedział Patryk. – Patrycja przygotuje miejsce do oglądania filmów, a ty, mamuś, na spokojnie zjedz pizzę. Widzisz, jak to fajnie mieć dorosłe dzieci?

– Zajebiście! – Krystyna zaśmiała się na widok zaskoczenia na twarzach dzieci, gdy usłyszeli przekleństwo w jej ustach.

– Mamo! – powiedzieli oboje i zaczęli się śmiać. – Przecież ty nie przeklinasz!

– Czas na zmiany. Od teraz będę żywić się pizzą, oglądać filmy i przeklinać. Pasuje wam taka nowa mama?

– Jacha. Fajnie, jakby jeszcze tata dał się zmienić, bo cały czas jest nieobecny. W ogóle nie ma dla nas czasu. I zachowuje się jakoś dziwnie, taki się zrobił tajemniczy. Ostatnio jak ciebie nie było, to przyszedł do niego jakiś facet, tak dziwnie ubrany, trochę jak kobieta, i rozmawiał z tatą na klatce. Coś krzyczeli nawet do siebie. Tata powiedział coś w stylu: „Nie przychodź tu do mnie i nie naciskaj na mnie, obiecałem i słowa dotrzymam. Niedługo wszystko będzie, jak chcesz". I wtedy ten facet powiedział jakoś tak dziwnie: „Wmiestie nawsiegda", a tata powtórzył za nim: „Nawsiegda". A jak wszedł do domu, to miał taki dziwny uśmiech na twarzy i dopiero po chwili zobaczył, że stoję w pokoju. Zapytał mnie, czy coś słyszałem, ale szybko mu powiedziałem, że byłem w łazience, choć nie mogłem być, bo Patrycja się kąpała. Z Pati nawet rozmawialiśmy o tym i doszliśmy do wniosku, że może tata jest szpiegiem, a ten facet taki przebrany, bo to po prostu ktoś działający pod przykryciem. Chociaż z drugiej strony agenci pod przykryciem nie powinni tak rzucać się w oczy. Co nie, mamuś?

– Nie, masz rację. Pewnie koledzy taty robili sobie żarty.

Wiedziała, że jej nie uwierzyli. Ona też nie wierzyła w to, co powiedziała, ale teraz sytuacja z Krzysztofem zaczęła się powoli wyjaśniać. Różne historie z nim związane powoli wypływały z zakamarków pamięci. Kiedyś nie zwracała na nie uwagi. Pamiętała jakieś dziwne przytyki od dalszej rodziny Krzysztofa, że chyba raczej dzieci mieć nie będą. Albo przed ślubem pytania, czy na pewno wie, co robi. Próbowała sobie przypomnieć sytuację, w której opowiadałby o jakiejś kobiecie, że mu się podoba. Ale nie było nic takiego. Za to pamiętała rozbiegany wzrok Krzyśka, gdy podczas targów trafili na zawody kulturystów. Była wtedy pewna, że po prostu zazdrości im wyglądu. Teraz zdała sobie sprawę, że nie patrzył na nich z zazdrością, ale z pożądaniem. Wtedy pomyliła się w ocenie. Do głowy jej nie przyszło, że jej mąż, własny mąż, patrzy na innych mężczyzn tak, jak nigdy nie patrzył na nią. Pomyliła zazdrość z pożądaniem. I choć bolało ją to, że po tylu latach nie zdobył się na odwagę, by po prostu powiedzieć jej prawdę, to gdzieś w zakamarkach umysłu już od dawna tliła jej się myśl, że z Krzysztofem jest coś nie tak.

Obejrzała z dziećmi film, śmiała się z nimi, dowcipkowała, ale tak naprawdę po obejrzeniu nawet nie wiedziała, o czym był. Gdy wieczorem poszła do sypialni, znów spojrzała na dokumenty leżące na komodzie. Wzięła je do ręki. Ich zawartość mocno ją zaskoczyła. Były tam przede wszystkim rachunki. Rachunki za hotele. W dniach, w których był niby w delegacji na drugim końcu świata, tak naprawę był na drugim końcu miasta. Oszukiwał ją tak długo, że nie miała nawet siły być na niego zła, a mimo to z oczu ciurkiem płynęły jej łzy. W pierwszym momencie pomyślała o Antonim, ale odsunęła tę myśl. To nie był dobry moment, aby jechać do niego. Wzięła telefon do ręki i zadzwoniła do Magdy.

– Hej, słońce, dobrze, że dzwonisz, myślałyśmy o tobie. Ala jest u mnie. Wpadniesz?

– Tylko nie chce mi się przebierać, więc będę w dresie. Masz wino? Dużo wina potrzebuję dzisiaj.

– Ty w dresie? Chcesz dużo wina? Co zrobiłaś z Kryśką?

– Bardzo, kurwa, śmieszne. Wezmę ze dwie butelki na zapas i zaraz jestem u was.

Rozłączyła się. Przeszła do salonu, gdzie jej dzieci oglądały kolejny film.

– Oglądasz z nami, mamuś?

– Muszę pilnie wyjść do dziewczyn z pracy. Dacie sobie radę sami?

– Jacha, mamo, dorośli jesteśmy już prawie – odpowiedział jej Patryk, a Pati gorąco potwierdziła słowa brata.

– Kochani jesteście. Bardzo was kocham. Może jutro skoczymy do kina albo na shopping?

– Świetny pomysł, mamuś. Damy sobie radę, o nic się nie martw.

– Jadę do Magdy, będę pod telefonem.

Ucałowała obydwoje, zabrała sportowy plecak z dwiema butelkami wina oraz rachunki Krzysztofa i wyszła z domu. Bardzo szybko złapała taksówkę i już po kilku minutach pukała do drzwi przyjaciółki.

– O jaaaa! Ty naprawdę jesteś w dresie – zdziwiła się Magda.

Zza jej pleców wyglądała Alicja. Gdy zobaczyła je obie, znów się rozpłakała. O nic jej nie pytały, dały się spokojnie wypłakać. Doskonale ją znały, toteż wiedziały, że musiało stać się coś strasznego, skoro Krystyna zareagowała tak a nie inaczej. Posadziły ją w fotelu, Magda nalała jej wina i obie spokojnie czekały, aż najgorsze minie.

– Przepraszam, ale od samego rana spotykają mnie tak absurdalne rzeczy, że już nie panuję nad niczym. A od wczorajszej awantury z Krzysztofem wszystko wyprowadzało mnie z równowagi. Urząd, Antoś, rachunki… – Przerwała, aby wziąć łyk wina.

– Antoni? Spotkałaś Antoniego? Tę swoją miłość? Tego, co tak obłędnie całował? – Alicja wykorzystała okazję, aby zadać kilka pytań.

– I nadal całuje. – Gdyby Krystyna oświadczyła, że wstąpiła do cyrku i będzie od teraz skakać na trapezie, nie zrobiłoby to na nikim takiego wrażenia jak to, że całowała się z Antonim.

– Ja pierdolę! Co się dzieje? Możesz zacząć od początku?

I tak Krystyna zaczęła opowiadać o wszystkim, co zdarzyło się dzień wcześniej: o kłótni z Krzysztofem, o telewizorze w sypialni, o dodatkowej kołdrze, o tym, że zastała go w dwuznacznej sytuacji w łazience, o tym, co słyszał jej syn, wreszcie o rachunkach za hotele. A w końcu, ku uciesze Alicji, o Antonim.

– Chcesz powiedzieć, że Krzysztof jest bi? Bo inaczej tego nie można wytłumaczyć racjonalnie. Za co są te rachunki? Sprawdzałaś to w sieci? – dociekała Magda.

– Nie, nie sprawdzałam, nie dałam rady.

– Oki, dawaj je, zaraz wszystko sprawdzimy – zaoferowała Alicja.

– Pomożecie mi? Jestem już załamana tym wszystkim. Nie mam siły sprawdzać wszystkiego sama. A wiem, że to na pewno jeszcze nie wszystko o Krzyśku.

Każda wzięła po kilka rachunków i z telefonami w ręku zaczęły sprawdzać wydatki Krzysztofa. Po chwili Alicja odezwała się z lekkim ociąganiem:

– Mam coś, ale nie wiem, czy to dobry pomysł, aby się w to zagłębiać.

– Pokaż, co tam masz – powiedziała Magda i podeszła do Alicji. Ta przechyliła telefon i pokazała, co udało jej się odnaleźć.

– I tak sprawdzę potem w domu. Pokaż! – zareagowała ostro Krystyna.

– To rachunki za hotel w Warszawie.

– Tyle to i ja wiem.

– Tak, ale ten hotel znany jest z tego, że organizowane są tam spotkania weekendowe dla homoseksualistów lubiących naprawdę ostry seks. Przykro mi, Krysiu.

– No to przynajmniej mam potwierdzenie tego, co podejrzewałam. Wiem, czemu mnie unika i dlaczego od roku nie ma między nami nic, żadnej bliskości, czułości. Nie mam, kurwa, penisa! – Rozłożyła ręce, uśmiechając się sarkastycznie, choć nie było jej do śmiechu. – Ja znalazłam rachunki za obroże skórzane i pejcze. Ja pierdolę! Wiecie, na co jestem tak naprawdę zła? Na to, że do mnie nie przyszedł i nie powiedział mi o tym. Nie powiedział, że coś się zmieniło, tylko nadal mnie oszukiwał. Z premedytacją sprawił, że czułam się winna. Jestem wkurwiona! Że mnie poniżał, wyzywał od dziwek. Ba! On sprawił, że czułam się jak dziwka, żebrząc o jego miłość i uwagę. Co najmniej od roku! A teraz jestem pewna, że chyba od zawsze. Nie miał jaj, aby powiedzieć, że lubi też mężczyzn. Wiem! Nie ma jaj, bo lubi, jak go inni w dupę rąbią!

– Ha, ha, ha, nigdy nie słyszałam, abyś tyle przeklinała w jednej wypowiedzi. Zmieniasz się. – Magda pierwszy raz widziała Krystynę w takim stanie. Po raz pierwszy przyjaciółka odsłoniła się naprawdę, ukazując swoją mroczniejszą stronę.

– Zawsze mi powtarzał, że nie powinniśmy się wychylać, bo po co mamy się niepotrzebnie wyróżniać. Ale jemu nie chodziło o mnie, tylko o niego. To on potrzebował kamuflażu, rodziny, żeby udawać normalność.

– Masz jakiś pomysł? Chcesz zmian? – zapytała Magda.

– Ależ ja mam ochotę na zmiany! Od dziś żadnych mundurków, zachowawczych garsonek, nie będę się tłumić. I wiem, że tata mi wybaczy, ale dość czarnego koloru! Nie chciałby, abym całe życie spędziła na opłakiwaniu go. Wolałby, żebym zaczęła żyć. Zwłaszcza teraz. Nie dam Krzysztofowi satysfakcji. Idę jutro na zakupy, zabieram dzieci i kupię coś, czego nigdy nie odważyłam się założyć. Bo byłam za bardzo zachowawcza. A potem umówię się z Antosiem.

– A właśnie... Jak to będzie teraz? Będziesz się z nim spotykać? – Magda była zaskoczona całą tą sytuacją. Wszystkiego się mogła spodziewać, ale to, co się wydarzyło, zupełnie zniszczyło jej obraz Krystyny i Krzysztofa. Znała ich od kilku lat. Uważała na początku, że niepotrzebnie zachowują się tak bardzo dystyngowanie. Czasem miała wręcz ochotę powiedzieć Krystynie, aby wyjęła ten kołek z tyłka i zaczęła żyć na luzie. Tak było na początku ich znajomości, ale gdy poznała ją lepiej, zaakceptowała fakt, że Kryśka taka jest i nic tego nie zmieni. Aż do dziś.

– Nie wiem, co będzie teraz. Potrzebuję... wina, nalejesz mi? – Zwróciła się do Magdy, machając pustym kieliszkiem. – A poza tym muszę wymienić całą swoją szafę. Wiecie, jak to jest, gdy okazuje się, że całe twoje życie to jedna wielka ściema? Budujesz coś, myślisz, że masz mocne fundamenty i nic ich nie ruszy, a okazuje się, że ty nawet nie masz parteru, tylko od razu pięterko. Kurwa, jebłaś domek, tylko imbecyl, to znaczy kierownik budowy od razu odpierdolił salę balową pełną blichtru, który miał zamaskować syf i kupę gnoju. O właśnie! Tak wygląda teraz moje życie. Jestem ubabrana w gnoju!

Krystyna tego wieczoru dużo mówiła o sobie i piła dużo wina. Żadna z dziewczyn jej nie przerywała, a Magda co kilka minut dolewała jej do kieliszka. Czasem przychodzi taki dzień, że po prostu trzeba odpuścić i pozwolić sobie na popuszczenie hamulców.

– Krystyna, zamówię ci taksówkę, okej? – Magda podniosła się, aby zadzwonić, a Alicja pomogła Krystynie wstać.

– Czy ja jestem pijana? – zapytała z ciekawością Krystyna.

– Tak, ululałaś się dzisiaj troszkę.

– To wszystko przez tę kłamliwą ciotę! – wzruszyła ramionami. – Jutro chyba będę mieć kaca – zachichotała – a na kaca najlepsze jest bzykanie!

– Chyba jednak cię odwiozę do domu, wiesz?

– Świetny pomysł, po drodze pojedziemy do Antosia. Chociaż nie, bo on jest tylko mój, nie będziesz mogła się z nim bzykać, wiesz?

Próbowała stać prosto, ale ledwo trzymała się na nogach. Spojrzała z ukosa na stojącą obok Magdę, która zdążyła już zamówić taksówkę.

– Wiesz, że ja nigdy nie byłam pijana? Bo to ponoć nie wypada. – Wzruszyła ramionami. – A wypada bzykać kolegów, jak się ma piękną żonę w domu? Też nie, a jednak to robią. To ja od dzisiaj będę pić i też się bzykać. Ale nie z tobą, wiesz? Tylko z herosem Antonim.

– Żałuję, że tego nie nagrywam – zauważyła ze śmiechem Alicja. – Coś czuję, że będziemy się z tego śmiać latami. Wkładaj buciki, moja panno, i zabieramy cię do domu.

– Okeej. Ale najpierw po Antosia. Skoro mój jeszcze mąż może chędożyć, co mu w ręce wpadnie, to ja też tak chcę.

– Kiedy my pisałyśmy te swoje plany na ten rok? Zauważyłaś, że nic z tego nie wyszło? – powiedziała Alicja do Magdy, przyglądając się, jak ta pomaga Krystynie włożyć buty. – Kryśka popierdala w dresie, jeszcze tylko flaszki wina w ręku jej brakuje; ja chciałam mieć spokój, a w zamian za to jestem ciąży; ty spotkałaś swoją miłość, a chciałaś być sama; a Gosia nie może mieć dziecka, o którym tak marzyła.

– Wszystko na opak u nas jest. Ale takiej Kryśki to się nie spodziewałam.

– Ja też nie, a już najmniej spodziewałam się tego, że to ja będę pijana. Już prędzej Alka by mi do tego pasowała. – Krystyna wskazała na koleżankę palcem i zaczęła chichotać pod nosem.

– Dziękuję za szczerość, a teraz zabieramy tyłeczki i jedziemy do twojego domu.

– No, mój może nie jest tak ponętny jak twój, ale też daję radę porządnie nim zakręcić. – W ramach demonstracji Krystyna chciała wykonać ruch biodrami, ale tylko zakręciło jej się w głowie i na chwilę przytrzymała się ściany. – To ja chyba nie będę dziś tańczyć.

– Zdecydowanie nie będziesz tańczyć. Idziemy, pani kierownik.

– O widzisz, i nareszcie mówisz z sensem. Przecież pani kierownik w naszym pokoju to ja.

Magda wsiadła do taksówki z Krystyną i Alicją. Razem odwiozły ją pod dom. Pomogły jej wysiąść i dojść do klatki. Tam Krystyna stwierdziła, że sobie już poradzi i poszła do windy. Dziewczyny pojechały do swoich domów.

Następny poranek obudził Krystynę koszmarnym bólem głowy. Czuła każdy milimetr swojego ciała. W głowie dudniło, chciało jej się pić, ale sam pomysł, aby podnieść się z łóżka, powodował odruch wymiotny. Bała się ruszyć. Leżała z przymkniętymi oczami, czuła dudnienie między skroniami, krew buzowała. Miała wrażenie, że za chwilę jej głowa wybuchnie. Poczuła wibracje telefonu. Nie patrząc nawet na wyświetlacz, odebrała rozmowę.

– Halo! – powiedziała zmarnowanym głosem.

– Hej, piękna! – przywitał ją Antoni. – Mogę tylko podejrzewać, jak się czujesz dzisiaj po wczorajszym drinkowaniu. Wiem, że pewnie nie masz siły na nic, więc posłuchaj mojej dobrej rady. Poproś dzieci, żeby zrobiły ci gorącą herbatę z dużą ilością cukru i cytryny. Pij małymi łykami gorący napój, potem łazienka, prysznic, kolejna taka sama gorąca herbata i dopiero wtedy śniadanie. Najlepiej jajecznica na maśle, kiełbasie i dużo pomidorów, chyba że masz sok pomidorowy w domu, to wtedy sok do jajecznicy.

– Skąd wiesz? – spytała zdumiona, bo nie mogła sobie przypomnieć, aby rozmawiali, odkąd od niego wyszła.

– Pisałaś do mnie. Dam ci teraz czas, abyś doszła do siebie. Zdzwonimy się później. Pa! – Rozłączył się, zanim do Krystyny dotarło, co do niej powiedział. Powoli, nie wykonując żadnych gwałtownych ruchów, dotarła do kuchni. Włączyła czajnik elektryczny i czekała na wodę.

– Cześć, mamuś, jak zdrówko?

– Hej, Pati! Źle się czuję, postaram się szybko doprowadzić do ładu, ale potrzebuję trochę czasu.

– Spokojnie, mamuś, jest wcześnie. Jak chcesz, to idź się wykąp, a ja się zajmę śniadaniem. Śmieszna byłaś wczoraj – zauważyła nieśmiało Patrycja.

– O Boże, to wy mnie widzieliście w takim stanie? – Załamana Krystyna wpatrywała się w córkę.

– Ha, ha, ha, nie bądź taka przerażona, mamuś. My wiemy, że coś jest nie tak z tobą i tatą. Pewnie potrzebowałaś akurat takiego resetu. Obiecuję nikomu tego nie mówić – podniosła dwa palce w geście przysięgi.

– Nie ma żadnego usprawiedliwienia dla mojego zachowania. Nic nie uzasadnia tego, co zrobiłam wczoraj...

Właściwie to nie wiedziała, czy chodziło jej o ilość wypitego wina, o pocałunek czy też budzące się w niej pożądanie. Chciała ukryć swoje wyrzuty sumienia. Wstała z krzesła, aby wziąć z blatu herbatę zrobioną według przepisu Antka. Nie spodziewała się, że łyk gorącej słodko-kwaśnej herbaty może wprawić ją w taką błogość. Powoli piła rozgrzewający napój i zastanawiała się nad wczorajszym dniem. W pierwszej chwili pomyślała, że sprawdzi telefon, ale doszła do wniosku, że jeszcze nie jest gotowa, aby zmierzyć się ze swoją kompromitacją. Wiedziała, że pisała do Antoniego, ale w tej chwili nie chciała wiedzieć nic więcej. Odstawiła pusty kubek i poszła do łazienki.

Odkręciła wodę i weszła pod prysznic. Gorąca woda skutecznie spłukiwała z niej wczorajsze złe emocje, pozostawiając wzburzoną krew, która kumulowała się w centralnym miejscu jej jestestwa. Nie wiedziała, czy działa świadomie, czy jej dłonie wykonują polecenia, do których nie chciała się przyznać nawet sama przed sobą. Przymknęła oczy. Znów widziała Antoniego i czuła jego ręce na swoim ciele. Obraz ten natrętnie powracał. Wzięła żel, nałożyła na dłonie i zaczęła namydlać swoje ciało. Jedna dłoń bezwiednie zataczała kręgi na jej piersiach, powodując, że brodawki spęczniały od dotyku. Druga dłoń zjechała po brzuchu, odnajdując wargi i wrażliwe miejsce. Wykonując krótkie, mocne ruchy, szybko doprowadziła się do orgazmu. W spazmach oparła się czołem o ścianę. Nie pamiętała, kiedy było jej tak dobrze. Od dawna tłumione napięcie znalazło sposób na rozładowanie. Dopiero po chwili była na tyle opanowana, aby dokończyć mycie ciała. Gdy spłukiwała szampon, jej dłonie znów przesunęły się po brodawkach, które natychmiast zareagowały na mimowolną pieszczotę. Zaskoczona poprzednią intensywnością doznań, tym razem usiadła w brodziku, opierając wyżej nogę, aby mieć łatwiejszy dostęp. Obie dłonie znalazły szybko drogę, jedna masowała wargi, druga szybkimi ruchami wsuwała się w coraz cieplejszy, wilgotny obszar jej kobiecości. Orgazm przyszedł jeszcze szybciej i intensywniej niż poprzednio. Spazmy targały jej mokrym ciałem. Potrzebowała dobrych kilku chwil, aby móc spokojnie wstać. Uśmiech, który pojawił się na jej twarzy, wyrażał więcej niż tysiąc słów. Ustawiła chłodniejszą wodę, opukała ciało i w zdecydowanie lepszej formie wyszła z łazienki. W kuchni bliźniaki szykowały śniadanie – świeżo zrobiona jajecznica ze szczypiorkiem zachęcała do konsumpcji.

– Mamuś, siadaj, my ci wszystko podamy.

– Pachnie obłędnie. Słuchajcie, mam odłożone pieniądze i w sumie żadnego pomysłu, co mogłabym z nimi zrobić. Co wy na to, żebyśmy znacząco uszczuplili ten stan? Pojedziemy do galerii, zrobimy shopping, pójdziemy do kina? Ja chyba mam ochotę na fryzjera i jakieś odlotowe pasemka, co wy na to?

– Serio? Zrobisz sobie odlotową fryzurę? – zapytał Patryk.

– Serio. Mam ochotę na coś odjechanego i was też zapraszam na sklepowe wariactwo.

– A to wariactwo obejmuje ile zer? – dociekała Pati. – Bardziej jedna bluzka i podkoszulka czy cały outfit?

– Cały outfit dla wszystkich, co wy na to?

– Nie wiem, co się stało, ale nie zmieniaj się, mamuś, tylko taka pozostań – stwierdził Patryk, a Pati potwierdziła.

Po śniadaniu dzieci szybko posprzątały – o dziwo, nie kłócąc się o to, kto ile centymetrów kwadratowych talerzy ma do umycia – i spokojnie czekały, aż Krystyna będzie gotowa do wyjścia. Włożyła koszulę i granatowe dżinsy, które kiedyś kupiła za namową Alicji, ale chyba nigdy nie miała ich na sobie. Zamówiła taksówkę i w trójkę pojechali do pobliskiego centrum handlowego. Weszli do każdego sklepu, na który wcześniej nie zwracała uwagi. I tak stała się posiadaczką dwóch kombinezonów, krótkiej spódniczki, koronkowej sukienki, figlarnej bielizny i – chyba w akcie desperacji – nowej fryzury. Patryk po otrzymaniu nowego dresu i kilku gier porzucił ich towarzystwo, bo – jak zauważył – nie miał ochoty patrzeć przez półtorej godziny, jak jego kobiety zmieniają swój image u fryzjera, i z zadowoleniem odszedł z napotkanymi kolegami. Pati w tajemnicy powiedziała Krystynie, że Patryk miał to zaplanowane, ale obie doszły do wniosku, że faktycznie by się z nimi nudził.

I tak oto po kilku godzinach zupełnie nowa Krystyna stała w domu i spoglądała na swoje odbicie w lustrze. Po raz pierwszy od wielu lat dostrzegła w sobie tę dawną Kryśkę. Tę, która lubi zaszaleć, czasem poddać się chwili. Patrząc na swoje odbicie, nadziwić się nie mogła, jak pozwoliła, aby ktoś przejął nad nią władzę. Pozwoliła ubrać się w płaszczyk dobrych manier, nieswoich zasad, poglądów, co wypada, a co nie wypada, gdy tak naprawdę tylko ona tych zasad przestrzegała. Dotarło do niej, że to, co było, już nigdy nie wróci. Zdecydowanym ruchem chwyciła za telefon. W pierwszej chwili chciała zadzwonić do Krzysztofa, ale doszła do wniosku, że nie chce po raz kolejny wysłuchiwać jego kłamstw. Usiadła w fotelu i napisała wiadomość. Chciała dać mu czas, nie chciała go zaskakiwać, napisała więc:

> Wiem o wszystkim. O tym, gdzie i z kim spędzasz czas. Nasze małżeństwo od dawna już nie istnieje, a ja nie widzę sensu, aby tkwić w zawieszeniu i kłamstwie. Nie dzwonię, bo nie chcę wysłuchiwać kolejnych kłamstw i obelg. Przykro mi tylko z jednego powodu: że nie miałeś w sobie tyle odwagi, aby o wszystkim mi powiedzieć. Chcę, abyś wyprowadził się, jak tylko wrócisz. K.

Wcisnęła „Wyślij", zanim do końca zdała sobie sprawę z tego, co robi. Zaskoczyła ją prawie natychmiastowa odpowiedź Krzysztofa:

> Nie mam na swoje poczynania usprawiedliwienia. Nie chciałem cię zranić, a zraniłem w najgorszy z możliwych sposobów. Czy możemy spotkać się w tygodniu w ciągu dnia, jak dzieci będą w szkole? Odbiorę swoje rzeczy i porozmawiamy. Tym razem szczerze. K.

Przez chwilę zastanawiała się nad treścią kolejnej wiadomości.

> OK. Oczekuję prawdy, całej prawdy. Postaram się do tego czasu napisać pozew rozwodowy. Jeśli przyznasz się do wszystkiego przed sądem, to rozwód dostaniemy od razu. Przykro mi, że zabrakło nam odwagi na szczerość. Oboje popełniliśmy błąd. Ty, nie mówiąc, a ja, nie domagając się prawdy. Daj mi, proszę, znać, kiedy będziesz po rzeczy. K.

Odpowiedź przyszła równie szybko co poprzednia:

Mogę podjechać po rzeczy w środę około 10. Wtedy dzieci
mają najdłużej lekcje. Spokojnie zdążę się spakować i poroz-
mawiamy. K.

W tym momencie Krystyna zrozumiała, że Krzysztof to zaplanował. Swój niby wyjazd, to, że Krystyna „przypadkiem" znajdzie obciążające go faktury. Po raz kolejny zrobił tak, jak on chciał. Nawet zostawił ją po swojemu, jak tchórz. Miała ochotę pieprznąć telefonem o ścianę, ale dokładnie w tym momencie przyszła kolejna wiadomość. Na wyświetlaczu pojawiła się migająca koperta i A. Mimowolnie się uśmiechnęła i ponownie zanurzyła się w swoim smartfonie.

Hej, Księżniczko Krystyno! Jak mija sobota? Nadal uwa-
żasz, że jestem najseksowniejszym facetem na świecie? Bo
jeśli tak, to możemy umówić się na kolację z winem i... ;-)

Po przeczytaniu tej wiadomości przypomniała sobie, że miała sprawdzić, co wczoraj wieczorem pisała do Antoniego. Mruknęła pod nosem: „raz kozie śmierć" i zaczęła przeszukiwać telefon. Na szczęście była tylko jedna wiadomość do Antoniego i jedna do Alicji.

Antoś, ale ty mnie kręcisz! Jesteś najprzystojniejszym face-
tem na tym padole. Bym bzyknęła cię na stojąco.

Wiadomość do Alicji na szczęście już była bardziej normalna:

Napisałam do Antosia. Oj, będą wióry leciały! Ale najpierw
pójdę spać.

W pierwszej chwili chciała napisać do Antoniego, ale doszła do wniosku, że prościej będzie zadzwonić i wytłumaczyć się z tego kiepskiego SMS-a. Odebrał już po pierwszym sygnale.

– No cześć, piękna! Jak zdrowie? Zwróć uwagę, że najpierw pytam grzecznościowo o zdrowie. – Widziała oczami duszy, jak się przy tym uśmiecha, jak marszczą mu się kąciki oczu i jak wyczekuje jej odpowiedzi.

– Nie nabijaj się ze mnie. Po naszym spotkaniu miałam wczoraj traumatyczny wieczór. Krótko mówiąc, wiem, dlaczego mój mąż... właściwie to prawie eksmąż, powinnam powiedzieć... zachowuje się tak, jak się zachowuje.

– Chcesz pogadać?

– Tak, ale nie dzisiaj. W środę będziemy ustalać zasady rozwodu. Ja do tego czasu wszystko sobie poukładam i będę wiedzieć, na czym stoję. Albo właściwie, czego oczekuję od siebie.

– Ma kogoś?

– Tak, ale to jest o wiele bardziej skomplikowane, niż sądziłam. Nie chcę do tego czasu spotykać się z tobą, bo nie chcę, aby mnie poniosło. – Mówiąc to, zmieniła ton. Zdawała sobie sprawę, że wchodzi na niebezpieczny grunt, ale potrzebowała zainteresowania, flirtu, napięcia, jakie towarzyszy początkom znajomości, gdy magia pożądania krąży między kochankami, wytwarzając niesamowitą chemię przyciągania.

– Poniosło? Jak miałoby ponieść? Opowiesz mi o tym? – Jego mruczący głos drażnił ją, pobudzał do granic możliwości.

– Och, na przykład tak jak dziś rano, gdy brałam prysznic. Gdy gorąca woda obudziła mnie tak, jak chyba nigdy wcześniej. Choć nie, przypominam sobie. Pamiętasz nasz wspólny poranek wtedy w hotelu pod prysznicem? Wtedy też było dwa razy z rzędu. – Nie podejrzewała się o to, że może z kimś tak otwarcie rozmawiać. Antek jęknął jej do ucha:

– Proszę, nie opowiadaj mi tak. Od wczoraj mam permanentną erekcję. Jakbym mógł, kochałbym się z tobą od wczoraj już sto razy. A ty mi teraz opowiadasz o swoich figlach pod prysznicem...

– Mam ci nie opowiadać, co robię rękoma? – drążyła z pełną premedytacją.

– Daj swój adres, będę u ciebie za kilka minut.

– W każdej chwili mogą przyjechać dzieci. Co prawda wyciągnęły ode mnie nieprzyzwoitą ilość gotówki, ale nigdy nie wiem, kiedy im się skończy cash.

– To ty przyjedź do mnie. Sypialnia i ja czekamy.

– Ale jak to? Mam do ciebie przyjechać na numerek?

– Na jeden tylko?

– Wariat! – Zaczęła się śmiać i choć zdawała sobie sprawę, że postępuje wprost odwrotnie, niż przed chwilą powiedziała Antoniemu, odparła:

– Jest w tym jakiś sens. Zadzwonię do dzieci i dam ci znać, okej?

– Okej, czekam.

Zanim wybrała numer do Pati, domofon zasygnalizował, że ktoś z domowników wchodzi do bloku. Po kilku minutach oboje stanęli w drzwiach z niepewnymi minami.

– Hej, mamuś! – powiedział Patryk i zaraz dodał: – Ale mamuś, ty naprawdę świetnie wyglądasz.

– Ha, ha, ha, dziękuję za ten niewymuszony komplement. A teraz szybciutko, co chcecie? Bo to, że coś kombinujecie, jest więcej niż pewne.

– Bo zostało nam trochę kasy i deszcz pada, i pomyśleliśmy, że mogłyby do nas wpaść ze dwie, trzy osoby... Zamówilibyśmy pizzę i włączylibyśmy Netflix albo muzykę, ale nie za głośno. Żeby tobie w sypialni nie przeszkadzać...

– Żeby mi nie przeszkadzać w sypialni? – Krystyna zaczęła się śmiać. – Zaproście znajomych, niech nie stoją na klatce. Ja i tak wychodzę, bo muszę coś załatwić. Będę w domu przed dziesiątą.

– Serio, mamuś? – zapytała Pati, a Patryk już otwierał drzwi i kiwał na znajomych, którzy cierpliwie czekali pod drzwiami. – Ale ten Patryk jest delikatny i subtelny. Chyba z tysiąc razy mu mówiłam, jak ma powiedzieć ci o wszystkim.

Krystyna spojrzała na syna i jego znajomych. Znała wszystkich sześcioro z wycieczek szkolnych. Znała też rodziców tych dzieci.

– Hej! Będziecie sami. Zamówię tylko pizzę dla was i znikam. Czy wasi rodzice wiedzą, że tu jesteście?

– Moi rodzice wiedzą, tylko proszą o krótkiego SMS-a, że pani się na to zgadza – odpowiedziała przyjaciółka Pati, z którą przyjaźniły się od pierwszego dnia szkoły. Reszta młodzieży potwierdziła, że rodzice zgadzają się, ale proszą Krystynę o potwierdzenie. Szybko wysłała zbiorczego SMS-a, zamówiła i opłaciła pizzę i po 25 minutach od rozmowy z Antkiem była gotowa do wyjścia. Zawołała do siebie Pati.

– Będę około dziesiątej. Dzwońcie, gdyby coś się działo. Ufam wam.

– Będzie dobrze, mamuś. Nie chcieliśmy włóczyć się po deszczu, a że nie ma taty, to pomyśleliśmy, że ty się przecież zgodzisz na to, aby przyszli nasi przyjaciele. Pięknie wyglądasz w tej sukience koronkowej.

– Dziękuję. Obiecuję, że dużo się zmieni, abyście mogli czuć się w domu swobodnie, ale o tym porozmawiamy za kilka dni. A teraz spadam, bo taksówka czeka, a wy bawcie się dobrze. – Cmoknęła swoją córkę i, nie czekając na windę, zbiegła na dół.

Droga do Antoniego trwała zdecydowanie krócej niż w piątkowe popołudnie i już po kilkunastu minutach Krystyna stała pod jego drzwiami. Przez mikrosekundę w jej głowie zagościła myśl: „Co ja tu, kurwa, robię?!", ale jak szybko się pojawiła, tak jeszcze szybciej zniknęła i Krystyna śmiało zapukała do drzwi. Antoni otworzył ubrany tylko w spodnie dresowe. Podał jej rękę i prawie wciągnął ją do mieszkania. Jednocześnie zamykał drzwi, całował ją i pozbawiał płaszcza. Po kilku minutach leżeli w łóżku, zmęczeni jak po maratonie.

– Mam nadzieję, że następny raz będzie zdecydowanie dłuższy, ale nie mogłem się powstrzymać. Od wczoraj nie mogę przestać myśleć o naszym pocałunku. W życiu tak nie zareagowałem na pocałunek, jak na ten z tobą wczoraj.

– To witam w klubie, bo miałam dokładnie tak samo. Nie mogę się nadziwić, że jestem tu z tobą, leżymy w łóżku i jest mi tak dobrze, jak dawno już nie było. To zaledwie jakieś trzydzieści sześć godzin, odkąd cię spotkałam, a wydarzyło się tyle, że nie sposób to wszystko zrozumieć.

– Żałujesz? – spytał, wpatrując się w jej twarz. – Tyle razy w życiu wyobrażałem sobie ten moment, że jesteś tuż przy mnie, że mogę cię dotykać, całować.

– Mogę tylko żałować, że nie stało się to wcześniej.

– Myślisz o swoim mężu? – spytał Antoni, a Krystyna rozpłakała się wbrew swojej woli.

– Nie myśl, że taka płaczka ze mnie, ale to wszystko mnie przerosło – zaczęła mówić, gdy się trochę uspokoiła. – Jeszcze nie poradziłam sobie ze śmiercią taty, gdy spadło na mnie to, że mój mąż od dawna mnie zdradza. Ale nie z kobietą. Do tego wczoraj pojawiłeś się ty. Milion emocji i chyba nie potrafię sobie tego poukładać.

– Jak to nie z kobietą?! Chcesz powiedzieć, że zdradza cię z facetami? Myślałaś o dobrym psychologu? Pomoże ci. Nie wiem, jakie masz podejście do terapii, ale uwierz mi, potrafi zdziałać cuda.

– Uważam, że to dobry pomysł. Bo o ile wiem, jak wygląda proces żałoby i jak przez to przejść, o tyle nie wiem, jak sobie ułożyć to wszystko, co jest związane z Krzysztofem. Do tego jeszcze jesteś ty. I najbardziej mi zależy, aby tego nie spieprzyć.

– Czyli dopuszczasz do siebie myśl, że będę obecny w twoim życiu trochę dłużej niż tydzień czy dwa?

– Żartujesz? Nie wyobrażam sobie leżeć tak z kimś innym. I choć moje życie jest teraz zakręcone jak rosyjskie lody, to jedno wiem na sto procent. Kocham cię, kochałam cały czas, tylko próbowałam to w sobie zagłuszyć związkiem z Krzysztofem – ślubem i udawaniem, że nie dostrzegam sygnałów dotyczących mojego męża.

– Też cię kocham od tamtej chwili, gdy zauważyłem cię w tramwaju. Od pierwszego pocałunku. W Egipcie budziłem się w nocy, bo śniłaś mi się co jakiś czas. Był nawet moment, że robiłem wszystko, aby o tobie zapomnieć, ale to nic nie dało. Aż pewnego dnia spotkałem jednego takiego faceta i przy drinku... po zdecydowanie wielu drinkach opowiedziałem mu o tobie. I wiesz, co on powiedział?

Nadal leżeli w sypialni, objęci, zafascynowani tym, ile przyjemności można czerpać z samej rozmowy.

– Co takiego?

– Zacytował mi Winstona Churchilla: „Nigdy nie rezygnuj z tego, o czym nie możesz przestać myśleć nawet na jeden dzień". A potem podsunął mi kolejny cytat, tym razem z Disneya.

– Tego Disneya od Myszki Miki?

– Tak, właśnie tego. Ten cytat brzmi: „Jeśli potrafisz o czymś marzyć, to potrafisz także tego dokonać". I wtedy zrozumiałem, że jeśli będę wierzył w to, że kiedyś będziemy razem, to to się spełni. To znaczy, jeszcze dużo czasu upłynęło, zanim zrozumiałem, o czym oni mówią, ale wiedziałem, że jest coś, czego mogę się zaczepić, by nie zwariować. Odnalazłem cel, wiedziałem, że muszę wrócić do Polski, aby cię spotkać. I co? Po tygodniu poszedłem do urzędu, aby zameldować się czasowo i cię spotkałem. Wiedziałem już rano, że coś się wydarzy, że jeśli poczuję się jak w domu, to ty też będziesz obecna w moim życiu. Muszę zadzwonić do Karima i powiedzieć mu, że we wszystkim miał rację.

– Kto to jest ten Karim?

– Mój przyjaciel, nauczyciel, guru, mentor. Wszystko po kolei. – Spojrzał na Krystynę, a potem ją pocałował.

– Jestem cały czas w szoku. Nie miałam czasu sobie tego wszystkiego poukładać w głowie. W czwartek kolejna awantura z Krzysztofem, rano w piątek wszystko wydawało mi się bardziej niż czarne, a jest sobota wieczór i leżę z tobą w łóżku po fantastycznym seksie. Mało tego, już wiem, że moje małżeństwo nie istnieje, Krzysztof tak jak ja chce rozwodu. Muszę to wszystko sobie poukładać. Nie pamiętam, kiedy moje życie miało takie tempo. Tym razem to Alka będzie mi zazdrość prędkości kosmicznej.

Uśmiechnęła się na myśl o minie Ali i Magdy. Zatęskniła też za Gosią. Chciała nawet wysłać do niej SMS-a, ale Antek miał trochę inny pomysł na resztę wieczoru, a że był bardzo przekonujący, to dopiero tuż przed dwudziestą drugą wsiadła do taksówki.

Alicję obudziła chęć zjedzenia kanapki. Wręcz czuła w czasie snu, jak zatapia zęby w świeżym, chrupiącym chlebie. Niewiele myśląc, obudziła

Aleksandra, aby mu o tym powiedzieć. Słyszał co prawda kiedyś od znajomego, że kobiety w ciąży mają dziwne zachcianki o absurdalnych porach dnia i nocy, ale nigdy nie przeżył tego na własnej skórze, więc zaskoczyło go wyznanie Alicji.

– Kochanie, skąd ja ci wezmę świeży, chrupiący chleb o drugiej trzydzieści siedem? Nie ma szans. Idź spać, rano coś wymyślimy.

– Ale co ty chcesz wymyślić? Tu nigdzie nie ma takich chlebów, jak były kiedyś. Takich, jak jedliśmy, gdy byliśmy mali, gdy naszym jedynym zmartwieniem było to, czy babka z piasku się nie rozwali.

– Chcesz po prostu domowy chleb z chrupiącą skórką, tak ? Chodź, przytul się do mnie i śpijmy dalej. – Otoczył ją ramieniem i zaczął gładzić po głowie. Już po chwili spała w najlepsze. Wziął jeszcze telefon do ręki, przestawił budzik na inną godzinę i po chwili też oddał się objęciom Morfeusza.

Rano Alicję obudził zapach pieczonego chleba. Przebudziła się, ale jeszcze nie otworzyła oczu.

– Ta ciąża mnie wykończy, jakim cudem mogę przez tyle godzin czuć zapach chleba, przecież to absurd – mruknęła do siebie. Powoli zsunęła się z łóżka, włożyła szlafrok i wyszła z pokoju, kierując się zapachem. Jej oczom ukazała się kuchnia, a na blacie kuchennym piękny, pachnący bochenek chleba. Obok stał Aleksander i pękał z dumy niczym tytan po wygranej walce. Niesamowicie rozczulił ją ten widok. Podeszła do niego i przytuliła się mocno, aby choć w ten sposób podziękować za to, co dla niej zrobił.

– Kochany jesteś, wstałeś specjalnie dla mnie, aby pójść do piekarni?

– Kobieto, do jakiej piekarni? – obruszył się. Wypiął pierś do przodu jak ogier po wygranej gonitwie. – Ja go upiekłem specjalnie dla ciebie. Masz szczęście, że babcia nauczyła mnie piec. Uważała, że każdy facet powinien umieć zapewnić swojej rodzinie pożywienie, a chleba ma nigdy nie zabraknąć. A ja byłem pojętnym uczniem. Chcesz spróbować?

– Ty się jeszcze pytasz? Dawaj dupkę, szybko!

– Co ty chcesz? Chodzi ci o skrajkę?

– Może być skrajka, dupka, piętka – jak zwał, tak zwał, ja poproszę, tylko szybko, ślinka mi cieknie!

Rzeczywiście otarła ręką usta, a drugą wyciągnęła w kierunku Aleksandra, choć właściwie chyba bardziej w kierunku chleba.

– Proszę mi dać chleb i nie głodzić ciężarnej!

– Nie wiem, czy nie powinien ostygnąć jeszcze, bo jest ciepły...

Drocząc się z Alą, podał jej skrawek chleba. Szybko wzięła go do ręki i jeszcze szybciej wsadziła do ust. I wtedy świat się dla niej zatrzymał. Chleb był idealny. Chrupiąca skórka drażniła podniebienie, delikatne ciasto wręcz rozpływało się w ustach. Poczuła się znów jak mała dziewczynka, która przybiegła do domu po kawałek chleba, by po chwili pobiec do swoich dziecięcych przyjaciół. Z lubością zaczęła obgryzać białą część chleba, by dopiero na końcu rozprawić się ze świeżą, chrupiącą skórką. Jadła z na wpół przymkniętymi oczami, a radość można było wyczytać z każdego fragmentu jej ciała.

– Smakuje? – dopytywał Aleksander.

– Serio, jeszcze pytasz? Nie pamiętam już, kiedy jadłam tak pyszny chleb. Chyba wtedy, jak byłam mała i z dzieciakami sąsiadów biegaliśmy po lesie i nad rzekę, każde z pajdą chleba w ręku. Niech się schowają te wszystkie krewetki, nudle i inne smaki. Od dziś tylko prostota się liczy. Nie pamiętam już, kiedy jadłam coś tak pysznego. To znaczy do dziś. – Podeszła do Alka i objęła go mocno. – Nigdy nie kochałam nikogo równie mocno jak ciebie. No, chyba że był to boski Leo z *Niebiańskiej plaży*. – Spojrzała figlarnie spod rzęs.

– Ale on nie piekł ci chleba rano na śniadanie.

– Dlatego to ty mieszkasz ze mną, a nie boski Leo. Zrobisz mi ze trzy kanapki?

– Jasne, z czym chcesz?

– Mamy jeszcze te malinowe pomidory?

– Z pomidorem chcesz?

– Tak, i dużo masła. Nie rozsmarowuj, tylko takie cienkie plasterki po-
łóż na chleb, na to pomidory, cebulkę i troszkę śmietany. – To połączenie
nieco go zaskoczyło, ale zrobił, jak sobie zażyczyła.

– Będziesz coś piła do śniadania? Kawę, herbatę?

– Nie, to zepsuje mi tylko smak z dzieciństwa. Chyba mam ochotę na
ciepłe mleko. Masz jakąś krówkę na balkonie?

– Na balkonie nie, ale jak chcesz, możemy pojechać do mojego rodzinnego domu i tam mogę obiecać, że dostaniesz nie tylko mleko, ale też własnej
roboty masło, a i domowa szynka też się znajdzie.

– Przestań – powiedziała ze śmiechem Alicja. – Już mi w brzuchu burczy.

– Łakomczuchu ty! To zgadzasz się? Moi rodzice wręcz nalegają na
to, aby cię poznać, zresztą tak samo jak babcia. A ja obiecałem, że przyjedziemy do nich w ten weekend. Wiesz, oni są prostymi ludźmi, a my
już za chwilę będziemy rodzicami ich wnuka albo wnuczki. – Jego spojrzenie zatrzymało się na delikatnie zarysowanym ciążowym brzuchu
Alicji. – I dlatego chcą, abyśmy przyjechali jak najszybciej. Chcą się nacieszyć mną, tobą i tym, że nareszcie po tylu latach się, jak to oni mówią,
ustatkowałem.

– Obiecujesz, że będzie jedzenie, takie domowe? – spojrzała na niego
jak kot ze Shreka, a Aleksander ją przytulił.

Nie wiedziała, co powiedzieć. Z jednej strony wiedziała, że taka jest
kolej rzeczy, gdy dwoje ludzi postanawia być ze sobą. Poznają siebie, zako-
chują się, spędzają wspólnie czas i w pewnym momencie dochodzi do spotkania w szerszym gronie przyjaciół i rodziny. Bała się tylko, jak Aleksander zareaguje na jej rodziców, na to, że mieszkają w prostym drewnianym
domu pod lasem. Odkąd wyprowadziła się z domu rodzinnego, nikomu
nie mówiła, gdzie kiedyś mieszkała i kim są jej rodzice. Na pytania znajomych zawsze odpowiada zdawkowo – tak, ma rodziców, którzy mieszkają
daleko – ale nigdy nie wdawała się w szczegóły. Próbowała sobie przypomnieć, kiedy ostatni raz widziała się z nimi. Chyba pół roku temu albo
jeszcze dawniej. Święta spędziła z Krystyną i jej rodziną w górach. A to

oznaczało, że w domu była jakieś dziewięć, może dziesięć miesięcy temu. Nagle poczuła silną chęć przytulenia się do swojej mamy. Porozmawiania z tatą. Ta tęsknota zaczęła ją palić od wewnątrz, powoli rzeźbiąc w niej wzór układający się w słowo „dom".

– Już dzwonię do domu, aby dopytać. – Aleksander wziął telefon, wcisnął klawisz szybkiego wybierania, włączył tryb głośnomówiący i po chwili rozległ się wesoły głos starszej pani:

– Tylko nie mów, że się rozmyśliłeś i że was nie będzie! Upiekłeś chleb dla Ali? Miała bidulka co jeść na śniadanie?

– Cześć, babciu, mam włączony głośnik w telefonie. Ala ma pytanie do ciebie. Otóż jedyną rzeczą, jaka zaprząta jej głowę, jest jedzenie. Czy będzie co jeść?

– No co ty za pytania zadajesz? Wszystko już gotowe, ojciec twój wczoraj uwędził szynkę, masło już gotowe, chleb dochodzi. Na obiad zrobię twój ulubiony buraczany chłodnik i pierogi....

– Dzień dobry, tu Alicja. A te pierogi z czym będą? Przepraszam, że tak dopytuję, ale jak usłyszałam o tych pierogach...

– Dzień dobry, Alunia, a z czym lubisz? Robimy z jagodami. Będą też z mięsem i kapustą kiszoną. Co prawda jeszcze nie jest do końca ukiszona, ale można śmiało jeść. A ty, Aluniu, z czym jesz pierogi, na jakie masz ochotę?

– Te będą idealne, proszę pani...

Babcia Alka szybko i zdecydowanie jej przerwała:

– Babcia. Mów mi „babcia". Za kilka miesięcy będziesz mamą mojego pierwszego i jedynego prawnuka, więc już samo to zobowiązuje do zacieśniania więzi. Za ile będziecie?

Aleksander chciał coś powiedzieć, ale wyprzedziła go Alicja.

– Za godzinę będziemy, babciu – głos Alicji lekko zadrżał. Może to tylko chęć zjedzenia domowych pierogów, a może dawne, uśpione uczucia obudziły się we wspomnieniach.

– Babciu, za półtorej godziny, bo musimy dojechać, a nie chcę jechać za szybko, wioząc do was mój największy skarb. Widzimy się niedługo.

Odłożył telefon na blat kuchenny. Chciał o coś zapytać, ale Alicja znów wyglądała jak dawniej i po wzruszeniu nie było nawet śladu. Szybko zsunęła się z krzesła barowego, podeszła do Aleksandra, pocałowała go czule, szybkim ruchem mocno przytuliła i zanim zdążył zareagować, już biegła do sypialni.

– Daj mi dziesięć minut i będę gotowa.

– Dziesięć minut? To chyba jakiś cud musiałby się stać na świecie. Co spowodowało taką zmianę u ciebie? Czyżby chęć poznania mojej rodziny? – dopytywał, szykując po kanapce na drogę. Wolał się zabezpieczyć. A patrząc na to, jak Alicji smakowało śniadanie, był prawie pewny, że kanapki się przydadzą. – Z ciężarną kobietą nigdy nie wiadomo – mruknął pod nosem. – Chcesz poznać moich rodziców czy perspektywa pierogów z jagodami tak cię zmobilizowała?

– Chcę poznać twoją rodzinę i zjeść pierogi. Dużo pierogów, oblanych śmietaną albo tłuszczem z cebulką.

Po 10 minutach jechali samochodem w stronę domu rodzinnego Aleksandra. Alicja nie wiedziała, czego się spodziewać. Nigdy nie rozmawiali o domach rodzinnych. Co prawda Alek próbował podpytywać Alicję, ale ona nieszczególnie chciała opowiadać o swoim dzieciństwie. Nie wiedziała, jak ma opowiedzieć o swoich rodzicach, o tym, że byli to bardzo prości, choć uczciwi ludzie. Bała się reakcji Alka, gdy ten dowie się, że do dziesiątego roku jej życia toaleta była na dworze, w kuchni nadal stał piec kaflowy, a rodzice za nic nie chcieli tego zmienić. Uważali, że nic więcej im do życia nie potrzeba, a to, co mają teraz, jest o niebo lepsze niż to, co mieli jeszcze kilkanaście lat temu. Alicja, odkąd zaczęła pracować, co miesiąc wysyłała rodzicom pieniądze. Może w ten sposób chciała im się odwdzięczyć za to, że umożliwili jej ucieczkę ze wsi. Chyba sama tego nie wiedziała. I nie bardzo chciała się teraz nad tym zastanawiać.

Kanapki oczywiście się przydały. Już po wyjeździe z miasta Alicja zaczęła narzekać, że tyle dobrego chleba zostało w domu, a ona z chęcią zjadłaby jeszcze jedną, no, góra trzy kanapki z tego pysznego chleba.

– Dojeżdżamy do domu. Ten las znam jak własną kieszeń. Albo i lepiej.

– To jest niesamowite. Przez całą drogę nic nie mówiłam, bo chciałam mieć pewność. Teraz jestem pewna na tysiąc procent. Wiesz, że przez całe życie mieszkaliśmy niedaleko siebie? – zapytała rozemocjonowana Alicja.

– Jak to? Czemu nic nie mówiłaś? – zdumiał się Aleksander.

– Czubku, przecież ty też mi dokładnie nie powiedziałeś, gdzie mieszkałeś. Wracając od twoich rodziców, podjedziemy do moich, okej? – zapytała Alicja.

– Oczywiście, że tak. Z przyjemnością poznam twoich rodziców – powiedział Aleksander i zwolnił, by skręcić w leśną drogę.

– Mieszkasz w lesie? – zapytała zaskoczona.

– Można tak powiedzieć. To źle?

– Nie, to nawet ciekawe, bo ja też mieszkałam z rodzicami pod lasem. Znałam nawet zająca, który podchodził pod nasz dom zimą.

– To poczujesz się jak u siebie. Zobacz, już widać dach domu, tam po lewej stronie.

Alicja spojrzała zaciekawiona. Jej oczom ukazał się drewniany, odnowiony dziewiętnastowieczny dom, bardzo podobny do takiego, w jakim ona się wychowała, a którego tak się wstydziła przez całe życie. Wjechali na posesję z trzech stron otoczoną lasem. W tej samej chwili z domu wyszli rodzice i babcia Aleksandra. Rodzice byli około sześćdziesiątki. Wyglądali na typowych mieszkańców niewielkiego leśnego gospodarstwa. Ojciec Alka był rosłym mężczyzną, miał twarz wysmaganą słońcem, wiatrem i deszczem. Z rysów twarzy i postawy Aleksander był bardzo do niego podobny. Obok ojca stała szczupła kobieta ubrana w letnią sukienkę w kwiaty. Wyglądało uroczo, miała w sobie tajemniczą delikatność. Ale uwagę Alicji przykuła babcia Alka. Ubrana w fartuch, z chustką na głowie wyglądała jak wyjęta z baśni braci Grimm. Jeśli istniał pierwowzór babci, to babcia Alka była z nim zdecydowanie zgodna.

Aleksander zatrzymał samochód, z dziecięcą radością spojrzał na Alicję, otworzył drzwi i wysiadł. Obszedł samochód dookoła i pomógł jej wysiąść. Rodzice i babcia ruszyli w ich stronę, aby przywitać się z przyjezdnymi. Aleksander szybkim ruchem podskoczył do ojca, wykonał gest niedźwiedzia, uściskał mamę, a potem z łatwością podniósł babcię, obrócił się z nią ze trzy razy i postawił z powrotem na ziemię. Babcia śmiała się w głos.

– Twoja Ala jeszcze pomyśli, że jesteśmy szurnięci przez te nasze wariactwa – zauważyła i z ciekawością zaczęła przyglądać się przyszłej matce jej prawnuczki lub prawnuka.

– Kochani! Mamo, tato, babciu! Pozwólcie, że przedstawię wam Alicję, moją ukochaną i niedługo mamę mojego dziecka. Alu, to moi rodzice.

Babcia Alka jakby na to czekała. Szybko podbiegła i mocno przytuliła Alicję, nie zwracając uwagi na konwenanse.

– Nareszcie nam cię tu przywiózł, ileż można było prosić? Ale jedno trzeba mu przyznać, jesteś śliczna jak laleczka! Chodźcie do środka. Pewnie Alunia jest głodna?

– Mamo, a może pozwolisz nam też się przywitać z Alicją? Wszak to nasza synowa za chwilę będzie – odezwał się ojciec Aleksandra. Podszedł do Alicji i przytulił ją mocno, po ojcowsku i głośno cmoknął w głowę. Jego żona zrobiła dokładnie to samo: najpierw objęcia, a potem buziak, tym razem w obydwa policzki. Babcia nie zamierzała dłużej czekać – wzięła Alicję za rękę i poprowadziła do domu.

A tu Alicja poczuła się, jakby powróciła do dziecięcych lat, jak prawdziwa Alicja w Krainie Czarów. Już widok drewnianego domu był przedsmakiem wrażeń, jakie mogły ją czekać w środku, ale tego, co zobaczyła na własne oczy, nie spodziewała się w ogóle. Długi przedpokój ciągnął się przez cały dom, bo widziała okno na przeciwległej ścianie. Utrzymany był w stylu rustykalnym. Na ścianach dominował kolor biały. Na podłodze też, choć ta wyłożona była po prostu mozaiką w biało-czarne wzory. Po lewej stronie stał biały wieszak z ławą. Można było tam zostawić palto i usiąść podczas ściągania albo wkładania butów. Siedzenie wyścielone było poduszkami, a Alicja była pewna, że babcia albo mama Aleksandra same je uszyły. W oddali widać było białe schody prowadzące na górę. Za wieszakiem znajdowały się drewniane drzwi szerokie na półtora metra. Dalej na tej ścianie można było zauważyć jeszcze jedne takie drzwi, szerokie jak poprzednie. Po prawej stronie tuż za wejściem znajdowały się mniejsze drzwi, na których wypalono litery WC, a tuż za nimi otworem stało wejście do kuchni.

Tu Alicja doznała jeszcze większego zaskoczenia. Wchodząc do kuchni, poczuła się jak w domu rodzinnym. Na pierwszym i dla niej najważniejszym planie stała stara kaflowa kuchnia – odnowiona kuchnia, jaką pamiętała z dzieciństwa. Po jej lewej stronie znajdował się olbrzymi piec kaflowy, a na nim spały sobie w najlepsze dwa koty – jeden zupełnie rudy, drugi pręgowany. Drewniany stół przykryto lnianym obrusem. W oknach powiewały delikatnie białe firanki, a pod sufitem suszyły się różne zioła. Kontrastem dla starej kuchni były nowoczesne, białe meble kuchenne na wysoki połysk z zamontowaną płytą indukcyjną. Alicja czuła, że musi coś powiedzieć, ale milczała jak zaklęta. Kuchnia wyglądała prawie tak samo jak w jej rodzinnym domu. W domu, którego ona się wstydziła, bo uważała, że jest na skromny, za biedny. Było jej wstyd, bo dotarło do niej, jak bardzo zraniła swoich rodziców. Jednocześnie była bardzo wdzięczna Alkowi, że przywiózł ją do swojego domu rodzinnego – dzięki temu zrozumiała, że swój błąd może z łatwością naprawić. Czuła wzruszenie i wiedziała, że głos ją zdradzi, ale jak na Alicje przystało, nie zwracała na to uwagi.

– Tu jest tak cudownie, że czuję się jak u siebie w domu. I tak pięknie pachnie domem… Nie wiem, jak określić ten zapach, to pewnie te zioła tak pachną. Czuję się, jakbym wróciła do domu. Do rodziców…

Głos odmówił jej posłuszeństwa, na policzkach poczuła łzy. Stała pośrodku kuchni, rozglądając się dookoła, a płacz ukryty kiedyś bardzo głęboko w sercu Alicji nareszcie znalazł ujście. Pierwsza podeszła do niej babcia Aleksandra, choć i rodzice mieli taki zamiar. Natomiast Aleksander stał jak oczarowany. Wiedział, że Alicja jest delikatną kobietą, ale nie spodziewał się, że odkryje się tak nagle. Myślał, że skorupa będzie schodziła powoli, że będzie musiał zrywać ją jak łupinę z cebuli. Usłyszał kojący głos babci, który tym razem uspokajał Alicję, nie jego.

– Już, Alutka, spokojnie, spokojnie... – Babcia gładziła Alicję po głowie, pozwalając jej się wypłakać.

– Przepraszam, ale te hormony ciążowe to jakiś hardkor. Rano wstaję pełna werwy, a po kilku minutach płaczę w łazience, bo zobaczyłam reklamę z małym dzieckiem. To jest jakiś obłęd – wyjaśniła Alicja, próbując trzymać fason. – Tu jest tak pięknie. Aleksander rano upiekł dla mnie chleb i to wszystko spowodowało pewnie ten strumień łez...

– Strumień? Ty chyba nigdy strumienia nie widziałaś – powiedział ze śmiechem Aleksander. Dobrze wiedział, że to, co powiedziała Alicja, to tylko cząstka czegoś znacznie większego i prawdziwy powód reakcji Alicji kryje się gdzieś głębiej.

– Dajcie już Ali spokój. Głodni jesteście? Wszystko mamy naszykowane, tylko ustawić na stole. Oluś, pokaż na górze waszą sypialnię i łazienkę, a my w tym czasie naszykujemy stół.

Aleksander wziął Alicję za rękę i poprowadził ją na górę. Nie pytał o nic, znał ją już wystarczająco, by wiedzieć, że skorupa wróciła na swoje miejsce, a Alicja znów w pełni włada swoją krainą lodu. Tym bardziej zaskoczyło go to, co powiedziała, gdy znaleźli się na górze.

– Opowiem ci o wszystkim, ale na spokojnie, u nas w domu. Już nie chcę więcej płakać u twoich rodziców. Masz przepiękny dom i dziękuję bardzo, że mnie tu zabrałeś. – Przytuliła się do niego z całych sił. – A teraz chodź szybko na dół, bo jestem bardzo głodna.

– Znowu jesteś głodna? Przecież to niemożliwe – zauważył wesoło Aleksander.

– Niemożliwe to jest przepchnięcie słonia przez dziurkę od klucza. I tu się z tobą zgodzę, no chyba że to jest dziurka od klucza wielkości mojego głodu, to wtedy spokojnie wejdzie słoń i jeszcze jego koledzy. Na dół, waćpanie, i nie głodź ciężarnej! – Pociągnęła go za rękę i zeszli na dół. A tam już skwarki skwierczały na patelni, pachniała szynka i domowy chrzan, w glinianym dzbanku bieliła się swojska śmietana.

– Może pomogę? Naszykować coś? – zapytała babcię Alicja.

– Nie, kochanie, dziś jesteś naszym gościem. Jutro już spokojnie zagonimy cię do rąbania drewna na opał, ale dziś odpoczywaj – zamiast babci odezwał się ojciec Aleksandra.

– Co ty wygadujesz, jeszcze Alicja pomyśli, że mówisz to poważnie. Gdzie ciężarna kobieta ma rąbać drewno? – obruszyła się mama Alka. – Głodna jesteś na pewno, kochaniutka? Na co masz ochotę w pierwszej kolejności?

– Szczerze? Na wszystko. Pachnie obłędnie. Ale chyba na pierogi ze skwarkami.

– Z mięsem i kapustą? – zapytała babcia.

– A to można jeść pierogi z jagodami i skwarkami? – zdziwił się Aleksander.

– Zdziwiłbyś się, co potrafią jeść kobiety w ciąży – oznajmiła babcia. – Ala, dziesięć ci wystarczy?

– Tak – odpowiedziała z wielkim uśmiechem Alicja i sięgnęła po talerz z pierogami.

Wszyscy siedzieli już przy stole, tylko babcia jeszcze kończyła wyławiać pierogi z garnka. Alicja wzięła widelec i rzuciła się na swoją porcję. Delikatne, cienkie prawie jak papier ciasto kryło w sobie pyszny, idealnie doprawiony mięsny farsz. Skwarki z lekką czosnkowo-cebulową nutą nadawały całości wyrazistego smaku. Alicja zauważyła, że wszyscy się jej przypatrują i lekko się zarumieniła.

– Przepraszam, że nie poczekałam na wszystkich, ale nie mogłam się powstrzymać. Już nie pamiętam, kiedy jadłam takie pyszne pierogi – powiedziała na swoje usprawiedliwienie. Wszyscy się roześmiali.

– Ala, nie o to chodzi, już dawno nie widzieliśmy nikogo, kto by jadł z takim zapałem i smakiem. Jedz wszystko, co chcesz i na co masz ochotę. Nawet nie wiesz, jak bardzo się cieszymy, że jesteś tu z nami, że jesteś z naszym synem. A chyba najbardziej cieszy nas to, że doczekamy się wnuczki lub wnuka – powiedziała matka Aleksandra. Jej oczy niebezpiecznie zapełniły się łzami. Ojciec Alka, chcąc powstrzymać kolejny tego dnia napad płaczu, spojrzał na syna i głośno zaproponował:

– Uważam, że to najlepszy moment, aby wyciągnąć nalewkę babci. Co o tym sądzisz, synu? Zostajecie na noc oczywiście?

Aleksander potwierdził, a Alicja tylko pokiwała głową, bo usta miała pełne pierogów. Potem wybrali się na spacer po okolicznym lesie. Tylko babcia wymówiła się z tego, zauważając, że ma już swoje lata i czasy, gdy dziarsko biegała po lesie, minęły dawno i bezpowrotnie. Gdy wrócili do domu, Alicja kolejny raz zasiadła do pierogów. Wieczorem, gdy poszli na górę, zasnęła tak szybko, że nawet nie czuła, jak Aleksander kładzie się obok niej.

W niedzielny poranek Alicję obudził zapach podsmażanej śmietany z wanilią. Nie otworzyła jeszcze oczu, przeciągnęła się z lubością i przytuliła do Aleksandra. Objął ją mocno i pocałował w czoło.

– Dzień dobry, kochanie.

– Czujesz te zapach? – zapytała z rozmarzeniem.

– Mówiłem „dzień dobry", ale jak chcesz, możemy od razu przejść do śniadania. Jak mniemam, babcia już szaleje w kuchni i na pewno podgrzewa dla ciebie pierogi z jagodami i słodką śmietaną. Lubisz?

– Czy lubię? – Za szybko chciała wstać z łóżka, zakręciło jej się w głowie i z powrotem usiadła.

– Spokojnie, maleńka, dokąd tak ci się spieszy? – zapytał Aleksander, choć doskonale znał odpowiedź.

– Jak możesz tak spokojnie leżeć, gdy na dole jest tak dużo dobrego jedzenia? Idę pierwsza do łazienki i biegnę na dół jeść. Boże, uwielbiam ten dom, twoich rodziców, twoją babcię. Kocham cię, ale jeszcze bardziej kocham kuchnię twojej babci. – To rzekłszy, pocałowała Aleksandra w czubek nosa i już jej nie było. Gdy po 20 minutach Aleksander zszedł na dół, Alicja siedziała przy stole z nogą podkurczoną na krześle i zajadała się pierogami ze śmietaną.

– Dzień dobry wszystkim. Kochanie, ty, widzę, już wcinasz swoją porcję pierogów?

– Drugą. To już moja druga porcja. A wiesz, co jest najlepsze w tym wszystkim? Babcia nam szykuje zapasy do domu. I w Warszawie też będziemy mogli je jeść – obwieściła z radością i ponownie zatopiła zęby w pierogach.

– Babciu, mam pytanie. Czy Alicja zawsze już będzie tyle jadła?

W drodze powrotnej Alicja zabrała Aleksandra do swoich rodziców. Nie spodziewali się jej, bo córka już dawno nie robiła im takich niespodzianek, zwłaszcza w niedzielę. Gdy samochód podjechał, wyszli przed dom, ciekawi, kto ich odwiedził. Alicja wyskoczyła z samochodu, pędem podbiegła do rodziców i z całych sił ich przytuliła.

– Córuchna, a co to się stało, że tak nas witasz? – powiedział ojciec Alicji tuż po tym, jak odzyskał zdolność mówienia po uścisku córki.

– Tatuś, mamuś, ja tak bardzo was kocham i przepraszam, że tak rzadko przyjeżdżałam... I przepraszam, że nie było mnie wtedy, gdy na pewno tego oczekiwaliście... I dlatego, że będę mieć dziecko i chcę, aby ono poznało swoich dziadków... – Alicji zabrakło siły albo emocje wzięły górę, bo znów podczas tego weekendu się rozpłakała. Aleksander wysiadł z samochodu i podszedł powoli.

– Córcia, nie ma co płakać. To piękna wiadomość, nie płacz kochana. – Matka Alicji tuliła ją do siebie. – Cichutko, spokojnie. Powiedz lepiej, kim jest ten pan, który z tobą tu przyjechał?

Alicja otarła łzy i z uśmiechem, jakiego nigdy nie widzieli na jej twarzy, powiedziała: – Kochani, poznajcie Aleksandra. Od jakiegoś czasu jesteśmy razem i niedawno okazało się, że jestem w ciąży. Aleksandrze, to moi rodzice. Mama i tata.

W pierwszej chwili dało się zauważyć konsternację i zaskoczenie na twarzach rodziców Alicji. O ile niezapowiedziany i nagły przyjazd ich córki był dużą niespodzianką, tak informacja o jej ciąży okazała się dla nich prawdziwym szokiem. Nie chcieli chyba stracić w oczach córki, bo po chwilowej ciszy pierwszy odezwał się ojciec.

– Chodźcie do domu, nie wypada tak trzymać gości na progu. I tak zaraz pół wsi się zbierze, żeby zobaczyć, co to za limuzyna do nas przyjechała – powiedział ojciec Alicji i gestem zaprosił młodych do środka. W domu wszystko było takie, jak Alicja zapamiętała. Stary ceglany piec stał obok kuchenki elektrycznej. Nad piecem wisiały suszone zioła, a na oknie siedział kot. Chyba po raz pierwszy w życiu Alicja była tak bardzo dumna ze swojego domu i tego, że może go komuś pokazać. Zwróciła uwagę na ulotki leżące przy piecu – przedstawiały jej dom rodzinny.

– Mamuś, macie swoje ulotki? – zapytała zdumiona Alicja.

– Tak, kochanie, niedawno była u nas nauczycielka z pobliskiej szkoły i zaproponowała, by zorganizować u nas warsztaty dla dzieci z miasta. Żeby zobaczyły, jak się żyło w dawnych czasach. Większość domów jest nowoczesna, a tylko u nas jest tak, jak jeszcze sto lat temu. Zgodziliśmy się i teraz przynajmniej raz w tygodniu są u nas wycieczki. Pokazujemy, jak się robi masło i wędzi wędliny. Dzieci są zachwycone, my mamy co robić, a i kasy trochę wpadnie. Mówią, że u nas jest jak w skansenie.

– Genialny pomysł. Muszę to podpowiedzieć swoim rodzicom, będą zachwyceni. – Aleksander chciał coś jeszcze dopowiedzieć, ale Alicja weszła mu w słowo:

– Mamuś, czy to ogórkowa tak pachnie na piecu?

– Tak, chcecie po talerzu? – zapytała mama Alicji i bez czekania na odpowiedź podeszła do szafki, aby wyjąć talerze.

– Tak, bardzo chętnie – powiedział Aleksander, a Alicja już siadała do stołu z łyżką w ręku.

– Opowiadaj, córcia, jakie macie plany. I co z tą twoją ciążą? Nie wyglądasz w ogóle na ciężarną kobietę.

– To może ja odpowiem. Oczywiście planujemy ślub i weźmiemy go, gdy tylko dziecko się urodzi – powiedział Aleksander. – Ja ze swojej strony mogę tylko powiedzieć, że nigdy nie kochałem żadnej kobiety tak jak waszej córki. I zagwarantować, że zrobię absolutnie wszystko, aby była najszczęśliwszą kobietą na świecie. Co państwo robią za dwa tygodnie? Moi rodzice będą w Warszawie i na pewno chętnie państwa poznają. Mógłbym po państwa przyjechać w sobotę rano i odwiózłbym was w niedzielę wieczorem. Będzie okazja do bliższego poznania się nawzajem.

– Po co robić zamieszanie? Sami przyjedziemy, pekaesem – odpowiedział ojciec Alicji.

– Nie ma sensu. Samochodem to jest niecała godzina drogi, komunikacją ponad trzy i pół godziny. Szkoda marnować czas. Moi rodzice mają być około dziesiątej, więc ja po państwa przyjadę około ósmej trzydzieści.

– A twoi rodzice jak przyjadą? – zaciekawiła się mama Alicji.

– Tata ma samochód, więc dla nich to żaden problem.

– Przepraszam, że wam przerwę, ale mamuś, czy jest dokładka?

– Córcia, ty chcesz dokładkę?

– Odkąd Alicja jest w ciąży, non stop je tylko dokładki – Aleksander zaczął się śmiać.

– I dobrze, niech je teraz, ile potrzebuje. Córcia, jeszcze mamy pierogi z kapustą i grzybami, masz ochotę na kilka?

Mama Alicji wstała, by podgrzać pierogi ze skwarkami własnej roboty. I choć Aleksander miał już dość pierogów na ten weekend, nie dał tego po sobie poznać. Wziął nawet dokładkę.

Gdy wyjeżdżali od rodziców Alicji, do bagażnika powędrowały kolejne zapasy pierogów, zupy ogórkowej i wędlin własnej produkcji. Alicja zdążyła jeszcze wyprosić u mamy upieczenie ciasta drożdżowego z jabłkami i kruszonką.

– Wracamy do domu jak prawdziwe słoiki – powiedziała Alicja, gdy wjeżdżali do miasta. – Najpiękniejsze jest to, że mamy tyle pierogów. Już doczekać się nie mogę ich jedzenia.

– Serio? Po tym weekendzie masz jeszcze ochotę na pierogi? – zdumiony Aleksander pokiwał głową. – Przecież, lekko licząc, zjadłaś ich setkę.

– Wiem, ale moja ciąża się tego domaga.

– Skoro tak, to jedz. Mam tylko nadzieję, że nie urodzisz pieroga, moja droga.

– Milcz, panie, jak nie masz nic mądrego do powiedzenia. Pierogi to rzecz święta, tak samo jak moja ciąża.

Zaczęli się śmiać. Jednego mogli być pewni – zapasów po tym rodzinnym weekendzie nie zabraknie im na pewno. Zwłaszcza pierogów.

L eżała na leżaku. Słońce otulało ją swoimi promieniami. Gosia po raz pierwszy od dawna czuła się bezpieczna. Uśmiech obecny na jej twarzy był szczery, a nie udawany. Piotr z przyjemnością patrzył na swoją żonę. Jej opalone ciało nie dawało mu spokoju. Fikuśne stroje kąpielowe, które kupili już będąc w Punta Cana, w znacznym stopniu podkręcały atmosferę. I gdyby nie obecność rodziców Gosi, z chęcią nie wychodziliby z łóżka.

Myśli Gosi poszybowały do ostatnich wydarzeń. Kilka tygodni temu połknęła całą fiolkę tabletek nasennych. Nie, nie chciała się zabić. Chciała tylko zabić wszystkie myśli, które kłębiły się w jej głowie. Nie chciała pamiętać, że to nie ona, a jej najlepsza przyjaciółka jest w ciąży. To, że ktoś jej najbliższy będzie miał dziecko, traktowała jak zdradę. W szpitalu, już po płukaniu żołądka, próbowała wyprzeć to uczucie. Zakopać je gdzieś w podświadomości. Opisać jako „Ani się waż to otwierać, kurwa!". I pewnie by się udało na jakiś czas. Ale Piotr znalazł dla niej osobę, która mogła jej pomóc. Przez dwa tygodnie dzień w dzień spotykała się z terapeutą i dzień w dzień wchodziła we własne myśli, aby zmierzyć się ze swoimi demonami. Każdy dzień zaczynała płaczem i kończyła śmiechem. Oczyszczenie, jakie następowało każdego dnia, nie miało sobie równych. Zaczęła dostrzegać, że świeci słońce, że ma przy sobie wspaniałych, najbliższych ludzi. Ale przede wszystkim zaczęła zauważać samą siebie. Zobaczyła, ile zmarnowała dni i pięknych chwil tylko dlatego, że była skupiona na czymś, czego w danej chwili mieć nie mogła. Teraz, leżąc na pięknej plaży, dziękowała sobie za to, kim jest, za to, że żyje i może ten piękny czas dzielić z kochanymi przez nią ludźmi.

Z rozmyślań wyrwał ją głos Piotra:

– Gosia, może przejdziemy się kawałek wzdłuż plaży? Mam wrażenie, że przez ten *all inclusive* przytyłem co najmniej pięć kilo. Śniadanka, obiadki, deserki, kawusie, a i wieczorny rum z twoim tatą też nie pomaga. Pomyśl, co będzie za tydzień, jak stąd wyjedziemy. Nadwaga gotowa.

– Ha, ha, ha, a kto ci każe próbować każdego drinka z rumem? Ty i tata znacie chyba każdego barmana w hotelu. *À propos*, gdzie są rodzice? Widziałeś ich gdzieś?

– Jak drzemałaś po śniadaniu, to twój tata mrugnął do mnie i powiedział, że idą na sjestę. Przy czym jestem pewien, że nie chodziło mu o spanie – wyjaśnił ze śmiechem Piotr.

– Stop! Nie chcę tego słuchać! Dla mnie rodzice kończą się na ramionach, oboje! – Śmiejąc się, wstała z leżaka, narzuciła na biodra delikatne pareo i spojrzała na Piotra. – Wstawaj, trzeba spalić te wszystkie drinki z rumem.

Wzięli się za ręce i powolnym spacerkiem ruszyli brzegiem Morza Karaibskiego.

– Wiesz, nie mogę się nadziwić, jak miękki może być piasek. Prawie jak mąka, a jednak piasek. Dość dziwne połączenie. I ten kolor wody... Kiedy byłem w domu dziecka, mogłem o tym tylko pomarzyć. Kiedyś w jakimś czasopiśmie widziałem Dominikanę, zdjęcie wyglądało niesamowicie, zwłaszcza że wtedy był listopad, lał deszcz, w bidulu było, jak było i Dominikana była tak realna jak to, że moi rodzice nagle ożyją.

– Rzadko mówisz o swoich rodzicach. Pamiętasz ich?

Szli brzegiem morza. Ciepła woda co chwilę obmywała ich stopy. Spoglądając na Piotra, Gosia musiała mrużyć oczy, bo raziło ją słońce.

– Pięknie wyglądasz, jak marszczysz nosek. Wiesz, że masz piegi na nosie? Mam wrażenie, że tak, że ich pamiętam. Zginęli, jak miałem pięć lat. Choć czasem wydaje mi się, że po prostu kiedyś ich sobie wyobraziłem tak mocno, że zachowałem w pamięci ten obraz, aby móc go przywoływać, gdy będę za bardzo tęsknił. Pamiętam, jak jechaliśmy gdzieś samochodem, ale samego wypadku nie potrafię sobie przypomnieć. Mgliście kojarzę tylko szpitalne łóżko. Potem mam lukę i nie pamiętam nic aż do dnia, w którym poszedłem na rozpoczęcie roku szkolnego w pierwszej klasie. Nigdy nie czułem się tak bardzo samotny jak wtedy, gdy widziałem moich kolegów i koleżanki z rodzicami, a ja byłem sam. Nikt nie poprawiał mi kołnierzyka, nie głaskał mnie po głowie, nie dopytywał, jak się czuję. Samotność *level hard*. Nie wiem, jak to jest mieć tatę, z którym biega się za piłką, jak to jest, gdy z mamą piecze się ciasto albo jak się rodzic wkurza i daje ci karę za zmoczenie spodni w kałuży. Nie znam uczucia bliskości i przynależności z lat dziecięcych. Były ciocie w bidulu, ale to przecież nie to samo, co prawdziwa rodzina.

– Dlatego tak bardzo chciałeś mieć swoją rodzinę? – zapytała Gosia. Po raz pierwszy wykazała zainteresowanie Piotrem i jego odczuciami. Przez całe lata skupiała się tylko na własnych przeżyciach.

– Tak, było, jest i będzie to dla mnie ważne. Zapominasz tylko o jednym. Rodzina to nie tylko małe dziecko, ale to też ja, ty, twoi rodzice, dziadkowie. Dostałem więcej niż kiedykolwiek, jeszcze będąc w bidulu śmiałem prosić. Zobacz, piętnaście lat temu wyszedłem z domu dziecka. Dostałem siedemnastometrowe mieszkanie z łazienką na korytarzu. Na moje szczęście kamienicę, w której mieszkałem, niedługo później wykupił prywatny deweloper. Chciał ją wyburzyć, więc dostałem mieszkanie w nowym bloku. Normalną kawalerkę z kuchnią, łazienką i jednym pokojem. Miałem podstawowe meble, miałem gdzie spać, miałem co jeść. Nikomu tego nie mówiłem, ale gdy się przeprowadziłem do tego nowego mieszkania, ubrałem choinkę, choć był kwiecień. Choinka w domu to jedyna rzecz, jaką naprawdę pamiętam. Pamiętam, jak siedziałem pod nią i zachwycałem się światełkami, bombkami i tym wszystkim, co na niej było. To były moje najpiękniejsze wspomnienia. Jak już wiedziałem, że niedługo będę mógł się wyprowadzić na swoje, to gromadziłem wszystko, co dotyczyło świąt. Jak odchodziłem z bidula, od cioć i reszty dostałem w prezencie wielką choinkę.

– To ta, którą mamy w domu? – zapytała zaskoczona Gosia. – Zawsze mnie zastanawiało, skąd masz tak piękną choinkę. Musiała kosztować fortunę.

– Ta sama. Przez pierwszy tydzień siadałem pod tą choinką i nie mogłem się nacieszyć, że nikt mi nie mówi, że muszę iść spać, że nie mogę dłużej siedzieć. Wiedziałem, że mam więcej szczęścia niż inni. Wtedy postanowiłem nigdy się nie poddawać i zawsze wierzyć w to, że marzenia się spełniają, tylko czasem trzeba na to dłużej poczekać. I tak skończyłem wymarzone studia, potem drugie, znalazłem dobrą pracę i poznałem ciebie.

– Dlaczego nigdy mi o tym nie mówiłeś?

– Na początku naszej znajomości nie było kiedy, nie chciałem tego wszystkiego z siebie wypluwać. To, co było, nie powinno mieć wpływu na nowe życie. Wydawało mi się, że robię słusznie, a potem, gdy tak bardzo staraliśmy się o dziecko, robiliśmy te wszystkie badania i tak dalej, nie chciałem cię dodatkowo obarczać swoją przeszłością. I wyszło, jak wyszło. Każde z nas zamknęło się jeszcze bardziej zamiast się wspierać, gdy najbardziej tego potrzebowaliśmy.

– To teraz moja kolej. Słyszałam, jak płakałeś w nocy w łazience po ostatnim poronieniu. I nie mogę sobie darować, że nie poszłam wtedy do ciebie, choć miałam na to ochotę. Chciałam płakać razem z tobą, ale bałam się, że mnie odrzucisz.

– W życiu bym tego nie zrobił. Pamiętam tę noc. Szkoda, że nie przyszłaś. Nie byłem wtedy w stanie dłużej tłumić swojego bólu. Nie mogłem znieść tego, jak bardzo cierpisz, a ja nie jestem w stanie ci pomóc. Dlatego płakałem. Z bezsilności.

– Powinniśmy więcej rozmawiać o ważnych rzeczach, a nie tylko o codziennych problemach. Gdzie my właściwie jesteśmy? – Gosia rozejrzała się po okolicy. Nie było żadnego hotelu, od dawna nie pamiętała, aby kogoś widziała. W oddali, gdzieś z tyłu majaczyły malutkie sylwetki urlopowiczów. Palmy lekko kłaniały się pięknej, prawie białej plaży i lazurowej wodzie.

– Zawracamy?

– Chyba powinniśmy. Zbliża się pora obiadu, bo zaczynam odczuwać delikatne ssanie w żołądku.

Zawrócili i, znów idąc za rękę, ruszyli w stronę hotelu. Przez chwilę szli w ciszy. Gosia długo zastanawiała się nad pytaniem, ale w końcu je zadała:

– Ale chcesz mieć dziecko?

– Chcę, bo taka jest kolej rzeczy. Dwoje ludzi się poznaje, zakochuje, biorą ślub, a potem dołącza do nich owoc ich miłości. Ale nie mam na to tak dużego parcia jak ty. Ty chcesz, więc ja też chcę, bo to jest dla mnie najważniejsze – abyś ty była szczęśliwa.

– O Boże... Ja sądziłam, że skoro tyle mówisz o rodzinie, to szybko chcesz mieć dziecko.

– Mówiłem o rodzinie, bo jest dla mnie bardzo ważna. Ale moją rodziną jesteś ty, są nią twoi rodzice. I to jest dla mnie ważne. Ale czy my będziemy mieli dziecko teraz, czy za pięć lat, to jest mi, szczerze mówiąc, obojętne. Chciałem tego dziecka, bo ty tak bardzo chciałaś.

– A ja chciałam, bo sądziłam, że ty chcesz. Oczywiście, że bardzo mi było ciężko po każdym poronieniu, a wszystkie badania i zabiegi utwierdzały mnie w przekonaniu, że koniecznie muszę mieć dziecko teraz, już. Sama się napędzałam myślą, że ty chcesz! A tak naprawdę, to tę rozmowę powinniśmy byli odbyć na samym początku znajomości i wyjaśnić sobie wszystko, zamiast działać na podstawie domysłów. Niepotrzebnie przez to wszystko przechodziliśmy.

– Potrzebnie, bardzo potrzebnie.

– Chcesz powiedzieć, że...

– Posłuchaj, gdyby nie próby *in vitro*, gdyby nie twój szpital i tabletki, być może nigdy nie doszlibyśmy tak daleko, jak właśnie teraz. I nie mówię tu o długości spaceru. Chodzi mi o nasze porozumienie. Gdyby nie to, co się stało, nie odbylibyśmy tej rozmowy.

– Masz rację. Przytulisz mnie? – Zatrzymała się. Piotr objął ją mocno i pocałował. Całowali się długo, a żar drzemiący w ich ciałach coraz bardziej ich rozpalał. Pierwsza oprzytomniała Gosia.

– Jesteśmy na publicznej plaży – szepnęła.

– Mrrr, szkoda... Idziemy dalej? – Wyciągnął rękę do Gosi. – Odbijemy to sobie na sjeście poobiedniej. A potem wieczorem po kolacji.

Podczas kolacji i przez następne dni sporo jedli i korzystali z wieczornych atrakcji organizowanych przez hotel. Bardzo dużo czasu spędzali też sami, czy to podczas spacerów wzdłuż plaży, czy podczas sjest, które urządzali sobie w pokoju. Jednego byli pewni w dniu wyjazdu – że wykorzystali każdy dzień na tyle, na ile mieli ochoty i sił. Śmiali się, że gdyby podsumować ten wyjazd, należałoby powiedzieć, że ograniczał się do seksu, jedzenia i drinków z rumem.

Krystyna bała się rozmowy z Krzysztofem. Wiedziała, że to koniec ich małżeństwa, które *de facto* skończyło się, zanim ona zdała sobie z tego sprawę. Oszukiwał ją, zdradzał. Przyznał się, że spotyka się innymi, z mężczyznami. A jednak cała drżała przed spotkaniem ze swoim jeszcze mężem. Dzieci nie podejrzewały, że ich ojciec nigdzie nie wyjechał, że cały czas jest w mieście. Krystyna nie wiedziała tylko gdzie, ale przestało ją to interesować.

Po wyjściu bliźniaków wzięła prysznic. Lubiła to, każdy prysznic działał oczyszczająco nie tylko na jej ciało. Miała wrażenie, że woda przenika do jej głębi, oczyszcza jej duszę i usuwa nagromadzone złe emocje. W pierwszej chwili miała zamiar założyć to, co zawsze – szary, zachowawczy kostium. Strój, do którego przyzwyczaił ją Krzysztof. Gdy jednak zdała sobie z tego sprawę, wyjęła nowe dżinsy kupione podczas ostatniego wypadu do galerii handlowej. Najmodniejszy krój, lekko elastyczny materiał opinający pośladki. Jasny, mocno przetarty dżins pasował do koszuli w żywych kolorach. Końce koszuli zawadiacko przewiązała wokół talii. Nie wyglądała jak dawna Krystyna. Jej nowa, dość awangardowa fryzura nadawała jej zadziorny wygląd. Spojrzała w lustro i uśmiechnęła się do siebie, chcąc dodać odbiciu w lustrze nieco odwagi. Usłyszała sygnał domofonu – ktoś wszedł, używając kodu. Zmierzwiła grzywkę i ruszyła w kierunku przedpokoju, by przywitać Krzysztofa. Po chwili stali na wprost siebie. Żadne nie wiedziało, jak się zachować. Ciszę przerwała Krystyna:

– Wejdź, napijesz się czegoś?

– Tak, jeśli to nie sprawi problemu, to napiłbym się herbaty z cytryną. Skąd ta nagła zmiana wizerunku? Nie ubierałaś się tak nigdy, to chyba nie twój styl? – zauważył Krzysztof.

– Skąd pewność, że to nie mój styl? Jestem u siebie w domu, poza tym skąd możesz wiedzieć, co jest w moim stylu, skoro od roku ze sobą nie rozmawialiśmy? Wymienialiśmy opinie, polecenia, zawiadomienia, ale nie rozmawialiśmy. Nie sądzisz, że to zasadnicza różnica? – mówiła spokojne, chłodno, bez niepotrzebnych emocji.

– Będziemy teraz rozmawiać w tym tonie?

– A czego oczekiwałeś? Że będę histeryzować, płakać, błagać cię o ostatnią szansę? Żart. Po ostatnich miesiącach pod wspólnych dachem nie mam żadnych złudzeń. I wiesz co? Ulżyło mi. Ulżyło, bo nie muszę więcej udawać, że wszystko jest okej. Nie muszę żebrać o twoją atencję.

– Czyli cieszysz się, że nie będziemy już razem? – Patrzył na nią. Każde pytanie wydawało się mieć drugie dno – wypowiadał je tak, jakby chciał zadać jej ból.

– Nie przekręcaj moich słów. Cieszę się, że nie musimy więcej udawać. Jest mi tylko przykro, że przez tyle lat nie miałeś odwagi powiedzieć mi prawdy. – Wbrew sobie poczuła, jak drży jej głos. Zamknęła oczy i wyciągnęła rękę do przodu, sygnalizując, aby nic nie mówił, żeby dał jej czas.

– A jednak... – Krzysztofowi wymknęło się coś na kształt triumfu.

– Jest mi przykro, że okłamywałeś mnie przez te wszystkie lata.

– Na pewno wiedziałaś, przecież twój ojciec o wszystkim wiedział. Jeszcze przed świętami widział mnie z kimś. Nawet ucięliśmy sobie pogawędkę i chciał na mnie wymusić, abym powiedział ci prawdę. Potem jeszcze kilka razy widywał mnie w pewnym miejscu.

– W jakim miejscu?

– W klubie, tuż obok jego klubiku do kanasty, gdzie spotykał się ze swoimi starcami. Tam jest specjalne miejsce. Dla takich jak ja – mówił lekceważąco, z nutą arogancji. – Zresztą wtedy, jak źle się poczuł w Łazienkach, też widział mnie z Aleksiejem.

– Byłeś tam wtedy? Widziałeś nas i mimo to nie podszedłeś? Nie pomogłeś nam? – Nie mogła uwierzyć, jak bardzo oddalili się od siebie. Jak podłe było zachowanie Krzysztofa w stosunku do niej, dzieci i jej nieżyjącego już taty.

– Nie bądź taka zdziwiona, co niby miałbym powiedzieć? I jak poczułby się Aleksiej?

– Co? Ważniejsze dla ciebie było to, jak poczuje się twój kochanek, a nie to, jak czułam się ja i twoje dzieci?! Czemu jesteś takim egoistą?

– Nie mieszaj do tego dzieci. Nie muszą o niczym wiedzieć.

– Chyba, kurwa, żartujesz! Co mam im powiedzieć twoim zdaniem?

– Nie wiem, wymyślisz coś, że nie wiem... Nie kochasz mnie i chcesz, abym się wyprowadził z domu.

– Ha, ha, ha, ja chyba, kurwa, śnię! Żądasz, abym całą winę wzięła na siebie? Może w sądzie też mam tak powiedzieć? – zapytała ironicznie.

– Byłoby dobrze. Wiesz, muszę dbać o swoją reputację – zdjął z rękawa nieistniejący paproch. – Nie chcę, aby to się rozniosło. Na pewno nie może dotrzeć do moich zwierzchników, w końcu pełnię publiczną funkcję. Jak to sobie wyobrażasz, że przyjdę do mojego przełożonego i powiem mu o sobie? Już i tak będę musiał się tłumaczyć z tego, że mnie zostawiłaś.

– Pieprzysz się w męskich burdelach, używając do tego pejczy, masek i innych rzeczy, zdradzasz mnie, oszukujesz, a gdy prawda wychodzi na jaw, oczekujesz, że całą winę wezmę na siebie? Kurwa!

– Nie wulgaryzuj tak, to jest takie *passé*... – Spojrzał na nią z obrzydzeniem.

– Od kiedy?

– Co od kiedy? Dziwne masz te wahania nastrojów. Raz krzyczysz i przeklinasz, a potem prawie szepczesz. Okres, PMS czy menopauza? – zapytał tak, jakby jeszcze bardziej chciał ją zirytować.

– Od kiedy pieprzysz się z facetami? Rok, dwa?

– Kto ci powiedział, że tylko tyle? – powiedział z chłodnym uśmiechem. – Skąd pewność, że nie robiłem tego od samego początku, a małżeństwo z tobą służyło tylko do zacierania śladów? Ty i dzieci to kurtyna, taka idealna zasłona dymna przed głupim, upośledzonym społeczeństwem. Po co mam się tłumaczyć wszystkim z tego, że jestem, kim jestem, skoro mogę udawać, że mam kochającą się rodzinę. Ale oczywiście musiałaś wszystko zepsuć. Oczekiwałaś, że codziennie będę się zachowywał, jakby obcowanie z tobą sprawiało mi przyjemność. Więc – cokolwiek o tym sądzisz – to przez ciebie się rozstajemy. Mogliśmy nadal udawać, że jesteśmy małżeństwem. Jeśli już naprawdę musisz uprawia seks, mogliśmy razem kogoś znaleźć i po problemie.

Krystyna cofnęła się z przerażeniem – docierało do niej, jak wyrachowany jest jej mąż. Dopiero teraz zaczynała rozumieć, z jak zakłamanym człowiekiem spędziła najlepsze lata.

– Ale twój ojczulek był mocno ograniczony, więc o tej propozycji nawet nie usłyszałaś. Mówiłem mu, że to dla twojego dobra przecież. Ale skoro już się przekręcił, to może warto wziąć to pod uwagę? Jestem w stanie zaakceptować, że trzy czy cztery razy w roku wyjedziesz w delegację – powiedział obleśnym, pełnym obłudy tonem.

Krystyna patrzyła i nie wierzyła, jakim dwulicowym dupkiem okazał się jej mąż. Wstała, wygładziła spodnie i ze spokojem zakomunikowała:

– Rozwód weźmiemy z orzeczeniem winy. Okłamywałeś mnie, ukrywając swoją prawdziwą orientację seksualną. Nie jestem przeciwna nikomu, dla mnie każdy ma taką samą wartość jako człowiek, dopóki jest szczery i postępuje uczciwie. Nie widzę powodu, abym brała winę na siebie. Oczekuje, że będziesz brał czynny udział w wychowywaniu dzieci i sam powiesz im prawdę...

– Chyba żartujesz! Co niby mam powiedzieć tym bachorom? – dopiero po chwili dotarło do niego, jak bardzo się zagalopował.

– Wypierdalaj! Wynoś się z mojego domu! Won! No, słyszysz?! – Patrzyła na niego, gotowa zabić za jeszcze jedno niewłaściwe słowo.

– Nie chcę cię więcej widzieć! Mój adwokat się z tobą skontaktuje. A teraz wynocha!

– A moje rzeczy? Przecież ja mam tu drogie ciuchy, nie sądzisz chyba, że ci je zostawię?

– Kartony są w sypialni. Zabieraj i wypierdalaj!

Nie chciała nawet na niego patrzeć. Odwróciła się z obrzydzeniem, czekając, aż zabierze swoje rzeczy. Słyszała, jak idzie do sypialni, a potem powoli, z ociąganiem wynosi wielkie pudła i zamyka za sobą drzwi. Dopiero po chwili głośniej wypuściła powietrze, wstrzymywane chyba od czasu, gdy Krzysztof wszedł do jej domu. Cieszyła się, że sama go spakowała. Przewidziała, jak może skończyć się ich ostatnia rozmowa.

Czuła się oszukana. Nie chciała z nikim rozmawiać. Najpierw musiała sobie sama wszystko poukładać w głowie, aby móc wyciągnąć wnioski. Rozejrzała się, szukając jakiegoś zajęcia. Po chwili uśmiechnęła się do siebie. Zdjęła obcisłe dżinsy, pobiegła po spodnie dresowe, założyła stary podkoszulek i wróciła do salonu. W pierwszej kolejności zerwała zasłony. Szczerze ich nienawidziła, ale Krzysztof uparł się, aby je powiesić w oknach. Postanowiła ulżyć swoim emocjom. Wiedziała, że przyjdzie moment, w którym będzie musiała zrobić bilans zysków i strat. Ale to jeszcze nie był ten czas. Życie nie było dla niej łatwe w tym roku. Czuła się zagubiona, jakby ogłuszona ostatnimi przeżyciami. I choć przemeblowanie wydawało się teraz kuriozalną czynnością, wiedziała, że właśnie tego potrzebuje. Choć przez chwilę skupić się na czymś innym niż jej życie uczuciowe i poświęcić czemuś tak prozaicznym jak porządkowanie rzeczywistości materialnej.

Salon razem z kuchnią i kącikiem jadanym miał ponad 60 metrów kwadratowych. Był olbrzymi. Ich całe mieszkanie to prawie 150 metrów powierzchni. Dzięki oszczędnościom jej ojca mogli je kupić, nie zastanawiając się nad kredytem. Zawsze marzyła o nowoczesnym wystroju. Choć półtora roku temu kupili nowe meble, Krzysztof nie pozwolił na żadne innowacje – wszystko musiało stać według jego dziwnego gustu. W pierwszej kolejności przestawiła stół obiadowy, który wciśnięty był w kąt między kuchnią a częścią dzienną. Wystawiła go na środek, częściowo składając. Doszła do wniosku, że skoro będą teraz tylko we trójkę, to nie ma potrzeby trzymania stołu rozłożonego dla sześciu osób. Gdy uporała się ze złożeniem krzeseł, wzięła się za narożnik i fotele, które też stały jakby za karę. Walczyła z meblami dłuższy czas, ale po godzinie nic już nie stało na swoim dotychczasowym miejscu. Został tylko telewizor, który musiała przewiesić na inną ścianę, ale w tym akurat potrzebowała pomocy. Pomyślała o Antonim, ale nie wiedziała, jak to zorganizować. Czuła, jak wszystko w niej buzuje, ale wolała wykorzystać pokłady energii na coś bardziej konstruktywnego niż zwykła złość.

Odepchnęła od siebie świadomość nieuniknionej rozmowy z dziećmi. Spojrzała na zegarek. Dochodziło południe. Miała jeszcze ponad dwie godziny do ich powrotu ze szkoły. Umyła ręce, włożyła dżinsy i koszulę, narzuciła ramoneskę i pełna zapału wyszła z domu. Do najbliższej galerii handlowej miała kilka minut piechotą. Był tam sklep wnętrzarski, w którym mogła kupić absolutnie wszystko, od cegieł i płyt PCV, poprzez meble i farby, a kończąc na materiałach i dodatkach. Od dawna marzyły jej się kolory w ich szaro-białym salonie. Chodziła po sklepie i po raz pierwszy od wielu lat mogła kupić wszystko, co chciała, w kolorach, o jakich jeszcze rok temu nie wolno jej było nawet marzyć.

Gdy spojrzała na zegarek, z przerażeniem odkryła, że zakupy zajęły jej znacznie więcej czasu, niż planowała. Zapakowała wszystko do taksówki i wskazała adres. Ochłonęła już na tyle, że wymyśliła, jak powiedzieć dzieciom o ich ojcu. Zdawała sobie sprawę, jaki będzie to dla nich cios. Dopiero co pochowali ukochanego dziadka, a teraz ojciec wypiął się na rodzinę. Gdy podjechała pod blok, zauważyła dzieci. Podbiegły, aby jej pomóc.

– Cześć, mamo! Widzę, że od soboty nie przeszło ci zakupowe szaleństwo. – Patryk patrzył z niedowierzaniem na pełne torby w bagażniku taksówki.

– Coś w tym stylu. Niestety przez moją nową obsesję nie zdążyłam ugotować wam obiadu, więc zamówimy pizzę, chińszczyznę, kebab, co tylko będziecie chcieli.

– Coś mi tu nie gra. Wszystko okej? – upewniała się Patrycja.

– Mądre dzieciaki jesteście. Porozmawiamy w domu, jak tylko wniesiemy wszystko na górę. – Na słowo „dzieciaki" oczywiście oboje się obruszyli, zapewniając Krystynę o swojej dorosłości.

– Wow, mamuś! – krzyknął Patryk, wchodząc do domu i od razu zapominając o wszystkich pakunkach. – Super to wszystko urządziłaś, meganowocześnie jest teraz. Ciekawe, co tata powie na te wszystkie zmiany.

– Nic nie powie – odparła szybko Krystyna. Dzieci wymieniły porozumiewawcze spojrzenia.

– Powiesz nam, o co chodzi? Tata nie znosi przecież takich zmian, tych wszystkich kolorów. Tego, jak jest teraz w domu. To znaczy mnie się podoba, ale tacie na pewno nie będzie pasowało. Czemu tata wyjechał na tak długo? Bierzecie rozwód? – spytała Patrycja. Była bardziej dorosła i świadoma tego, co się dzieje, niż Krystyna chciała przyznać przed samą sobą. Spojrzała na dzieci. Patrzyły na nią wyczekująco. Zamknęła na chwilę oczy, wzięła kilka głębszych oddechów i przytaknęła.

– Tak, rozwodzimy się. Dziś rano wasz tata zabrał swoje rzeczy.

Patrycja szybko wstała z podłogi i pobiegła do sypialni rodziców. Było słychać, jak nerwowo otwiera drzwi szafy i sprawdza, czy to prawda. Po chwili przybiegła z płaczem.

– Czemu nie zrobił tego, jak my byliśmy w domu? Czemu nie pożegnał się z nami? Czemu nic nam nie powiedział? Nie można tak po prostu sobie odejść. Najpierw dziadek, potem tata! – głos jej się załamał, usiadła na podłodze i wybuchnęła płaczem. – Dziadek wiedziałby, co robić!

Krystyna usiadła obok niej, objęła córkę, wyciągnęła drugie ramię w kierunku Patryka, a on szybko podszedł i wtulił się w Krystynę, również płacząc. Siedzieli tak całą trójką na podłodze wśród siatek, opakowań i pudełek, każde pogrążone w swoim bólu. Krystyna zdawała sobie sprawę, że wcześniej czy później będzie musiała powiedzieć im całą prawdę. Nie wiedziała tylko, jak to zrobić. I najważniejsze – kiedy im o tym powiedzieć. Jak zrobić to najdelikatniej, a zarazem tak, aby zrozumieli. Nie chciała ich okłamywać. Już samo odejście rodzica jest stresujące, nie mówiąc o sytuacji, gdy ojciec zostawia rodzinę dla mężczyzny. Marzyła teraz o tym, aby móc przytulić się do Antoniego, u niego poszukać schronienia i wsparcia. Czuła się zagubiona, zraniona, oszukana. Tymczasem to ona musiała być silniejszą stroną i oparciem dla dzieci, które zupełnie nie radziły sobie z natłokiem emocji, jakie spadły na nie w ostatnich tygodniach. Siedzieli tak na podłodze w salonie, zupełnie nie zwracając uwagi na panujący bałagan ani na to, że wraz z nastaniem jesieni coraz wcześniej robi się ciemno.

Krystyna oparła się o narożnik, teraz zawadiacko wysunięty prawie na środek salonu, a bliźniaki siedziały z głowami wspartymi na jej ramionach. Patrycja już nie pochlipywała, Patryk też się uspokoił, ale nadal potrzebowali matczynej bliskości.

– Chyba powinniśmy coś zjeść, bo zaczyna mi burczeć w żołądku – przerwał ciszę.

– Muszę się z tobą zgodzić. Mamuś, chińszczyzna? – Patrycja podniosła głowę i spojrzała na Krystynę.

– Patryk, podaj mi, proszę, telefon i ulotkę z kuchnią chińską, zaraz coś sobie wybierzemy.

Patryk wstał i podszedł do blatu, na którym leżał telefon. W szufladzie obok były ulotki, z których korzystali najczęściej. Wziął telefon i przez chwilę przyglądał się ekranowi, a potem cicho powiedział:

– Przepraszam, nie chciałem czytać wiadomości, ale jak wziąłem telefon do ręki, wyświetliła się część wiadomości do ciebie. Kim jest Antoni i czemu pisze, że cię kocha? To dlatego odszedł tata? – Ostatnie dwa zdania wypowiedział mocniejszym i agresywniejszym tonem.

– Nie, tata odszedł, bo od ponad roku ma kogoś i z tą osobą chce być. Zdarza się, że ludzie przestają się kochać. To naturalne.

– To czemu nas okłamywał? Czemu nie powiedział od razu, że chce być z inną kobietą? To dlatego tata był dla nas taki oschły? Będą mieli nowe dziecko? – Patryk sypał pytaniami, a Patrycja tylko kiwała głową na znak poparcia dla słów brata.

– Nie wiem, czemu nas okłamywał. Nie potrafię odpowiedzieć na to pytanie, bo sama nie dostałam odpowiedzi.

– A kto to jest Antoni i czemu pisze, że cię kocha? – drążył Patryk.

Krystyna wiedziała, że wcześniej czy później będzie musiała powiedzieć im prawdę. Wzięła kilka oddechów, przymknęła oczy na sekundę i zwróciła się do dzieci.

– Oki. Zróbmy tak: zamówimy obiad, bo już jest naprawdę późno. Na pewno macie lekcje... – Widząc minę Patryka i jego niezadowolenie, od razu zaznaczyła: – Patryk, porozmawiamy, na milion procent. Ale to, co usłyszycie, może was zdenerwować, a nie chciałabym, aby nasza sytuacja domowa wpłynęła na waszą naukę.

– Mamo! Nasze życie się wali, a ty myślisz tylko o pracy domowej! Serio, ale w wielu krajach młodzi ludzie w naszym wieku walczą o wolność, są zmuszani do pracy, do prostytucji, a ty chcesz, żebyśmy robili szlaczki. Cholera! To jest mój dom i Patrycji i chcemy poznać całą prawdę! Teraz!

Widziała wzburzenie na twarzy dzieci. Nie zamierzała im mówić o męskich burdelach, o zabawach ich ojca ani o swoim nowym życiu erotycznym, ale zdawała sobie sprawę, że tajemnice wychodzą na jaw w najmniej oczekiwanym momencie.

– Zamówmy obiad i powiem wam to, co wiem. A potem usiądziecie do lekcji. Choć w dalszym ciągu uważam, że kolejność powinna być inna. Ale sądzę też, że powinniście znać prawdę, bo jesteście na tyle dorośli, że macie do tego prawo. Dla mnie zawsze pozostaniecie dziećmi i zawsze będę chciała was chronić, i...

– Mamo! Możemy wreszcie zamówić ten obiad?! Proszę! To, że chcesz cały czas omijać temat, nie znaczy, że my o tym zapomnimy – zareagowała stanowczo Patrycja. – Ja chcę kurczaka pięć smaków z nudlami. Patryk, a ty?

– Wołowinę pięć smaków. Mamo, co zmawiasz?

– Nudle z krewetkami. – Wzięła telefon do ręki i wybrała numer. Miła Chinka, która przyjmowała zamówienie, obiecała, że dostawa będzie za około 30 minut. – Tylko się załatwię i już siadamy do rozmowy.

Krystyna próbowała odwlekać ten moment. Zyskała może ze trzy minuty. Z telefonem poszła do łazienki, aby odpisać na wiadomość Antoniego. W spokoju odczytała SMS-a:

Cześć, piękna! Wiem, że masz dziś trudny dzień. Myślami i energią jestem przy Tobie. Wiedz tylko, że bardzo tęsknię i kocham najbardziej na świecie.

Krystyna, siedząc na sedesie, wystukała odpowiedź:

Dzieci dowiedziały się o Krzysztofie. Jestem przerażona tym, co się dzieje i co muszę im jeszcze powiedzieć. Odezwę się po rozmowie z nimi. Kocham i tęsknię.

Umyła ręce w zimnej wodzie, przepłukała twarz, uśmiechnęła się sztucznie do swojego odbicia w łazienkowym lusterku i wyszła. Dzieci siedziały przy stole w salonie. Patrzyły na nią wyczekująco, ale z niepewnymi minami.

– Możemy zaczynać. To, co wam powiem, będzie trudne. Proszę was tylko o jedno: nikogo nie oceniajcie, bo nie na tym to polega. Żadne z nas nie ma prawa oceniać taty. Ja tego nie robię i o to samo proszę was. – Wzięła głęboki oddech i kontynuowała: – Posłuchajcie. Tak jak wam powiedziałam, tata się wyprowadził. To była nasza wspólna decyzja. Od bardzo dawna nam się nie układało, co na pewno zauważyliście. W ostatnim roku to tylko się nasilało i tak naprawdę wspólne były tylko posiłki raz na jakiś czas. Każde z nas od dawno miało swoich przyjaciół, oddzielne marzenia i...

– Mamo, znów omijasz temat – przerwał jej Patryk. – Tato ma nowe dziecko? Możesz nam powiedzieć, jesteśmy już naprawdę rozsądni, dorośli i potrafimy zaakceptować prawdę.

– Tata nie odszedł do innej kobiety i na pewno nie ma dziecka innego niż wy.

– Nie rozumiem... Przecież sama mówiłaś, że tata odszedł, bo ma kogoś, a teraz mówisz, że nie odszedł do innej kobiety. Co się właściwie dzieje? – Patrycja wpatrywała się w Krystynę, a potem w Patryka, który zaczął się śmiać.

– Pati, proszę cię, pomyśl! Skoro nasz tatuś nie odszedł do kobiety, to do kogo mógł odejść? Jest gejem albo, jak wolisz, pedałem!

– Patryk!

– Mamo, ale przecież to prawda! Zostawił rodzinę, dzieci i fajną babkę, znaczy ciebie, bo woli być z facetem! Super, że jest szczęśliwy, ale ja nie chcę go znać! Co mam teraz powiedzieć znajomym, przyjaciołom? „Słuchajcie, mój stary się wyprowadził do swojego kochanka i od dziś mam dwóch tatusiów"? Powinien sam nam o tym powiedzieć! Szkoda, że nie starczyło mu odwagi i zachował się jak gówniarz! Zawsze powtarzał, że trzeba brać odpowiedzialność za swoje czyny! I co? Ucieka jak tchórz! Nie dość, że tchórz, kłamca, to jeszcze pedał! Zajebiście!

– Patryk!

– Mamo, ale Patryk ma rację! Nie, że przeklina, choć ja też mam ochotę... ale się powstrzymam. Tata zachował się okropnie. Jak mamy mu teraz zaufać, skoro tak bardzo nas zawiódł. Oszukał i zostawił. Ja też nie chcę mieć z nim nic wspólnego. I nie dlatego, że jest inny, ale dlatego, że nie powiedział prawdy! Cholera, no! Jestem zła! Jestem oburzona, rozczarowana! Przeklęłam, przepraszam.

– Wiem, że czujecie się rozczarowani postępowaniem taty, tym, że nie miał do nas na tyle zaufania, aby nam powiedzieć prawdę. Byłoby zupełnie inaczej, gdybyśmy od samego początku wiedzieli.

– Chcesz powiedzieć, że tata od dawna wiedział, że jest inny? To po co brał ślub z tobą?

– Patryk, nie wiem, nie potrafię ci odpowiedzieć.

– Bardzo dobrze zrobiłaś, mamuś, że znalazłaś sobie innego faceta!

– To nie tak, Patryk. Antoni pojawił się ponownie w moim życiu w miniony piątek. Kiedyś byliśmy ze sobą bardzo blisko. Wydarzyło się kilka rzeczy i musieliśmy się rozstać. Po jakimś czasie poznałam waszego ojca i wzięliśmy ślub. Nie miałam kontaktu z Antonim od bardzo dawna. Aż do piątku, gdy wpadliśmy na siebie w urzędzie. Pomógł mi załatwić sprawę z oddaniem kluczy po mieszkaniu dziadka, potem poszliśmy na obiad. Widzieliśmy się też w sobotę, to wszystko.

– Mamo, proszę cię, choć ty nas nie okłamuj! Przecież widziałem wiadomość, napisał, że cię kocha! Nie pisze się do dopiero co spotkanej osoby, której się nie widziało ponoć tyle lat, że się ją kocha! – Patryk mówił podniesionym głosem. Przeraziło ją, że nagle tak dorósł.

– To jest prawda. Kiedyś byliśmy dla siebie bardzo ważni. Pomimo że byłam z waszym ojcem, Antoni pozostał kimś ważnym w moim życiu. Tak samo ja byłam ważna dla niego. Czynniki zewnętrzne doprowadziły do tego, że te kilkanaście lat temu musieliśmy się rozstać. Ale to nie zmieniło naszych uczuć. Uwierz mi, można kochać dwie osoby jednocześnie, każda miłość jest inna. Inaczej kocham ciebie, a inaczej Patrycję, co nie znaczy, że któreś z was kocham mniej. Ty jesteś młodym mężczyzną i traktuję cię inaczej niż Pati. Nie mogę od niej wymagać, aby tak samo jak ty uczestniczyła w treningach, ani od ciebie, abyś chodził na każde kółko aktorskie, na które chodzi Pati. Jesteście bardzo różni, więc moja miłość do was jest zupełnie różna. Tak samo jest z miłością do innych osób. Inaczej kochasz mnie, a inaczej kochałeś dziadka. – Specjalnie użyła tego porównania, aby choć na chwilę odsunąć myśli Patryka od Krzysztofa. – To, że inaczej kochasz mnie i Pati, nie znaczy, że którąś z nas kochasz mniej. Kiedyś pokochasz dziewczynę, potem kobietę, i te miłości też będą zupełnie inne. Sam się przekonasz, że można kochać w różny sposób. Nie okłamuję was. Zawsze uważałam i nadal uważam, że prawda jest po stokroć lepsza niż kłamstwo. Wiem, że czujesz się oszukany. I masz prawo być zły. Na mnie prawda też źle wpłynęła i zniosłam to gorzej niż wy! Pojechałam do Magdy, a tam było za dużo wina, a potem sobotni poranek był ciężki...

– Sobota była akurat fajna, ten shopping po galerii był naprawdę super. I podoba mi się, że tak się zmieniłaś teraz. Jesteś bardziej wyluzowana. – Patryk nieco się rozluźnił.

Zadzwonił domofon i Patryk poszedł otworzyć, aby odebrać zamówienie. W tym czasie Pati powiedziała do Krystyny:

– Mamo, ja też uważam, że teraz lepiej wyglądasz i zachowujesz się inaczej, tak bardziej na luzie. Wcześniej bywały dni, że byłaś bardzo sztywna. Jedynie przy Alicji i dziewczynach zapominałaś o etykiecie i byłaś sobą. Dopóki w pobliżu nie było taty. Przy nim byłaś bardzo spięta, teraz jesteś przystępniejsza.

– Serio? Nie zwróciłam na to uwagi.

Patryk przysłuchiwał się rozmowie i rozkładał pudełka z zamówionym jedzeniem.

– Też tak uważam, a w tych dżinsach wyglądasz naprawdę super, jakby ci ubyło lat – zauważył.

– Mamo, możesz coś powiedzieć o tym Antonim? Kim on jest? Jaki jest? – dopytywała Pati, jedząc swojego kurczaka.

– Antoni to mój bardzo dawny znajomy. Był i jest moim przyjacielem.

– Będziemy mogli go poznać? – zapytał Patryk. – Mam pomysł, może przyjdziecie w sobotę na mój mecz? Tata nigdy nie miał na to czasu. Po meczu poszlibyśmy na pizzę albo lody.

– Dobrze, zapytam Antoniego. Nie znam jego planów, ale nie sądzę, aby miał coś przeciwko.

– A możesz zapytać go teraz? – nalegał Patryk.

– Skąd ta nagła chęć poznania Antka?

– A nie obrazisz się, jak ci powiem?

– Nie. Widzisz, że rozmawiamy o wszystkim. Ja wam ufam, mówiąc o wszystkim, i będzie dobrze, jeśli to zaufanie będzie obustronne. – Krystyna patrzyła na Patryka. Chciała zapewnić go o swojej miłości i o tym, że go nie rozczaruje tak jak ojciec. Patryk wziął głęboki wdech, zanim się odezwał.

– Wolę powiedzieć w szkole, że moja mama znalazła sobie fajnego faceta i zostawiła ojca, niż że ojciec jest pedałem. W szkole nie daliby mi żyć. Tak samo Patrycji. – Oboje utkwili w Krystynie posępne spojrzenia.

– Możesz zadzwonić do niego i zapytać?

– Teraz?

– Tak. Chcę wiedzieć, na kim naprawdę mogę polegać. Bo to, że nie na własnym ojcu, już wiem na pewno, zresztą nie od dzisiaj. Nigdy nie był dla mnie wsparciem, tylko od nas wymagał. Zadzwonisz?

– Tak, jasne. Nie wiem, jakie ma plany, ale już dzwonię. – Wzięła telefon i wybrała numer Antoniego. Odebrał już po drugim sygnale.

– Hej, piękna! Jak rozmowa w domu?

Wiedziała, że czeka na wiadomość od niej, ale nie chciała rozmawiać przy dzieciach o nich samych. Dlatego szybko zapytała:

– Tak jak podejrzewałam. Ale nie o tym chcę rozmawiać. Widzisz, Patryk ma mecz w sobotę i zastanawiamy się, czy nie miałbyś ochoty pójść z nami.

Nawet jeśli pytanie go zaskoczyło, to nie dał tego po sobie poznać.

– Super, na jakiej pozycji gra Patryk?

Patryk usłyszał pytanie i od razu odpowiedział, że jest napastnikiem.

– Ekstra! Zgotujemy mu doping godny Ligi Mistrzów. To w takim razie ja po meczu zapraszam na pizzę i lody. Może tak być?

Krystyna powtórzyła pytanie dzieciom, a one zgodziły się skwapliwie. Po wymianie kilku zdań z Antonim Krystyna się rozłączyła.

– Wydaje się fajny ten twój facet, mamo!

– Patryk, to nie jest mój facet. Tłumaczyłam ci przecież.

– Fajny jest. Od razu się zgodził, a nie wymyślał, dlaczego nie może z nami pójść. I wie, jak powinien wyglądać doping w Lidze Mistrzów. A nie jak ten pedał!

– Patryk! To jest twój ojciec, nie możesz tak o nim mówić.

– Ale to prawda, mamo! Mój ojciec jest pedałem i ja się z tym nie pogodzę. Nie chcę go znać. A teraz przepraszam, ale idę odrobić szlaczki. – Odsunął krzesło od stołu i zaczął sprzątać po jedzeniu. Patrycja dołączyła do niego i razem zebrali pojemniki.

– Mamuś, ja bym użyła trochę innych słów, ale mam takie samo zdanie jak Patryk. Nie chcę teraz rozmawiać o... ojcu. – Potem zwróciła się do Patryka: – Odrobimy razem lekcje?

– Jasne, chodź, siostra! Mamuś, a ty sobie odpocznij.

Podeszli do niej oboje, każde ją przytuliło i razem poszli do pokoju Patryka. Doskonale zdawała sobie sprawę, że nie odrabiają lekcji, ale nie miała siły reagować. Była wyczerpana psychicznie po dzisiejszym dniu. Podeszła do lodówki, wyjęła butelkę wina, nalała sobie kieliszek i usiadła na sofie z telefonem w ręku. Przejrzała maile. Dziewczyny wysłały jej podsumowanie dnia i zapewniały, że urząd jeszcze stoi i nadal ma gdzie wracać do pracy. Bez względu na stan psychiczny, maile od Alicji zawsze poprawiały humor. Był w nich zawarty cały żywioł, jaki miała w sobie ta dziewczyna. I jakieś śmieszne porównanie, które tylko Alicja mogła wymyślić. Przyszedł też SMS od Antoniego:

Cieszy mnie, że dzieci chcą mnie poznać. Rozumiem, że poznały prawdę?

Krystyna odpowiedziała od razu:

Tak. Powiedziałam im. Nie chcą znać Krzysztofa. Żebyś ty słyszał, jak Patryk go nazywał. Teraz siedzą w pokoju i niby odrabiają lekcje, ale wiem, że to nieprawda. Muszę dać im czas. Doszli do wniosku, że wolą znajomym powiedzieć, że to ja porzuciłam Krzysztofa dla ciebie, niż że ojciec zostawił nas dla kochanka.

Antoni pisał dalej:

Wcale mnie to nie dziwi. Wyobrażasz sobie, jak zareago-waliby rówieśnicy na takie newsy? Mieliby kilka naprawdę strasznych miesięcy, jak nie lat. Ludzie bardzo chętnie oce-niają, zbyt chętnie. Co nie zmienia faktu, że dzieciom musi być ciężko. Czyli dostałem rolę twojego faceta :-) Dość ciekawe, nie powiem.

W Krystynie zaczęły narastać wątpliwości:

Nie jesteś zły na mnie? Patryk nalegał, a ja w sumie nie prze-myślałam tego. Być może po prostu nie masz ochoty pozna-wać moich dzieci ani tym bardziej chodzić na mecze mojego syna. Co oczywiście w pełni zrozumiem.

Zwariowałaś? Nareszcie będę miał z kim oglądać mecze. Zawsze chciałem mieć syna, z którym mogę obejrzeć mecz, pójść na trening. I bardzo jestem szczęśliwy, że będę miał okazję poznać twoje dzieci. Do tego potem pizza. Świat jest piękny! Ale najpiękniejsze jest to, że w moim życiu jesteś ty. À propos zaproszeń – mój przyjaciel Karim bardzo chce cię poznać, a za trzy tygodnie będzie w Polsce. Myślisz, że dasz radę wyrwać się na kolację z nami?

Jasne. Z przyjemnością go poznam. Nie wiem, jak bym so-bie poradziła, gdybym nie miała teraz ciebie. Nie miałabym skąd czerpać siły.

Miałabyś. Dzieci są twoją siłą. Ty sama masz olbrzymią moc. Tylko musisz w to uwierzyć.

Zawsze najbardziej kochałam w Tobie to, że mogę z Tobą o wszystkim pogadać. Tak jak teraz. Nawet nie zdawałam sobie sprawy, jak bardzo mi tego brakowało.

Myślałem, że kochasz mnie, bo mamy zajebisty seks.

Ha ha ha, to też. Idę zobaczyć, co robią bliźniaki. Odezwę się jeszcze potem. Pa!

Odłożyła telefon i podeszła pod drzwi pokoju Patryka. Siedzieli z siostrą na łóżku pochłonięci rozmową. Nawet jej nie zauważyli, byli bardzo poruszeni. Zauważyła, że Patrycja płakała. Krystyna nie chciała im przerywać. Zdawała sobie sprawę, że musi dać im czas na przeanalizowanie wszystkiego i zaakceptowanie faktów, na które jeszcze teraz nie chcieli się zgodzić. Po cichu wycofała się do salonu, by im nie przeszkadzać. Zaskoczona odkryła, że nadszedł wieczór i w salonie zrobiło się zupełnie ciemno. Tylko światło latarni oświetlało ich salon. Przypomniała sobie, że kiedyś dzieci gorąco prosiły o kolorowe LED-y, ale Krzysztof oczywiście nie chciał się na to zgodzić. Szybko więc zamówiła zestaw LED-ów do salonu i powróciła do wymiany SMS-ów z Antonim.

Tak jak sądziłam, dzieci nie odrabiają lekcji. I w sumie nie dziwię im się. Mną ten dzień wstrząsnął, a co dopiero nimi. Dobrze, że nie wiedzą wszystkiego i nie sądzę, aby musieli poznać całą prawdę. Okazało się, że Krzysztof przez całe nasze małżeństwo mnie okłamywał i spotykał się z facetami. Trudno mi znieść ten policzek, najgorszy z możliwych. Mój szesnastoletni związek to jedna wielka porażka. Zbudowana na kłamstwie od samego początku. Dobra, nie smęcę już, bo pomyślisz, że jestem starą marudną babą i już nigdy do mnie się nie odezwiesz po tym elaboracie, który właśnie kończę, pfff.

Przez chwilę czekała na odpowiedź od Antoniego, ale ponieważ nie nadchodziła, postanowiła zadzwonić do Magdy. Ta odebrała telefon już po pierwszym sygnale.

– Hej, właśnie miałam do ciebie dzwonić. Jak sytuacja z Krzysztofem? Dogadaliście się?

– Masz na myśli to, że on oczekuje, że całą winę wezmę na siebie, czy to, że zdradzał mnie przez całe nasze małżeństwo?

– Że co? – wykrzyknęła Magda przez słuchawkę. – Co za palant z niego! Ja pierdolę! Kawał skurwysyna i nic więcej. Co dzieci na to wszystko?

– Najpierw były załamane, ale odkąd dowiedziały się, do kogo odszedł Krzysztof, nie chcą go znać. W tej chwili tata dla nich nie istnieje. Nie chcą o nim mówić ani słuchać, tak jakby go nie było. Do tego doszły do wniosku, że znajomym powiedzą, że to ja porzuciłam Krzysztofa dla fajniejszego faceta. I dlatego chcą poznać Antoniego.

– Co? Co się stało z twoim unormowanym życiem?

– Madzia, proszę cię, moje życie to była jedna wielka mistyfikacja, o której nie miałam zielonego pojęcia. Wychodzi na to, że nawet mój ojciec wiedział o Krzyśku, tylko nie ja.

– Serio, brak mi słów. Co zmierzasz zrobić?

– Złożyć pozew o rozwód z orzeczeniem o winie i wystąpić o alimenty. A potem ułożyć sobie normalne życie. Dobra, nie chce mi się o tym rozmawiać. Jak było dzisiaj na zebraniu?

– Jasne, rozumiem. Zebranie jak zebranie. Choć nie obyło się bez drobnych utarczek na linii dyrektor–Tomek. Otóż nasz niedościgniony dyrektorek postanowił przypisać sobie harmonogram kolejnych prac i na posiedzeniu zarządu ogłosił naszą pracę jako własny pomysł. Tomek ma wejścia na górze, więc się o tym dowiedział. I dziś podczas zebrania zapytał dyrektora o jego wkład w projekt oraz poprosił o szczegółowy opis zadań, kto co robi – oficjalnie, umieszczony na stronie WWW projektu. Informacje już zostały zamieszczone. I wiem na pewno, że za ten projekt będą premie. A nieoficjalnie wiem też, że dyrektor za to, co zrobił, dostał wymówienie. Nie wiem, co z kierownikiem, ale chodzą słuchy, że przeniosą go do innego wydziału. Nigdy nie zgłosił zastrzeżeń do postępowania dyrektora, a powinien. W związku z tym zarząd rozpatruje różne możliwości... – Na chwilę zamilkła, jakby się nad czymś zastanawiając. – Jutro będzie dobry dzień – dopowiedziała.

– Oby. Potrzebuję czegoś, co skutecznie zajmie moje myśli na dłuższy czas. Co u Alicji? Ile razy jadła dzisiaj?

– Ona jest naprawdę dziwna. Jakbym ja jadła tyle co ona, ważyłabym ze sto kilo. A Alka nadal wygląda fantastycznie. Dziś jadła tylko cztery razy – jak na nią to przecież głodowa racja żywnościowa. A właśnie zapowiedziała, że dziś przyjeżdża do niej mama i jutro mamy nie brać nic do jedzenia, bo Alicja przyniesie ponoć najlepsze pierogi ever.

– Boże, co ona ma z tymi pierogami? Przecież ona już chyba nic innego nie je i każde są „najlepsze ever". Ja rozumiem, ciąża i hormony, ale ile pierogów można zjeść jednego dnia?

– Jak widać, można, a na deser będzie... No, zgadnij...

– Ciasto drożdżowe, oczywiście najlepsze na świecie.

– Nie „najlepsze".

– Jak to „nie najlepsze"? – zapytała z udawanym oburzeniem Krystyna.

– Ono jest „epickie"!

– No patrz, jak mogłam tak się pomylić. Chyba muszę się wyspowiadać.

– Nie masz szans, kochaniutka, na rozgrzeszenie.

– Dlaczego?

– No wiesz co! Twój mąż należy do LGBT, a ty nie masz jeszcze rozwodu! Kolejna tragedia obyczajowa, a do tego masz romans z facetem! Jesteś skazana na życie w grzechu.

Obie zaczęły się śmiać. Dopiero po chwili Krystyna powiedziała:

– Dziękuję za tak perfekcyjne podsumowanie mojej obecnej sytuacji. To ci się udało. Jutro jak Alicja zapyta o dzisiejszy dzień, dokładnie tak jej powiem. Dzięki, poprawiłaś mi humor.

– Nie ma za co. Zawsze jestem, gdy będziesz chciała pogadać, winka się napić czy obgadać wredną, zbyt szczęśliwą i zakochaną Alkę. Odpocznij i do zobaczenia. Jutro będzie dobry dzień.

– Pa, kochanie – powiedziała Krystyna i zakończyła rozmowę. Do pokoju weszły bliźniaki.

– Co tam? – zapytała Krystyna.

– Mamuś, bo my doszliśmy do wniosku, że nie chcemy się teraz widywać z tatą. Potrzebujemy czasu, aby to wszystko zaakceptować, pogodzić się z tymi zmianami. I o ile jesteśmy w stanie zaakceptować fakt, że ty masz kogoś innego, tak nie potrafimy pogodzić się z faktem, że tata zostawił nas dla mężczyzny. Widzisz, potrafię zachować poziom wypowiedzi – powiedział Patryk do Pati.

– Tak, zwłaszcza ta końcówka o tym świadczy. Ale muszę przyznać, że powiedziałeś to po mistrzowsku i jestem z ciebie dumna – Pati pochwaliła brata.

– Słyszałaś to, mamuś? Pati mnie chwali! Do czego to doszło, żeby siostra brata pod niebiosa wychwalała! – Ostentacyjnie podniósł ręce ku górze, dziękując niebiosom za cud, który się wydarzył.

– Przesadzasz, bracie. Serio, przeginasz z tymi pochwałami. – Pati pokręciła głową i zwróciła się do Krystyny: – Mamuś, jeszcze jedna sprawa. Możemy jutro wziąć wolne w szkole? To jest naprawdę skomplikowana sprawa, jest już późno, nie odrobiliśmy lekcji i potrzebujemy czasu, aby przyzwyczaić się do zaistniałej sytuacji.

– Powinnam powiedzieć, że nie, ale sama mam ochotę wziąć jutro wolne.

– Super, pójdziemy znowu na zakupy!

– Zwariowałeś? – zaśmiała się Krystyna. – Musimy trochę przystopować z wydatkami, bo pofolgowaliśmy sobie za bardzo. Teraz będzie tylko jedna pensja. I muszę się zastanowić, jak ogarnąć domowy budżet.

– Świetnie, możemy ci pomóc – zaoferował Patryk.

– Okej. Usiądziemy nad tym w weekend, a do tego czasu nie szalejemy za bardzo z kasą, dobrze?

– To co, zostajesz z nami w domu na wagarach? – zapytała Pati.

– Niestety nie mogę. W pracy szykują się zmiany i muszę być. Ale wam należy się jeden dzień wolnego od życia.

– Jesteś najlepszą mamą na świecie. I nie mówię tego, bo pozwoliłaś nam zostać w domu, ale dlatego, że zawsze możemy do ciebie przyjść z problemem i nigdy nas nie wyśmiejesz. Nie tak jak... sama wiesz. – Patryk podszedł do Krystyny i mocno ją przytulił. Potem zrobiła to Pati.

W końcu Krystyna znów została sama. Ze swoimi myślami, problemami i tysiącem znaków zapytania, które pojawiały się w jej głowie od samego rana. Teraz tworzyły przytłaczający obraz prawdy, która jak fetor uderzyła w nią z całą mocą. Zwinęła się w kłębek na kanapie i pozwoliła, by łzy z całego dnia płynęły jej po twarzy.

– Mamuś, wstawaj, mamooo!

Krystyna poczuła delikatne szarpanie za rękę. Otworzyła oczy. Pati stała nad nią z zatroskaną miną.

– Nie wstałaś, a mówiłaś, że do pracy idziesz. Jest już siódma trzydzieści.

– Co? Dobrze, że mnie obudziłaś. Cholera, zaspałam dzisiaj. Muszę szybko naszykować sobie ciuchy i wziąć prysznic. Cholera, jak mało czasu! – Krystyna zerwała się z kanapy, na której zasnęła wczoraj wieczorem, i zdezorientowana kręciła się po mieszkaniu.

– Spokojnie, mamuś, ja przygotuję ci ciuchy, Patryk zrobi śniadanie, a ty weź prysznic. Zanim się umalujesz, zamówimy taksówkę i będzie okej. Zawsze mówisz, że zebrania są od dziewiątej, aby każdy spóźnialski mógł na nie zdążyć. Ogarniemy tę sytuację raz-dwa.

– Mówiłam, że was kocham najbardziej na świecie?

– Dziś jeszcze nie – odpowiedziała zgodnie z prawdą Pati.

– To wam mówię już teraz, zawczasu, gdybym potem nie zdążyła. Biegnę do łazienki.

– A ja do twojej garderoby. Jakieś wymagania?

– Coś optymistycznego – powiedziała Krystyna i zniknęła za drzwiami łazienki. Potrzebowała zimnego prysznica, ale znów zaczęło pulsować w niej pożądanie, które, obudzone przez Antoniego, nie dawało o sobie zapomnieć. Chciała wrócić do pokoju po wibrator, ale tam Pati przeglądała już jej garderobę. „Najwyżej pojadę po pracy do Antoniego" – pomyślała i odkręciła zimną wodę. Obudzić się i ostudzić pożądanie – dwa pierwsze cele na dziś. Po kilku minutach stania w strugach zimnej wody poczuła się zdecydowanie raźniej. Wycierając się, usłyszała delikatnie pukanie do drzwi.

– Mamuś, mam twoje ciuchy. Jak chcesz, to mogę ci je podać, jest też czysta bielizna.

– Jasne, wchodź, jestem w ręczniku.

Po chwili uchyliły się drzwi i Pati wsunęła ciuchy Krystyny. Jej oczom ukazała się sukienka, którą kupiła jakiś rok temu i jeszcze nie miała jej na sobie. Krzysztof uważał, że jej kolor jest zbyt wyzywający jak na sukienkę do pracy. Raz chciała ją włożyć na rodzinne wyjście, ale spojrzenie męża skutecznie ja zniechęciło i sukienka zawisła w szafie w dziale „A w tym ci chodzić nie wolno". Zresztą nie tylko ten ciuch spotkał taki żywot. Sukienka była w kolorze ciemnego wina, dopasowana, z asymetrycznym rozporkiem, który akcentował długość nogi. Rozporek sięgał kilka centymetrów powyżej kolana. Dekolt to delikatna łódeczka obszyta czerwono-złotą nitką. Rękaw trzy czwarte nadawał się właściwie na każdą porę roku. Do tego Pati wybrała jedwabną apaszkę w złoto-czarnej tonacji. Krystyna znalazła też cieliste pończochy i koronkową bieliznę. Uśmiechnęła się pod nosem. Najwyraźniej córka chciała dać jej do zrozumienia, że skoro ojciec opuścił rodzinę, to szafę też powinien. Z przyjemnością włożyła wszystko, co przygotowała jej Pati.

W kuchni bliźniaki uwijały się przy śniadaniu. Czuła, że kawa jest już zaparzona, a jajecznica z bekonem miło skwierczała na patelni. Na stole stała kosmetyczka Krystyny i lusterko, aby nie musiała marnować czasu na bieganie po mieszkaniu.

– Pomyślałam, że tak będzie prościej i szybciej – powiedziała Pati, widząc spojrzenie Krystyny.

– Jasne, dziękuję bardzo. Widzę, że wy też postawiliście na inny styl w ubraniach – zauważyła Krystyna, spoglądając na dzieci. Te, o dziwo, były ubrane tak, jakby zaraz miały wyjść do szkoły. Choć dziś ich stroje dalekie były od tych, w jakich chodziły dotychczas.

– Tak. Potrzebujemy trochę odmiany. Może być? – Pati obróciła się wkoło. Miała na sobie spódniczkę w szaro-biało-różową kratkę, do tego różowy sweterek. Patryk nosił dres z modnymi teraz akcentami płomieni na bluzie i spodniach.

– Wyglądacie perfekcyjnie, idealnie. Czyli, jak mniemam, idziecie do szkoły i z wagarów nici?

– Tak, Patryk ma przecież trening, a ja kółko matematyczne. Zresztą wieczorem mieliśmy iść na urodziny Cześka.

– Racja, zupełnie o tym zapomniałam – powiedziała Krystyna. Czesiek był przyjacielem Patryka z drużyny. Był bramkarzem i obydwaj uważali, że to właśnie oni tworzą trzon ich piłkarskiego świata.

– Aha, mamuś, my byśmy pojechali do Cześka po treningu i po kółku Pati. A potem wieczorem tata Cześka nas odwiezie do domu. O dwudziestej drugiej mamy być w domu?

– A lekcje?

– Spokojnie, mamuś, odrobimy je w przerwie między lekcjami a treningiem. Zdążymy, obiecuję – zapewnił Patryk.

– Oczywiście. Obiecałam wam to już wcześniej i teraz sobie przypominam, że nawet odrabianie lekcji mieliście zaplanowane. Mam nadzieję, że dzisiejszy dzień będzie dla was zdecydowanie lepszy niż wczorajszy. Potrzebujecie kasę?

– Na jakąś pizzę po szkole by się przydało, co?

– Nie ma problemu. Już wam daję.

Zjedli śniadanie i w zdecydowanie lepszych nastrojach ruszyli do szkoły. Krystynę martwił brak wiadomości od Antoniego, ale nie chciała wyjść na desperatkę i postanowiła poczekać. Chciała się z nim spotkać wieczorem. Postanowiła, że zadzwoni do niego lub napisze koło południa, a do tego czasu skupi się na pracy.

Spóźniona prawie godzinę weszła do pokoju, w którym były już wszystkie dziewczyny. Nawet Gosia, która po traumatycznych wydarzeniach wróciła do pracy.

– O la la! Fiu, fiu! – Alicja aż zagwizdała, widząc Krystynę wchodzącą do pokoju.

– Mówiłyście, że się pozmieniało, ale nie sądziłam, że aż tak! Krystyna, wyglądasz obłędnie. I nie masz na sobie nic szarego. Wow! Muszę cię przytulić! – Gosia serdecznie uściskała przyjaciółkę. – Kochane, nie było mnie raptem kilka tygodni, a tu proszę, jakie zmiany. Jakieś szybkie streszczenie, zanim pójdziemy na zebranie? – zasugerowała.

– Tak na szybko, to mniej więcej tak: spotkałam Antoniego, potem dowiedziałam się, że Krzysztof od lat mnie zdradza. I to nie z byle kim, tylko z całym tabunem takich jak on facetów napalonych na sado-maso. Krzysztof się wyprowadził i bierzemy rozwód, a ja nawiązałam romans z Antonim. To by było na tyle, chyba... – Krystyna pytająco spojrzała na Alicję, która zaczęła się śmiać.

– Sorry, Krysia, ale zabrzmiało to tak nierealnie, że nie mogłam się powstrzymać. Gdyby ktoś mi powiedział trzy miesiące temu, że tak będziesz stała i mówiła o swoim życiu w ciuchach, w których wyglądasz jak milion dolarów, tobym w życiu nie uwierzyła.

– Ja też nie. Nie sądziłam, że tak mnie męczyło życie pod dyktando Krzysztofa. Nareszcie niczego nie muszę udawać i nareszcie mogę się bzykać. Kufa, świat jest piękny, Alicja, miałaś rację.

– Co tu się, kurwa, dzieje? – zapytała ze śmiechem Gosia. – Musimy się koniecznie spotkać w sobotę, aby nadrobić zaległości. To znaczy: moje zaległości. A właśnie, Krystyna! Od wczoraj do ciebie dzwonię, ale za każdym razem słyszę w słuchawce, że abonent jest niedostępny. Co zrobiłaś z telefonem? Telefon też postanowiłaś wyrzucić ze swojego życia?

– Potwierdzam, masz wyłączony telefon albo coś w nim przestawiłaś. Dzwoniłam po 8 i ta sama sytuacja.

– Cholera – powiedziała Krystyna, sprawdzając ustawienia w telefonie. – A ja siedzę jak ta głupia i czekam na eska od Antosia. Zamiast wyłączyć dźwięki, wyłączyłam kartę całkowicie.

Już po chwili telefon Krystyny się rozdzwonił i przez kilkanaście sekund wybrzmiewały sygnały SMS-ów i innych powiadomień.

– Ktoś tu jest oblegany – zauważyła Magda.

Patrzyły wszystkie na nową Krystynę. Na twarz, którą znały, ale jej nie poznawały. Zawsze była schowana pod maską tego, co wypada, a co nie. Tę barierę stworzył Krzysztof, a Krystyna musiała poddawać się jego wymaganiom i oczekiwaniom, nie dostając w zamian absolutnie nic. Widziały, jak jej twarz się zmienia, gdy czyta SMS-y, jak uśmiecha się do siebie.

– To naprawdę jest Kryśka? – spytała Gosia.

– Sama jestem w szoku, ale tak. To jest nasza Kryśka. Powinnaś ją widzieć, jak ululana opowiadała u Magdy, co będzie robić w nocy z Antosiem – opowiadała ze śmiechem Alicja, a Magda dopowiadała śmieszne sytuacje z udziałem Krystyny tamtego dnia. Po chwili śmiały się wszystkie trzy.

– Wredoty jedne, jestem tu obecna i mam podzielną uwagę, więc proszę się tu ze mnie nie nabijać.

– Jak mi tych naszych poranków brakowało! Dominikana jest cudna, to był boski czas, ale tak czekałam na powrót do was – powiedziała Gosia, podchodząc do Alicji. – Wiem, że już cię przepraszałam, ale muszę zrobić to jeszcze raz. Nawet nie wiesz, jak bardzo mi przykro, że tak się wtedy zachowałam. Nie ma żadnego usprawiedliwienia dla moich słów. Powinnam po ostatnim poronieniu wyjechać, odpocząć. Posłuchać, jak każdy mi mówił, że muszę to po prostu przechorować. Naprawdę się cieszę, że jesteś taka szczęśliwa, zakochana, w ciąży. Widzicie? Mogę o tym mówić, a jednocześnie nie płakać. Te sesje dały mi absolutną moc! Wybaczysz mi kiedyś?

– Gamoniu, ja już dawno ci wybaczyłam. Prawie od razu. Tuż po tym, jak pojechałaś do domu. Bardzo mi ciebie brakowało, chodź do mnie szybko się przytulić, Gosiaczku mój ty kochany.

Podeszły do siebie i przytulone stały dłuższą chwilę pośrodku pokoju – do chwili, gdy Krystyna się ocknęła.

– Cholera! Zebranie trwa od piętnastu minut! Zabieramy dupeczki w troczki i biegniemy do konferencyjnej. Tego jeszcze nie grali. Czemu kierownik nas nie zawołał?

Na mecz Patryka przyszła cała firmowa ekipa. Aby pomóc Antoniemu w nawiązaniu znajomości z dziećmi Krystyny, Alicja zabrała na mecz Aleksandra, a Magda Tomka. Przyszli też Gosia z Piotrem. I tak po raz pierwszy Patryk miał największy doping. Zebrali się godzinę wcześniej w okolicach stadionu. Ponieważ wszyscy byli ubrani na sportowo, panowie nie mogli sobie odpuścić, jak to ładnie nazwali, „popykania w piłkę". Podzielili się na dwie drużyny: w jednej Patryk i Antoni, w drugiej Aleksander i Tomasz. I choć mężczyźni znacząco odbiegali poziomem gry od Patryka, zabawa była przednia. Na pobliskiej ławce siedziały dziewczyny z biura z Patrycją.

– Mamo, zobacz, jak Antoni podał piłkę Patrykowi. Dzięki temu prowadzą już 3:0. Nieźły jest. Patryk go polubił. Zawsze narzekał, że nie ma z kim pograć, a teraz zobacz, jaki szczęśliwy. O, a tam idzie Szczepan ze swoim tatą, pewnie się dołączą do rozgrzewki.

Krystyna dostrzegła zbliżających się ojców z synami, którzy razem z Patrykiem byli w drużynie. Z małej rozgrzewki zrobił się wielki mecz.

Każdy, kto przyszedł wcześniej, dołączał do gry. Tuż przed spotkaniem z trenerem Patryk zdążył podbiec do Krystyny.

– Mamo, wiem, że nie lubisz, jak tak mówię, ale jest zajebiście. Chłopaki z zespołu są zachwyceni moim pomysłem, aby tak się rozgrzać. Nawet trener pochwalił nas za ten spontan. I sorry, że to mówię, że Antoni jest sto razy fajniejszy niż ojciec. Już z innymi ojcami umówił się na doping i następny mecz. Nie złość się na mnie, okej? Ale naprawdę tak to wygląda.

Zerkając, czy nie widzą tego koledzy, przytulił szybko Krystynę, i pobiegł do reszty drużyny, a zmęczeni rozgrzewką seniorzy usiedli na trybunach.

– Oj, kochanie, coś słabo z twoją kondycją – powiedziała Alicja do Aleksandra, który próbował złapać oddech. Tak samo jak Tomasz, który usiadł na trawie, ciężko dysząc.

– Patryk ma wielki talent. I niesamowitą prędkość. Dobry napastnik z niego – stwierdził Aleksander. – Szkoda, że moja kondycja jest na poziomie zerowym. Trudno mu dorównać w bieganiu, podaniach i w celności.

Reszta panów gorąco potwierdziła. Gdy zaczął się mecz, kibicowali najgłośniej ze wszystkich, przeżywając to tak, jakby Patryk grał o pierwsze miejsce w Lidze Mistrzów. Później, podczas wspólnego obiadu, razem z Patrykiem analizowali każdy szczegół meczu. Patryk z przejęcia miał wypieki na twarzy. Panie tego dnia wyjątkowo milczały, dając fory panom. Po cichu doszły do wniosku, że dobrze im to zrobi. Krystyna była zachwycona przebiegiem całego spotkania. Najważniejsze było dla niej to, że dzieci zaakceptowały Antoniego i najwyraźniej dobrze się czuły w jego towarzystwie. Gdy – po uprzednim zaplanowaniu wszystkich meczów w sezonie – doszło w końcu do pożegnania, dzieci wyraźnie dały Krystynie odczuć, jak bardzo podobał im się ten wspólnie spędzony dzień. A także – ku jej zaskoczeniu – że zasługuje teraz na czas tylko dla siebie i powinna go spędzić z Antonim.

Gosia siedziała w poczekalni u ginekologa. Znała praktycznie wszystkie pokoje w przychodni. W każdym już była, w tych dla ciężarnych nawet po kilka razy. Siedziała na korytarzu w jednym z wygodnych skórzanych foteli. Na każdym stoliku i w każdym oknie stały doniczki z kwiatami. Bardzo podobały jej się te storczyki. Wiedziała też, że to zasługa jej lekarza, który każdą wolną chwilę poświęcał kwiatom. Od kilku lat co kilka miesięcy była na jakichś lekach, hormonach albo zastrzykach. Zdawała sobie sprawę, że ilość tabletek, jaką musiała w siebie wrzucić przez ostatnie lata, nie pozostała obojętna dla jej organizmu. Jednym z niepokojących objawów, które się pojawiły, był brak okresu od czasu Dominikany. Przez kilka ostatnich dni siedziała i szukała informacji. Wiedziała, że na pewno nie jest w ciąży. Od tylu lat leczyła się bez żadnego rezultatu, że od razu odrzuciła tę możliwość. Nie zrobiła nawet testu ciążowego. Niepokoiła ją zgaga i częste wymioty. Powinna pójść najpierw do lekarza rodzinnego, ale większe zaufanie miała do swojego ginekologa i to do niego zapisała się na pierwszy możliwy termin. Siedziała przed gabinetem i czekała na swoją kolej. Po kilku minutach usłyszała swoje nazwisko. Weszła do gabinetu jak na skazanie, obawiając się najgorszego.

– Dzień dobry, pani Małgorzato, co panią do mnie sprowadza? – spytał lekarz na powitanie.

– Dzień dobry, panie doktorze. Od kilku miesięcy nie mam okresu i doszło kilka niepokojących objawów, jak zgaga, wymioty...

– Starali się państwo o dziecko w innej klinice?

– Ależ skąd, panie doktorze, przecież sam nam pan odradził na najbliższe dwa, trzy lata po tym, co się stało ostatnio.

– Czy robiła pani test ciążowy?

Gosia spojrzała się na lekarza jak na kosmitę, oburzona wręcz tym pytaniem.

– Przecież sam nam pan powiedział, że nie możemy mieć dzieci...

– Powiedziałem, że nie wiem, dlaczego nie możecie mieć dzieci – dobitnie zaakcentował każde słowo. – Mówiłem też, że prawdopodobnie doszło do blokady psychicznej i być może przyjdzie taki dzień, że ona ustąpi. Czy podjęła pani leczenie u psychologa, jak sugerowałem?

– Nie u psychologa, ale poddałam się pewnej formie terapii. Bez tabletek, bez wspomagaczy, po prostu rozmowy z osobą, która pomogła mi ustalić, skąd we mnie takie blokady.

– Czy widzi pani poprawę?

– Tak, zdecydowanie, psychicznie czuję się lepiej. Po terapii miałam wrażenie, jakby jakaś tama puściła. Moja przyjaciółka spodziewa się dziecka i ja w końcu mogę z nią o tym rozmawiać, cieszyć się jej szczęściem.

– To pięknie, bardzo się cieszę. Teraz muszę panią zbadać. Czy przytyła pani ostatnio?

– Tak, i nie mogę pozbyć się tych kilku kilogramów po przylocie z Dominikany. Skutki *all inclusive*. – Zawstydzona spojrzała na lekarza.

– Dobrze. Zapraszam na leżankę, zrobimy od razu USG dopochwowe, aby mieć pełny obraz. Jak będzie pani gotowa, proszę mnie zawołać.

Gosia przeszła do małego pomieszczenia obok, zdjęła spodnie i bieliznę, położyła się na kozetce i przykryła się płachtą zielonego materiału.

– Jestem gotowa – zawołała. Bała się myśleć, co lekarz wykryje. Spodziewała się najgorszego.

– Bardzo dobrze. – Lekarz działał szybko. Wziął do ręki głowicę ultrasonografu, nałożył na nią prezerwatywę, żel i rozpoczęło się badanie. – Kiedy był ostatni normalny okres?

– Dwudziestego pierwszego września, tuż przed naszym wyjazdem na wczasy – powiedziała cicho Gosia.

– Od tamtej pory nic się nie działo? Żadnego plamienia, bólów brzucha?

– Tuż po przylocie bolał mnie brzuch, ale potem już nie. Sądziłam, że nie mam okresu przez zmianę klimatu. Ale minęło zbyt dużo czasu od przylotu. Widzi pan coś? – dopytywała zestresowana. Lekarz spojrzał na nią w dziwny sposób.

– Widzę. I pani zaraz też zobaczy. I usłyszy. – Włączył monitor wiszący przed nią. Zobaczyła czarny obraz i dwa pulsujące punkciki. Gdzieś z otchłani wyrwał ją odgłos bijącego serca, ale w dziwnym natężeniu.

– To moje serce tak bije? Coś jest nie tak? – dopytywała przerażona.

– Proszę dokładnie się przyjrzeć. Co pani tam widzi?

Gosia spojrzała na lekarza, a potem bardzo niepewnie odwróciła głowę ku monitorowi.

– To ja będę mówiła głośno, a pan będzie mnie poprawiał. – Powoli zaczęło do niej docierać, że to, co widzi, to rzeczywisty obraz, a nie jej fantazja. – Widzę płód. To znaczy, widzę... Ale przecież to niemożliwe! Widzę dwa maluszki! – Łzy poleciały jej ciurkiem.

– Ciii... – uspokajał ją lekarz, sam poruszony tym, co zobaczył. Znał Małgorzatę od kilku lat i wiedział, ile dała z siebie, aby mieć choć jedno dziecko. – Musimy wszystko wymierzyć, posprawdzać... Wychodzi na to, że to trzynasty tydzień ciąży. Najwyższy czas założyć kartę ciążową i porobić wszystkie badania. To już koniec pierwszego trymestru, więc niestety będzie trochę kłucia.

– Nigdy nie udało mi się tak daleko dojść z ciążą...

– Nigdy też nie była to ciąża bliźniacza. To się zdarza po tak długim okresie terapii hormonalnej. Już dawno nie widziałem tak dobrej, wzorowej ciąży bliźniaczej. Dzieci rozwijają się wręcz książkowo. Wszystkie współczynniki są na bardzo dobrym poziomie. Zleciłbym badania prenatalne, ale patrząc na rozwój dzieci, nie widzę wskazań. Mamy bardzo czuły sprzęt, więc wszelkie niepokojące rzeczy wyszłyby podczas badania. A tu nie widzę nic niepokojącego. Jeśli uznają państwo, że należy wykonać badania prenatalne, jak najbardziej to zrobimy. Proszę przedyskutować to z mężem i dać mi znać. A teraz zapraszam do pokoju, wezwiemy położną i omówimy kolejne tygodnie.

– Przepraszam, czy ja mogę poprosić o zdjęcie USG dla męża? Bo nie sądzę, aby mi uwierzył.

Przez cały czas wpatrywała się w wiszący przed nią monitor i dwa malutkie istnienia, które wyglądały troszkę jak kosmici.

– Już są wydrukowane, nagrałem też dla pani film, na którym słychać bicie serduszek. Takiego prezentu na gwiazdkę chyba nic nie przebije. Czy mąż wie, że jest pani tutaj?

– Nie, podejrzewałam wszystko, ale nie to, że jestem w ciąży. I do tego bliźniaczej. – Wzięła głęboki oddech, taki, jaki bierze się po długim przebywaniu pod wodą.

– Ja wychodzę, pani się ubiera i potem zapraszam do gabinetu.

I już go nie było. Gosia powoli zaczęła się ubierać. Dopiero teraz zauważyła, że spodnie kupione miesiąc temu są na nią praktycznie za małe. Nie mogła się dopiąć. Postanowiła wypuścić koszulę na wierzch, aby nie było widać, ze suwak i guzik od dżinsów są rozpięte. Weszła do gabinetu, a tam już czekała położna, którą znała z poprzednich wizyt w klinice.

– Dzień dobry, pani Gosiu. Serdecznie gratuluję, naprawdę!

– Dziękuję, tak bardzo się cieszę... – Położyła rękę na brzuchu, jak czynią to ciężarne kobiety na całym świecie, i się rozpłakała. Położna podeszła do niej, usadziła na krześle i gładziła po głowie, dopóki Gosia się nie uspokoiła.

– Przepraszam, ale to takie nowe dla mnie. Nigdy nie doszłam tak daleko z ciążą. Czy ja mogę iść do pracy normalnie? Mamy teraz zamieszanie z projektami i nie chciałabym zostawiać po sobie bałaganu.

– Spokojnie, nie ma żadnych przeciwwskazań. To już trzynasty tydzień i uważam, że skoro do tej pory pani pracowała, to nic nie stoi na przeszkodzie, aby nadal pani zachowywała się tak jak dotychczas.

– To dobrze, będę musiała tylko podskoczyć do sklepu po jakieś większe spodnie, bo te, które mam na sobie, w jakiś tajemniczy sposób nie chcą się dopiąć.

– To normalne. Często tak jest, że na przykład panna młoda, która jest w ciąży, nagle dzień po weselu nie jest w stanie włożyć swoich ciuchów. Tak działa nasza podświadomość. Nie dopuszczała pani do siebie, że jest w ciąży, i pani ciało się temu podporządkowywało. Radzę kupić trochę większych ubrań i spodnie typowo ciążowe, aby nie uciskały na brzuch, bo to będzie prowadziło do dużego dyskomfortu. Po drugiej stronie ulicy jest dobrze zaopatrzony sklep dla kobiet w ciąży. – Położna uśmiechnęła się promiennie do Gosi. – Zaczynamy?

Wizyta trwała jeszcze kilkanaście minut. Gosia wyszła z naręczem ulotek, próbek, książeczek i listą badań, które musi wykonać w najbliższym czasie. W ręku trzymała też książeczkę ciążową, której tak kiedyś zazdrościła Alicji. Po raz pierwszy z uśmiechem szła tym samym długim korytarzem, który znała jak własną kieszeń. Wymieniła kilka radosnych spojrzeń z kobietami, które siedziały pod gabinetami i czekały na swoje wizyty. Jedne były w bardziej, inne w mniej zaawansowanej ciąży, ale łączyło je jedno – ta szczególna aura, która cechuje kobiety spodziewające się dziecka.

Po wyjściu z kliniki zajrzała do pobliskiego sklepu ciążowego. Kupiła spodnie, zadzwoniła po taksówkę i pojechała do pracy.

Biuro tętniło życiem i gwarem. Tak jest w końcówce roku. Przedostatni dzień pracy przed przerwą świąteczną skupiony jest wokół firmowej wigilii. Tak też było tego dnia. Gosia od progu poczuła charakterystyczny zapach mandarynek.

– Hej – powiedziała, widząc Alicję zajadającą się cytrusami. Ubrana była w czerwono-białą tunikę z futerkiem i wyglądała jak na ilustracji przedstawiającej Mikołaja w otoczeniu swoich Śnieżynek.

– Hello, coś taka rozpromieniona dzisiaj, jakbyś dorwała promocję na Moliera? – To mówiąc, Alicja zerknęła na reklamówkę Gosi i zamarła. Patrzyła to na koleżankę, to na reklamówkę i logo sklepu, które doskonale znała, bo sama zaopatrywała się w nim od kilku miesięcy. Początkowo Gosia chciała powiedzieć dziewczynom o wszystkim dopiero po rozmowie z Piotrem i rodzicami, ale jej szczęście było tak olbrzymie, że nie potrafiła się powstrzymać. Zdjęła płaszcz i delikatnie odsłoniła brzuch, jeszcze niewielki, ale już na tyle widoczny, że Alicja zerwała się na równe nogi i podbiegła do przyjaciółki.

– Gosia, czy ty jesteś w ciąży?! – Alicja spojrzała na nią, a ta rozpłakała się tylko, kiwając entuzjastycznie głową. Alicja pisnęła tak głośno, że z pewnością było ją słychać na drugim końcu miasta, a już po chwili tuliła Gosię. Obydwie wycierały oczy, by potem znów na przemian śmiać się, płakać i gładzić swoje brzuszki. Tak zastały je Krystyna i Magda.

– Alicja, co ty znowu wyczyniasz? Na drugim końcu korytarza cię słychać. Gosia, dobrze, że jesteś... Co się stało? – Krystyna przez chwilę próbowała zrozumieć, co się dzieje. Zauważyła, że obie są zapłakane, ale wyglądają na bardzo szczęśliwe. Gosia nie miała siły mówić. Podniosła do góry koszulę, ukazując delikatnie zarysowany ciążowy brzuszek.

– Chcesz powiedzieć, że jesteś w ciąży? Który to tydzień? Co na to Piotr i rodzice?

– Nic nie wiedzą. Poszłam do lekarza, bo spodziewałam się, że to będzie jakaś choroba albo powikłania po stosowaniu hormonów przez tyle lat. A okazało się, że będę mieć bliźniaki!

– Bliźniaki?! – wykrzyknęła Krystyna. – Boże, jaka to cudowna wiadomość! Po tylu latach starań!

– Nie mówcie nikomu w biurze, okej? Wam powiedziałam, bo ufam wam bezgranicznie. Ale ani Piotr jeszcze nie wie, ani moi rodzice, a powinnam chyba od nich zacząć, tylko nie potrafiłam się powstrzymać. To już trzynasty tydzień, koniec pierwszego trymestru. Chciałabym powiedzieć rodzicom w Wigilię, ale nie sądzę, abym wytrzymała. Zadzwonię do nich i powiem, żeby przyszli dzisiaj do nas. W tym roku prezenty będą wcześniej, bo ja za cholerę nie wytrzymam.

– Trzynasty tydzień? Będziemy mogły wymieniać się ciuszkami i będziemy razem chodzić na spacery – ucieszyła się Alicja.

– Nic nie podejrzewałaś? – dopytywała Magda, która do tej pory najciszej przyjęła wiadomość o ciąży Gosi.

– Nie, sądziłam, że jestem chora. Ale jak tak teraz myślę, to chyba po prostu wykluczyłam tę opcję, zanim pozwoliłam jej dojrzeć. Takie, wiecie, zaprzeczenie, zanim uświadomiłam sobie, że istnieje takie prawdopodobieństwo.

Zadzwonił telefon Gosi.

– To mama, wysłałam jej wiadomość, że mam ważną sprawę. Cześć, mamo. Tak, to ważne, dobrze, że oddzwaniasz. Możecie przyjść dzisiaj z tatą do nas? Bardzo mi zależy, żebyście byli dzisiaj. Tak? To super, o szóstej? Oki, mamo, to do zobaczenia. – Odłożyła telefon. – Do Piotra nawet nie dzwonię, bo nic mnie nie powstrzyma, aby powiedzieć mu przez telefon, a wiem, że ma dziś sajgon w pracy. Zresztą chcę go widzieć, jak włączę mu filmik z USG i usłyszy dwa serduszka.

– Masz filmik? A zdjęcia też masz? – pytała Ala. Razem z Aleksandrem spędzili setki godzin nad każdym zdjęciem, zachwycając się najmniejszym szczegółem swojego nienarodzonego jeszcze dziecka.

– Chyba nie jestem w stanie wyobrazić sobie twojego szczęścia, Gosiu – powiedziała Krystyna. – To wprost nieprawdopodobne.

– Będziesz mieć dla rodziny prezent z przytupem, jakiego świat nie widział.

Otworzyły się drzwi. Kierownik prawie wbiegł do ich pokoju.

– Co to za pogaduszki? Wszyscy na was czekają. Raz-dwa do sali konferencyjnej! – Otworzył szerzej drzwi i zaczął przepuszczać dziewczyny, aby jak najszybciej rozpocząć firmowe spotkanie.

Dyrektor urzędu wygłosił miłą mowę, podkreślając, że bez żadnej z obecnych osób nie wyobraża sobie pracy. Podziękował wszystkim za wspólny rok i życzył miłych świąt. Zgodnie ze zwyczajem, między świętami a Nowym Rokiem funkcjonowały tylko dyżury i zazwyczaj czas ten polegał na plotkach i poświątecznym jedzeniu ciast. Jedynie księgowość miała ręce pełne pracy, przygotowując bilans roczny. Dziewczyny posiedziały z resztą pracowników, ale po godzinie nałożyły sobie porcje ciast i owoców i wymknęły się do swojego pokoju, aby w spokoju chwilę porozmawiać.

– Mam wrażenie, że przez te mandarynki brzuch urósł mi jeszcze bardziej – stwierdziła Alicja, siadając na fotelu przy biurku i kładąc nogi na pobliskim krześle, aby dać wytchnienia stopom, które ostatnio zaczęły puchnąć. – Ale chyba wezmę jeszcze jeden malutki kawałek ciasta.

– Wariatka z ciebie – powiedziała ze śmiechem Magda. Alicja przyjrzała się jej i zapytała:

– A ty jak spędzasz święta w tym roku? Jakoś cicho siedzisz i niczym się nie chwalisz...

– No wiesz, przy waszych newsach moja Wigilia z Tomaszem wygląda naprawdę ubogo.

– Big love?

– Tak, ale jak wiecie, ja potrzebuję czasu. Najpiękniejsze jest chyba to, że skończyły się te przerażające sny. Tuż po tym, jak zdecydowałam się na zgłoszenie sprawy o gwałty. Czeka mnie wyjazd do rodzinnego miasta i spotkanie twarzą w twarz z Frankiem. Uregulowanie spraw związanych z moim mieszkaniem. Tomasz ze mną pojedzie. W sumie po raz pierwszy mogę odetchnąć pełną piersią i czekać, co przyniesie kolejny rok. Chyba nigdy tak nie miałam. A jak wasze przygotowania do świąt?

– Ja w tym roku zamieniam się w panią domu i zapraszamy rodziny na Wigilię do siebie, potem w pierwszy dzień świąt jedziemy do rodziców Aleksandra, a w drugi do moich. Jeszcze rok temu oznaczałoby to dla mnie koniec świata, a teraz nie wyobrażam sobie, aby mogło być inaczej. Trochę ten rok mi się rozkręcił za bardzo i jest zupełnie inaczej, niż sobie wyobrażałam rok temu. – Alicja pogładziła się po brzuchu i spojrzała na Krystynę.

– Tobie się rok rozkręcił? Spójrz na mnie. Mój tata nie żyje, mój mąż okazał się biseksualistą i zostawił mnie dla faceta, a ja mam kochanka. Antoni to jedyny mężczyzna, którego tak naprawdę kochałam. Chyba jedynie Gosi wyszło tak, jak chciała.

– Moje jedyne marzenie spełni się razy dwa. A jak dzieci, Krysiu?

– Nie chcą spędzać świąt z Krzysztofem. Cały czas są na niego obrażone. Patryk ma problem z tym, że Krzysztof zostawił nas dla mężczyzny. Twierdzi, że nie chce znać ojca pedała. Z jednej strony jest mi przykro, bo wiem, że to nie wina Krzysztofa, że jest, jaki jest. Ale pozostaje zdrada trwająca całe nasze małżeństwo, to ciągłe oszukiwanie i tak dalej. I to nie jest w porządku. Jest mi przykro, że nie mają kontaktu z ojcem, ale z drugiej strony sam sobie na to zapracował. Do tego dochodzi sytuacja z Antonim. Tu jest lepiej niż dobrze. Lubią się, dogadują, Antoni spędza z nami coraz więcej czasu i jest okej. Ale nie mam pojęcia, jak będzie to wyglądać za miesiąc czy trzy. Przed nami wyzwanie, bo Antoni będzie u nas całe święta, a potem na sylwestra i w Nowy Rok. A właśnie, sylwester aktualny, mam nadzieję?

– Jak najbardziej. Aleksander twierdzi, że to będzie nasz ostatni wspólny sylwester, bo za rok będziemy siedzieć w pieluchach.

– Ja też. I to w podwójnych pieluchach – zauważyła ze śmiechem Gosia.

– Możemy być razem i pić Piccolo.

– Mamy plan. Magda, wy też przyjdziecie do Krystyny? – spytała Alicja.

– Tak, jak postanowione. Hej, wiecie, że już prawie czwarta? Zbieramy się, laski, do domu.

– Czeka mnie wspaniałe popołudnie – rozmarzyła się Gosia.

W doborowych humorach wyszły z biura, tuż pod budynkiem się rozstały i każda poszła w swoją stronę.

Gosia otworzyła drzwi od mieszkania. Zaskoczył ją Piotr, który już był w domu.

– Cześć, kochanie, dzwonili twoi rodzice, że już są w drodze. Co to za tajemnice? – Podszedł do niej, aby dać jej buziaka na powitanie. – Co się stało, że tak nagle robisz rodzinne spotkanie?

– DVD jest podłączone? – zapytała Gosia i zaczęła przeszukiwać reklamówkę, w której miała spodnie, wszystkie ulotki i papiery od lekarza.

– Tak, a możesz powiedzieć, o co chodzi?

– Chcę ci coś pokazać zanim przyjadą rodzice. To wszystko.

Przyjrzał jej się uważnie. Podszedł, włączył odtwarzacz i wyciągnął rękę po płytę, którą Gosia trzymała w ręku. Włączył i odruchowo spojrzał na ekran. Gosia podeszła i pogłośniła telewizor. Oboje stali i wpatrywali się w monitor, na którym dwa maleńkie ciałka szybko wymachiwały rączkami. Piotr spojrzał na Gosię. Łzy leciały mu nieprzerwanie.

– Czy to znaczy, że...? – głos odmówił mu posłuszeństwa. Zakrył rękoma twarz. Widziała, jak ramiona wznoszą mu się od płaczu. W tym czasie filmik nagrany przez lekarza skończył się i Gosia włączyła go ponownie.

– Nigdy nie doczekaliśmy tej chwili. To jest trzynasty tydzień, koniec pierwszego trymestru ciąży bliźniaczej. Będziemy mieli dwoje dzieci, nie tylko jedno...

Piotr porwał ją w ramiona, długo i mocno przytulając do siebie. Po chwili odsunął ją delikatnie i schylił się do jej brzucha.

– Cześć, dzieciaczki, tu tatuś. Długo kazaliście na siebie czekać rodzicom. – Przysunął głowę, tak jakby oczekiwał, że dzieci odpowiedzą. Długo tak stali: Piotr na kolanach, przytulony do brzucha Gosi, oboje wpatrzeni w filmik i słuchający bijących serduszek ich dzieci.

– Piotruś, muszę usiąść, bo mi niewygodnie tak stać i chcę koniecznie siku.

– Kochanie, oczywiście, biegnij do łazienki, a ja przygotuję ci wygodne miejsce na kanapie.

– To tylko ciąża, spokojnie! – Już była w biegu, ale odwróciła się do Piotra, by zobaczyć jego minę, gdy powie to głośno. Podskoczył do niej, aby jeszcze raz ją objąć. Przytulił ją bardzo mocno do siebie.

– Siku! – krzyknęła Gosia, a w tym czasie zadzwonił domofon. – Ja siku, ty do drzwi.

Miała wrażenie, że do toalety zdążyła w ostatniej chwili. Słyszała, jak Piotr wita się z kimś przez domofon, jak ustawia DVD na początek filmiku z USG, a po kilku minutach do drzwi zapukali rodzice.

– Cześć, Piotruś, co to za alarm? Co jest tak pilnego, że nie może poczekać do świąt? Coś się stało? – dopytywali.

– Cześć, wchodźcie. Tylko Gosia wyjdzie z łazienki i już wam mówimy. – Piotr odwrócił się w stronę pokoju i telewizora. Rodzice Gosi spojrzeli za jego wzrokiem. Dojrzeli obraz prawie jednocześnie. W tym momencie Gosia wyszła z łazienki, ale takiej reakcji się nie spodziewała. Cała trójka stała i wpatrywała się w odbiornik.

– Hej! Jestem tu! Widzicie mnie?

Pierwszy ochłonął Piotr. Czuł się taki dumny z tego, że jego żona jest w ciąży. Jego teść szybko wziął córkę w ramiona.

– Córuchna, tak się cieszę z waszego podwójnego szczęścia!

Mama Gosi dopiero po chwili była w stanie zareagować. Podeszła do córki i męża i przytuliła się do nich. W tym czasie Piotr wziął pilota i włączył króciutkie nagranie, na którym widać bliźniaki i słychać dobitnie bicie ich serc.

– Dobra, nie wiem, jak wy, ale ja mam dość stania i przytulania się, chcę po prostu usiąść. – Gosia od dłuższego czasu usiłowała wyrwać się z uścisku rodziców. – Rany, ja też się cieszę, że jestem w ciąży, ale potrzebuje powietrza i głodna jestem, a w domu nie ma nic do jedzenia. A skoro obejrzeliśmy film wieczoru, to chodźcie coś zjeść.

– Przecież ty nie możesz teraz wychodzić z domu! Oczywiście wzięłaś zwolnienie? – Mama Gosi szybko przeszła z opcji „mama" na opcję „lekarz".

– Nie wzięłam zwolnienia, mam zamiar pracować do końca. Dlaczego mam nie wychodzić z domu? Ciąża to stan fizjologiczny, zawsze to podkreślałaś, mamo. I proszę mnie nie denerwować teraz. Wychodzimy.

Wybrali się wspólnie do pobliskiej restauracji, aby świętować tę niesamowitą okazję.

Tuż po świętach Magda wyruszyła z Tomaszem w podróż życia. Jechała zmierzyć się ze swym najgorszym demonem. Z bólem, jakiego nikt, kogo znała, nie przeżył, i jakiego nikt nie powinien przechodzić nawet w najgorszych, koszmarnych snach. W drodze niewiele się odzywali. Wszystko zostało powiedziane już wcześniej. Znając Magdę, Tomasz nie naciskał na rozmowę – wiedział, że już sama droga jest dla niej przerażająca. Nie chciał tego potęgować.

Pierwsze kroki skierowali na komisariat, gdyż tak doradził im prawnik, do którego kilka tygodni temu udali się po poradę. Gdy weszli do środka, przywitał ich miły starszy policjant siedzący przy okienku. Od tego momentu aż do samego powrotu do domu Magda miała wrażenie, że wszystko dzieje się gdzieś poza nią. Jakby obserwowała wszystko, co się wydarzyło, z pozycji obserwatora, a nie jednej z głównych postaci.

– Dzień dobry, chciałabym zgłosić przestępstwo. A dokładnie gwałty na mnie, które miały miejsce piętnaście lat temu i powtarzały się przez ponad cztery lata. Gdy to się zaczęło, miałam niewiele ponad czternaście lat – mówiła chłodnym tonem. Funkcjonariusz, z początku obojętny, szybko zareagował, gdy na pytanie o adres Magda podała swój i nazwisko ojczyma. Zostali poproszeni do jednego z pokoi, w którym siedziało trzech policjantów. Po szybkim powitaniu panowie przeszli do konkretów.

– Przyszła pani złożyć zawiadomienie o popełnionym przestępstwie? – zapytał pierwszy z policjantów.

– Tak, chciałam zgłosić, że przez lata byłam wykorzystywana przez mojego... – przerwała, jakby szukała słów. Gdy ponownie zaczęła mówić, jej głos był jeszcze bardziej matowy i pozbawiony emocji: – Przez mojego ojczyma, Franciszka Zbukowskiego.

– Ile lat pani miała, gdy doszło do pierwszego wykorzystania? – szybko zapytał drugi z policjantów.

– Czternaście. – Magda miała nieodparte wrażenie, że policjanci tylko czekali na taką informację. Było widać wyraz triumfu na ich twarzach.

– Czy zgłosi Pani wszystko teraz, na protokół? Tak, abyśmy mogli od razu rozpocząć całą procedurę? Czy podczas przesłuchania potrzebuje pani obecności psychologa? – odezwał się trzeci policjant.

– Nie, od lat chodzę na terapię, potrafię sobie z tym poradzić. Jestem gotowa. – Magdy głos wyrażał niesamowitą pewność i upór.

– Zostanie z panią jeden z nas – drugi policjant wskazał na starszego kolegę – a my już zajmiemy się resztą. Możemy poprosić pana, aby poczekał pan na zewnątrz? – tu zwrócił się do Tomasza.

– Dasz sobie radę? – zapytał Tomasz Magdę.

– Tak, chcę mieć to za sobą. Poczekasz na mnie za drzwiami? – chciała się upewnić.

– Oczywiście, kochanie. Będę tuż obok – zapewnił ją Tomasz. Dostał od policjantów krzesło i kubek kawy i wyszedł na zewnątrz.

Zaczęło się przesłuchanie Magdy. Gdy weszli do komisariatu, sprawił on na nich wrażenie lekko sennego. Małe komisariaty mają to do siebie, że rzadko kiedy trafiają się im duże sprawy. Najwięcej ruchu jest wieczorami, gdy rozochoceni bywalcy miejscowej speluny zaczynają wymierzać pod barem swoją sprawiedliwość. Czasem zdarza się drobna kradzież czy też domowa awantura. Tomasz, siedząc na korytarzu, widział poruszenie. Co chwila gdzieś trzaskały drzwi, słyszał też strzępki rozmów.

– Mamy zeznania na Zbuka.

– Co, kurwa? Od kogo?

– Jego była pasierbica właśnie składa zeznania, że pierwszy raz zgwałcił ją, gdy miała czternaście lat.

– Nareszcie! – krzyknął bardzo donośny głos. – Kiedy wchodzimy?

– Zdzisiek dzwoni do prokuratora. Pewnie od razu dzisiaj.

– I taki spóźniony prezent od Mikołaja to ja rozumiem. Dorwiemy skurwysyna!

– Ciszej, na korytarzu siedzi cywil – ktoś zareagował. A po chwili zamknął drzwi. Tomasz nic więcej już nie słyszał. Widział tylko, jak coraz więcej policjantów pojawia się w komisariacie. Tuż przed wyjściem Magdy z przesłuchania na komisariat przyjechał sam prokurator. Oczywiście o tym Tomasz nie powinien wiedzieć, ale znów ktoś zbyt donośnie krzyknął na korytarzu, że prokurator jest już na dole.

Przesłuchanie trwało ponad półtorej godziny. Gdy Magda wyszła z pokoju, widać było na jej twarzy ślady wielu łez, ale też niesamowitą ulgę. Tomasz szybko ją przytulił. Chwilę stali objęci.

– Zbieramy się?

– Policjant poprosił, abyśmy z nimi pojechali. Ponieważ to jest tylko moje mieszkanie i jako właściciel mam prawo wejść zawsze. A oni chcą tam wejść. Mają doniesienia, że w domu dochodzi do wykorzystywania innych dzieci, ale brakowało im twardych dowodów. Chcą przy mojej pomocy wejść do mieszkania. Pojedziemy z nimi, prawda?

– Oczywiście, przecież po to tu przyjechaliśmy, aby zrobić porządek z tym… człowiekiem – powiedział Tomasz, biorąc Magdę za rękę. Chwilę później pojawił się policjant, który przesłuchiwał Magdę, w towarzystwie drugiego mężczyzny. Jak się okazało, był to prokurator.

– Pani Magdo, jest pani gotowa? – dopytywał policjant.

– Tak, możemy jechać – potwierdziła Magda pewnym głosem. Zeszli na dół, a tuż za nimi prokurator i kilku policjantów.

Od tej chwili Magda i Tomasz czuli się jak w filmie sensacyjnym czy kryminalnym. Podjechali pod blok, wyszli z samochodu i skierowali się do mieszkania. Gdy weszli na klatkę, usłyszeli krzyk jakiegoś dziecka. Błagalny głos dochodził z mieszkania Magdy. Gdy zapukali, wszystko umilkło. Drzwi otworzyła dziewczynka w wieku około 12–14 lat. W oddali zamajaczyła twarz jej ojczyma. Magda nie była na to gotowa. Miała wrażenie, że zaraz zwymiotuje. Widziała zmieszanie na jego twarzy. Odezwał się pierwszy.

– O proszę, proszę, kogo tu widzę. Jaśnie pani łaskawie przyjechała. Czego chcesz?

– Przyjechałam odzyskać swoje mieszkanie – powiedziała twardo Magda.

– Chyba zwariowałaś! – zaczął się ironicznie śmiać. – Jak chcesz mnie do tego zmusić? Myślisz, że wystraszę się tego twojego gogusia?

– Zabezpieczyłam się, jest ze mną policja. – Na te słowa czekali policjanci i prokurator, którzy stali na półpiętrze. Zaczęło się zamieszanie. Oprócz dziewczynki w mieszkaniu było jeszcze dwoje dzieci oraz jakaś kobieta. Po wstępnych oględzinach zabezpieczone zostały materiały o treści pedofilskiej, z których wynikało, że obecne tam dzieci doświadczały gwałtów. W mieszkaniu znajdowała się również ich matka, która nie reagowała na poczynania konkubenta. Oboje zostali zatrzymani, a dzieci zabrano do szpitala. Magda dowiedziała się, że stamtąd zostaną przekazane pod opiekę państwa. Jeśli będą miały szczęście, trafią do rodzinnego domu dziecka. Mieszkanie zostało zabezpieczone przez policję. Magda odzyska je, gdy skończy się postępowanie. Gdy stali już przy samochodzie i zbierali się do odjazdu, podszedł do nich prokurator.

– Pani Magdo, chciałem podziękować za pomoc. Dzięki pani dorwaliśmy tę kanalię. Skontaktujemy się z panią na pewno. Proszę na siebie uważać. Do zobaczenia – podał im rękę i odszedł.

Magda z Tomaszem odjechali w kierunku Warszawy. Dopiero po godzinie jazdy Magda przerwała ciszę:

– Przez całe dorosłe życie zastanawiałam się, co chcę robić. Gdy tam stałam i widziałam te dzieci... Zostawione sobie, skrzywdzone, niekochane... nagle doświadczyłam, jakby to nie zabrzmiało, objawienia. Już wiem, co chcę robić, czemu się poświęcić. Czeka mnie dużo nauki, kursów, ale chcę to zrobić... – powiedziała pewnym głosem i spojrzała na Tomasza.

– Miałem kiedyś kolegę z domu dziecka. Wiem, jak tam jest. Uważam, że to świetny pomysł. To też było moje marzenia. Zróbmy to razem.

– Naprawdę? Chcesz? – zapytała wzruszona Magda.

– Tak. I wiem, że większe szanse będziemy mieli jako małżeństwo. – Tomasz zjechał na pobocze i włączył światła awaryjne.

– Oświadczasz mi się? – ze śmiechem zapytała Magda.

– Tak. Od zawsze tego chciałem, od pierwszej chwili, gdy ciebie zobaczyłem, wiedziałem, że chcę być z Tobą. Wyjdziesz za mnie? – zapytał Tomasz.

– Tak! – Magda niczego w życiu nie była tak pewna. Przytuliła się do niego i siedzieli tak dłuższą chwilę, wtuleni w siebie. Odcięci od świata zewnętrznego, celebrując swoje szczęście.

– Powiemy dziewczynom, ale po Nowym Roku, okej? Chcę nacieszyć się tą chwilą – Magda spojrzała na Tomasza.

– Jak tylko chcesz. Na pewno znajdziemy odpowiedni moment.

Gdy w końcu nadszedł sylwester, wszyscy cieszyli się, że stary rok odchodzi, a nadchodzą nowe, lepsze dni. Mieszkanie Krystyny przeszło przy pomocy Antoniego całkowitą metamorfozę. Całe było świątecznie ozdobione, wszędzie wisiały girlandy, bombki i światełka. Olbrzymich rozmiarów choinka zapraszała do wspólnego celebrowania każdej chwili. Ze względu na stan Alicji i Gosi wszyscy postanowili zrezygnować z alkoholu, jedynie północ witając kieliszkiem szampana. Zjedli kolację i postanowili wspólnie pograć w kalambury. Bliźniaki zdążyły już kilka razy zapewnić Krystynę, że to ich najlepsze święta i sylwester.

– Mamo, za dziesięć minut północ! Musimy wziąć fajerwerki! – krzyknął Patryk. – Pierwszy raz będą fajerwerki. I musi być perfekcyjnie.

– Już wszystko bierzemy, reszta nam pomoże.

Panowie zabrali fajerwerki i szampany, dziewczyny wzięły kieliszki i zeszli na dół przed blok, by dołączyć do zbierających się sąsiadów.

Wspólnie odliczali ostatnie sekundy starego roku, by o północy złożyć sobie życzenia. Każde z nich wchodziło w kolejny rok z wielką nadzieją. Krystyna marzyła o przyszłości z Antonim. Antoni nareszcie czuł, że znalazł wymarzoną przystań u boku ukochanej kobiety i jej dzieci, które też skradły jego serce. Uważał ich za swoją rodzinę i wiedział, że zrobi absolutnie wszystko, aby jej strzec. Alicja z Aleksandrem oczekiwali na wspólne dziecko i na ślub, który miał odbyć się niedługo po porodzie. Gosia z Piotrem nareszcie, wbrew wszystkiemu i wszystkim, doczekali się wypasionej – jak powiedziała to kiedyś Gosia – książeczki ciążowej i też czekali na to, co miało nadejść już niedługo. Przed Magdą stało nowe wyzwanie. Był przy niej Tomasz, który bardzo ją wspierał.

Po hucznym i głośnym powitaniu Nowego Roku goście weszli jeszcze na górę. Alicja kroiła tort, na który wszyscy czekali. Niespodziewanie zadzwonił telefon Krystyny.

– Witaj, Krystyno, w Nowym Roku. Życzę ci dobrego roku. Przepraszam za wszystko, co było. Nie zasłużyłaś sobie na to ani ty, ani dzieci. – Głos Krzysztofa był bardzo inny od tego, który pamiętała. Miała wrażenie, że coś się stało.

– Też ci życzę wszystkiego, co najlepsze w Nowym Roku. To miło, że dzwonisz z życzeniami – powiedziała Krystyna.

– Miałem ci tego nie mówić teraz, ale skoro już rozmawiamy... Będziesz musiała zrobić sobie badania. Okazało się, że mam AIDS. Ponieważ nie wiem, kiedy się zaraziłem, możesz też być chora. To tyle. Cześć. – Krzysztof rozłączył się, a Krystyna stała jak zamurowana. Antoni podbiegł do niej.

– Co się stało? Co on ci powiedział?! – Przytulił ją do siebie, ale go odepchnęła.

– Mogę być chora. Krzysztof ma AIDS! – krzyknęła Krystyna, z przerażeniem patrząc na przyjaciół, a zwłaszcza na Antoniego. Przeraziła ją myśl, że mogła zarazić najbliższych jej ludzi. Nie mogła jednak skupić się na swoim lęku, bo nagle jej uwagę przykuł grymas bólu na twarzy Gosi, która wydała jakiś dziwny dźwięk i złapała się za brzuch.

– Piotr! Szybko do szpitala! Nasze dzieci, chyba je tracę!

– Nie ma co, powitanie Nowego Roku po całości. Brakuje tu tylko kurwy i tańczącego pingwina – powiedziała po cichu Alicja do Aleksandra, gdy Piotr z Gosią wyszli do samochodu, aby jak najszybciej pojechać do szpitala.

Ciąg dalszy nastąpi...

Spis treści

Fundacja „Psy Ulicy"
Adres: ul. Staszica 16/19
01-188 Warszawa
KRS 0000523753
REGON 147451444
NIP 5361917610

Nr konta: PL98 1160 2202 0000 0002 6957 6590
Kod BIC: BIGBPLPW
PayPal: cezary.bajkowski@gmail.com

Drodzy Czytelnicy!

Jesteśmy grupą ludzi, którzy nigdy nie umieli przejść obojętnie obok cierpienia bezbronnych zwierząt. Przez kilka lat działaliśmy jako wolontariusze przy jednym z podwarszawskich schronisk. Byliśmy tam pierwszymi wolontariuszami i od 2005 roku prowadzimy nieoficjalną stronę schroniska: **www.psy-warszawa.pl**, dzięki której setki psiaków i kotów znalazły swój nowy, bezpieczny dom.

Działaliśmy zawsze na własną rękę, jednak w wymiarze prywatnym nasza pomoc miała zawsze swoje ograniczenia. Postanowiliśmy więc założyć fundację, dzięki której pomaganie stało się łatwiejsze i pełniejsze. Dzięki niej kolejne osoby zarażamy ideą troski o bezpańskie zwierzaki.

Staramy się pomagać każdemu bezdomnemu zwierzęciu spotkanemu na naszej drodze. Stąd wzięła się nazwa naszej fundacji: „Psy Ulicy". Psy ulicy żyją wokół nas, ale mało kto je zauważa. Przerażone, przemykają ulicami miast, koczują przy wiejskich gospodarstwach, zdane na okruchy ludzkiej dobroci... Robimy wszystko, aby znalezione przez nas zwierzęta nie trafiały do schronisk. Umieszczamy je w hotelach, domach zastępczych, u znajomych.

Nasze działania nie miałyby jednak szans na powodzenie, gdyby nie Wasze wsparcie. Marzymy, abyście za pośrednictwem naszej fundacji mogli pomagać w naprawianiu świata – i nie boimy się tych pompatycznych słów. Nie bądźmy obojętni na krzywdę istot, które same nie umieją się upomnieć o lepszy los. Zauważajmy każde stworzenie i nie dajmy sobie wmówić, że nasze działanie nic nie da, że jest tylko kroplą w oceanie. Czymże jest każdy, ocean jeśli nie morzem kropel?

Dołóż swoją kropelkę do tego oceanu dobra. To jest właśnie to, co nadaje sens naszemu życiu.

Zarząd Fundacji „Psy Ulicy":
Ewa Stangreciak (prezes)
Cezary Bajkowski (skarbnik)
Anna Werner

Printed in Great Britain
by Amazon